J.B.

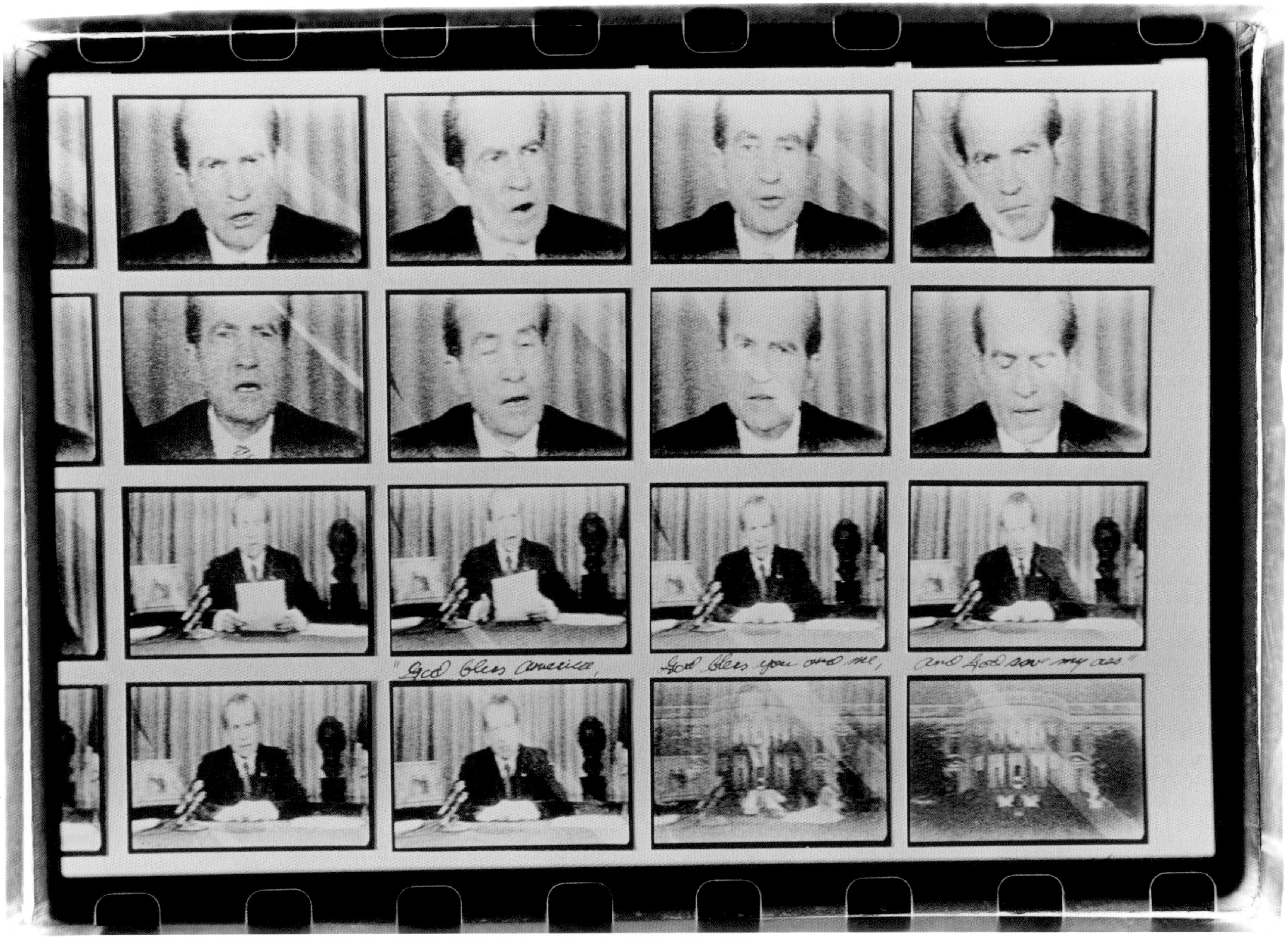
"God bless America,
God bless you and me,
and God save my ass."

JERRY BERNDT
INSIGHT

Herausgegeben von/edited by Felix Hoffmann und Maik Schlüter

Steidl

INHALT / CONTENTS

For Marie-Pascale, who pulled me back from the brink more than once

THE WATCHMAN

Nächtliche Stadtansichten von Schaufenstern, Dining-Rooms, Häuserfassaden, Straßen und Plätzen: *Nite Works* nennt Jerry Berndt seine Serie, die er 1973 in Boston beginnt. Zu dieser Zeit sucht Berndt Einsamkeit und Konzentration. Er schläft tagsüber und verlässt erst nachts sein Zimmer, das ihm gleichzeitig als Schlaf- und Arbeitsraum dient (siehe Abb. 1 und 2). Die Abwesenheit jeder Aktivität bietet die Möglichkeit, sich allein auf Licht, Atmosphäre und architektonische Struktur der jeweiligen Situation zu konzentrieren. Auch wenn diese Arbeit deutliche Bezüge aufweist zu Fotografien von Lee Friedlander, Stephen Shore, Ed Ruscha oder in einem weiteren historischen Bogen zu Walker Evans bis hin zu Eugène Atget, steht für Jerry Berndt hier weniger das konzeptuelle oder typologisierende Moment im Vordergrund als vielmehr ein psychologischer Ausnahmezustand und eine spezifische, symbolische Stimmung der Nacht.

Jerry Berndt ist zu diesem Zeitpunkt knapp dreißig Jahre alt und hinter ihm liegen zehn bewegte Jahre des politischen Aktivismus in der Anti-Vietnamkrieg-Bewegung und der studentischen Opposition sowie die Anfänge seines fotografischen Schaffens. Als einer der Organisatoren des studentischen Widerstands führt ihn sein Weg in dieser Zeit von Milwaukee nach Madison in Wisconsin, Boston, Chicago, New York, Havanna, Detroit und schließlich wieder nach Boston. Nun, Anfang der 1970er Jahre, arbeitet er in Detroit als Zeitungsfotograf, ein Brotjob, den er annehmen musste, nachdem die politische Situation sich immer mehr radikalisiert hatte und die studentische Protestbewegung sich allmählich teilte in Resignation und gewalttätige Aktion. Spätestens seit seinem Kubabesuch zum Jahreswechsel 1969/70 existierte eine FBI-Akte zu Jerry Berndt (siehe Abb. 12 und 13), und die Behörden begannen ihn zu drangsalieren und zu verfolgen. Ihm war es zu diesem Zeitpunkt unmöglich, einen Job zu finden, ohne dass das FBI auftauchte und den (potentiellen) Arbeitgeber unter Druck setzte, Berndt zu entlassen oder gar nicht erst einzustellen. Einzig ein alter Zeitungsverleger in Detroit, der die kommunismusfeindlichen und paranoiden Anhörungen von Senator McCarthy in den 1950er Jahren miterlebt hatte, ließ sich nicht vom FBI beeindrucken und bot Berndt diesen Job als Fotograf an. Die Arbeit als Zeitungsfotograf war jedoch eintönig und wenig anspruchsvoll. Zwei Jahre blieb Jerry Berndt, verließ dann aber Detroit in Richtung Boston. Er war nicht länger als „nationaler Risikofaktor" beim FBI gelistet.

In Boston zieht er sich völlig zurück und es entsteht ein persönlicher, aber auch fotografischer Neuanfang jenseits aller überbordenden politischen und sozialen Aktivitäten. Stand er jahrelang im Mittelpunkt von Demonstrationen, Protestaktionen und Diskussionen, steht er nun allein und wählt Nacht und Einsamkeit als Aktionsraum. Die Fotografie und eine Art existentielle Poetik ersetzen die politische Aktion und Empörung. In Samuel Becketts *Molloy*, den er zu dieser Zeit liest, spiegelt sich dieser Zustand wohl am besten wider. Berndt zitiert ihn 35 Jahre später aus der Erinnerung:

> Morning is the time to hide. They wake up then, their tongues hanging out for order, beauty, and justice. Yes, from 8 or 9 'til noon is the dangerous time. But the night belongs to the watchmen. They do nothing else, the bulk of the population having no part in it; Preferring their warm beds, all things considered.

Jerry Berndt wurde 1943 in Milwaukee, Wisconsin, geboren. Seine Großeltern waren noch vor dem Ersten Weltkrieg aus

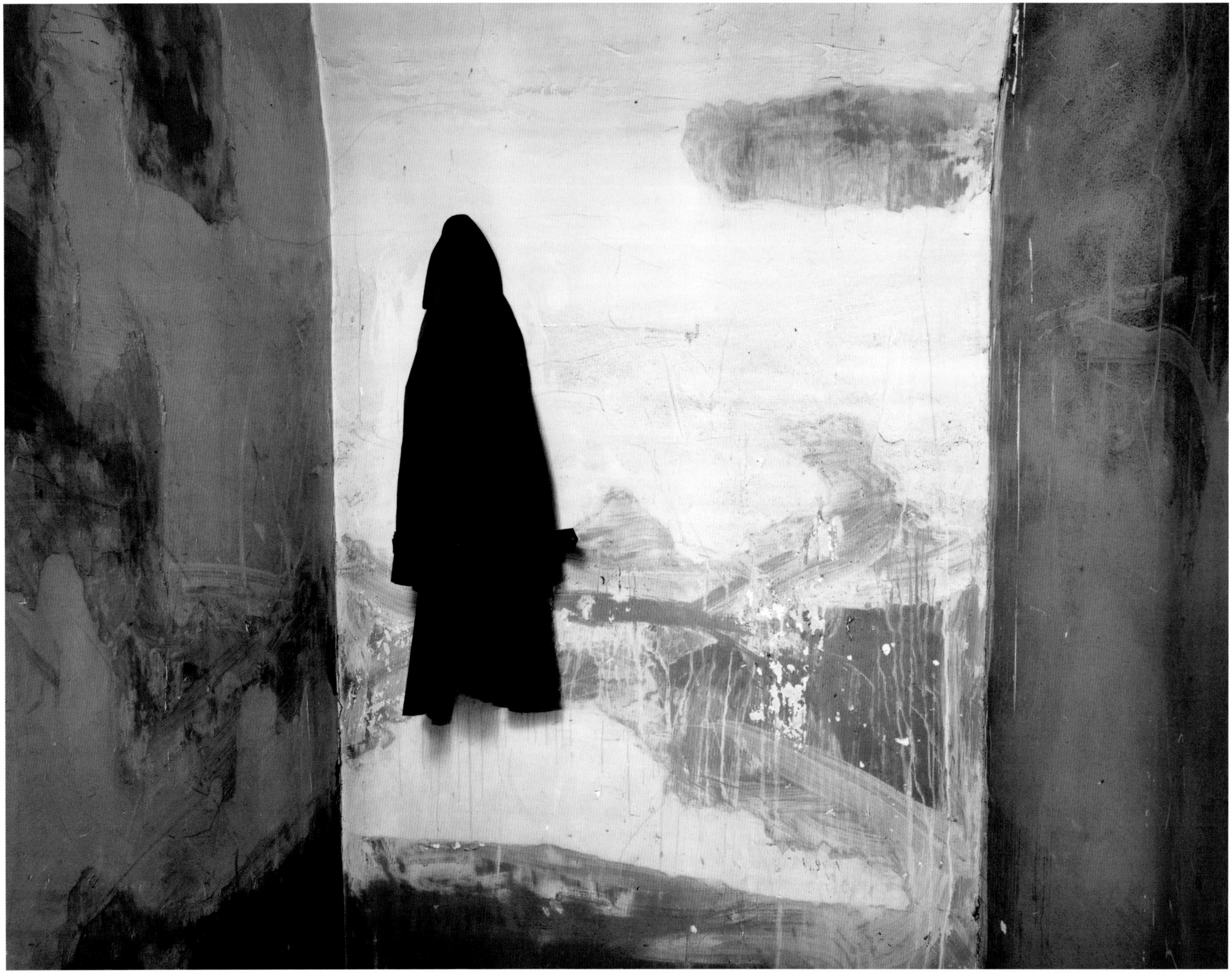

Coat on the Wall, Boston, 1974, 30,5 x 40,6 cm

1

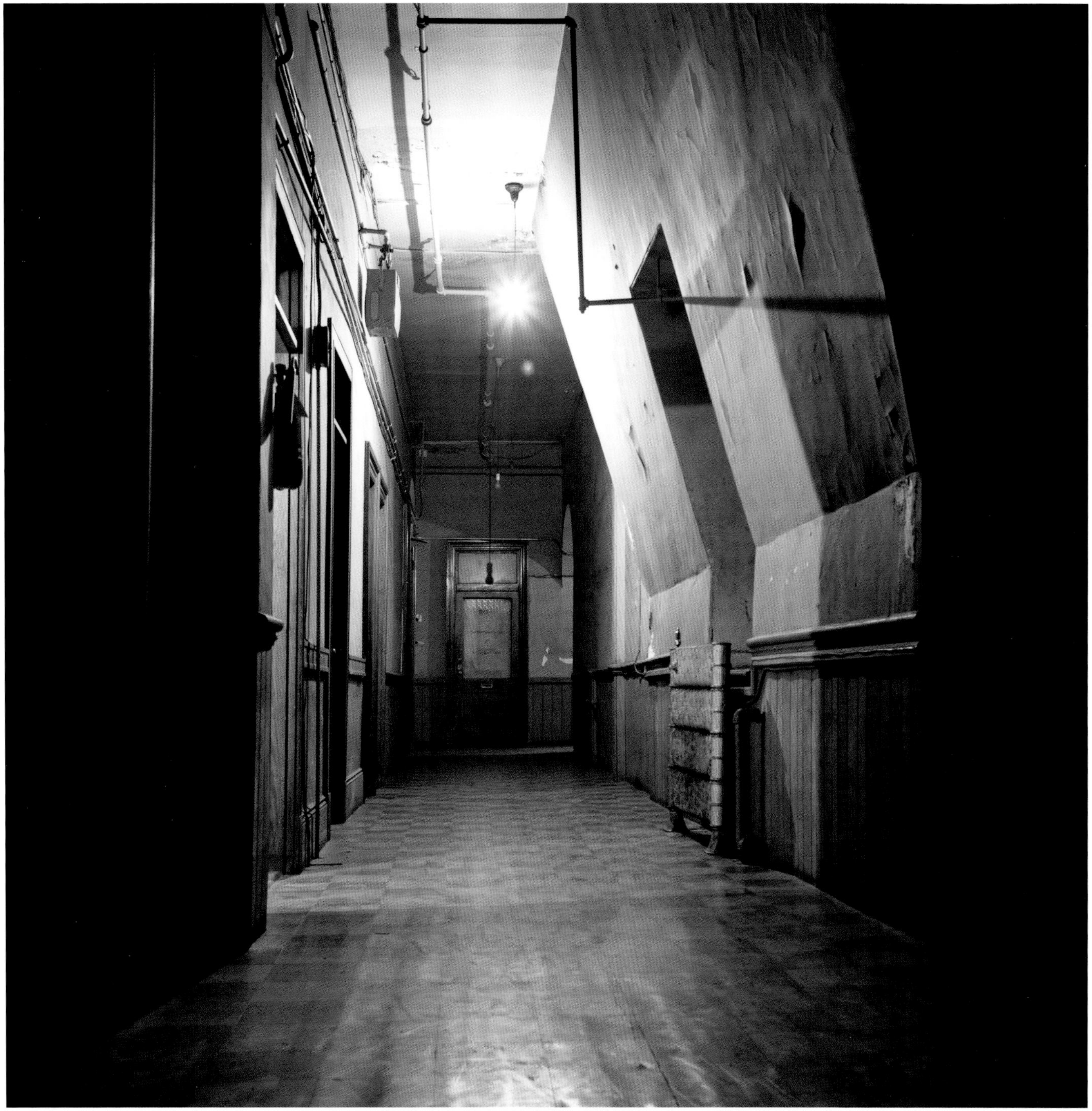

2 36 Bromfield Street, Boston, 1973, 30,5 x 40,6 cm

Posen, dem deutsch-polnischen Grenzgebiet, in die USA emigriert. Sein Vater war Fabrikarbeiter in Milwaukee, bevor er sich Mitte der 1940er Jahre als Besitzer einer Bar selbstständig machte (siehe Abb. 9 und 10). Jerry Berndt wuchs in der South Side von Milwaukee auf, dem Arbeiter- und Einwandererbezirk der Stadt. Die Bar seines Vaters öffnete bereits um 6.00 Uhr morgens für die Arbeiter, die vor der ersten Schicht kamen, um ein Sandwich zu frühstücken oder ein erstes Bier zu trinken. Jerry Berndt wuchs in dieser Bar auf und lernte nach eigenem Bekunden das Lesen beim Sortieren der unterschiedlichen Biermarken. Er lernt aber auch die Untiefen des Alkoholismus kennen, sieht die Trinker und Spieler und erlebt, dass auch sein Vater Alkoholiker und Spieler ist. Dieser neigt zu Aggressivität, tyrannisiert die Mutter, seine drei Geschwister und ihn als ältesten Sohn am meisten. Jerry Berndt verlässt mit 13 Jahren das elterliche Haus. Er kommt auf eine christliche Schule, als Vorbereitung auf die Ausbildung zum Priester. Nach drei Jahren fliegt er raus. Jerry Berndt schlägt sich von da an einige Jahre mit Gelegenheitsjobs durch, bewohnt später zusammen mit einem Kumpel eine kleine Wohnung und baut, knapp zwanzigjährig, einen so genannten „Hot Rod“: ein umgebautes, frisiertes Auto mit vielen PS, hochgestelltem Chassis und einer abenteuerlichen Lackierung.

Berndt verkehrt seit Anfang der 1960er Jahre gelegentlich in studentischen Kreisen. Er arbeitet im Universitätsbuchladen, ohne immatrikuliert zu sein. Zu diesem Zeitpunkt hat er weder eine Ausbildung noch eine klare Vorstellung über seine Zukunft. Auf einer Party, etwa 1963, trifft er zufällig Paul Goodman, der als Autor, Dichter und Hochschullehrer eine Kapazität der Soziologie, der Gestalttherapie und der Poetik ist und der sich als Pazifist und Anarchist versteht. Sein Buch *Growing Up Absurd* von 1956 (dt. *Aufwachsen im Widerspruch*, 1972) ist ein viel beachteter Beitrag zur Sozialwissenschaft. Das Buch ist Pflichtlektüre aller linken Studenten und Studentinnen und mittlerweile ein Bestseller der Protestbewegung. Goodman brauchte an diesem Abend eine Rückfahrt von Milwaukee nach Madison, wo er an der Universität als Gastprofessor arbeitete. Jerry Berndt, der sich nur vage bewusst ist, wen er da kennen lernt, bietet sich mit seinem schnellen Wagen als Fahrer an. Goodman will wissen, wo er das Auto herhat, und als Berndt sagt, er habe es selbst gebaut, fragt Goodman ihn, warum er dann nicht an der Universität sei. Ohne guten Schulabschluss und den nötigen finanziellen Hintergrund sei dies schlecht möglich, antwortet Berndt. Goodman aber sagt, dass es eine staatliche Hochschule ist, dass man ihn nehmen müsse, wenn er das wolle, und dass er ihm eine Empfehlung schreiben werde. Ohnehin sei viel los an der Universität, der Widerstand gegen alle gesellschaftlichen Restriktionen formiere sich, SDS (Students for Democratic Society) und SNCC (Student Nonviolent Coordinating Committee) seien mittlerweile große und gut organisierte Verbindungen und die Anti-Vietnamkrieg-Bewegung komme allmählich richtig in Fahrt.

Paul Goodman hält Wort und schreibt eine Empfehlung. Wenig später ist Jerry Berndt an der Universität eingeschrieben. Nach einem Jahr muss er jedoch wieder gehen: Er kann weder richtig lesen noch schreiben, noch kann er etwas mit dem Seminaralltag anfangen. Abermals hilft Paul Goodman, der ihm den Rat erteilt, trotzdem vor Ort zu bleiben, sich umzuschauen und einzumischen. Jerry Berndt ist nun mittendrin und lernt sehr schnell. In kurzer Zeit ist er einer der Hauptorganisatoren des Protests, zieht von Haus zu Haus und fragt die Eltern wehrpflichtiger junger Männer, ob sie ihre Söhne wirklich nach Vietnam schicken wollen. Im Gepäck hat er einen kleinen Projektor, mit dem er zensiertes Filmmaterial aus Vietnam zeigt. Darauf zu sehen sind tote und schwer verletzte Soldaten. Vier Minuten lange Filme sind das, die den tatsächlichen Horror des Krieges zeigen und die Propaganda des damaligen amerikanischen Präsidenten Lyndon B. Johnson und die der US-Army Lügen strafen. Jerry Berndt arbeitet jetzt Vollzeit für die „Bewegung“ und berät Verweigerer, organisiert Demonstrationen in Madison und Boston, hält Kampfreden, klaut und verbrennt sogar Einberufungsbefehle. Alle diese Aktionen sind illegal und stehen unter Strafe. Mehrfach wird er in dieser Zeit verhaftet und unter Arrest gestellt.

Zusätzlich nimmt er Mitte der 1960er Jahre einen Job im Fotolabor der Universität an. Dass er auf diesem Gebiet arbeitet, ist purer Zufall. Er hat keine Ausbildung und keinerlei Vorkenntnisse. Er handelt ausschließlich aus finanzieller Not, ohne auch nur eine Vorstellung davon zu haben, was es heißt, in einer Dunkelkammer zu arbeiten. Innerhalb eines Jahres eignet er sich diese Fertigkeiten an und erschließt sich als Autodidakt die hohe Schule des Vergrößerns. Mit Hilfe der Bücher von Ansel Adams lernt er fotografische Perfektion auf höchstem Niveau. Dieses Studium zahlt sich für Jerry Berndt ein Leben lang aus. Nach einem Jahr beginnt er selbst zu fotografieren und begleitet die Demonstrationen der Studenten oder fotografiert in der Stadt Passanten, Obdachlose und die weniger repräsentativen Ansichten der Stadtarchitektur (siehe Abb. 3 bis 7 und 11). Schon in diesen frühen Arbeiten zeigen sich die Vielgestaltigkeit, Präzision und Kreativität, die später in seinen Serien und Sequenzen deutlich werden. Jerry Berndt wird zu einem obsessiven Fotografen, der alle Genres dekliniert und der seit dieser Zeit sein Geld als Berufsfotograf verdient.

Jerry Berndts Œuvre beginnt 1964, als er seinen ersten Preis bei einem Fotowettbewerb in Madison, Wisconsin, gewinnt. Die zunächst lose Bildersammlung, die er dann in den folgenden Jahren parallel zu seinen politischen Aktivitäten erstellt, mündet 1967–1970 in seine erste kohärente Arbeit: *The Combat Zone*. Das Rotlichtviertel, das im Sprachgebrauch der Bostoner als „Combat Zone" bezeichnet wird, ist Gegenstand eines wissenschaftlichen Feldversuchs der Harvard University, für die Berndt als Fotograf arbeitet. Das konfliktgeladene soziale Milieu von schwarzen Zuhältern, schwarzen und weißen Prostituierten, weißen Freiern aus der Mittel- oder Oberschicht, Angehörigen der Navy und einem permanent vorhandenen Konflikt zwischen Afroamerikanern und Weißen mit allen Implikationen von Rassismus und Black Power Movement, von offener und latenter Gewalt bietet ein breites Spektrum für soziologische und psychologische Analysen. Jerry Berndt beginnt für das Projekt zu fotografieren und arbeitet dann für die nächsten drei Jahre, mit gelegentlichen Unterbrechungen, kontinuierlich daran.

The Combat Zone ist in vielerlei Hinsicht exemplarisch für sein künstlerisches Vorgehen. Berndt arbeitet mit Sequenzen, Serien und Einzelbildern. Er fokussiert mal impulsiv auf den einen und

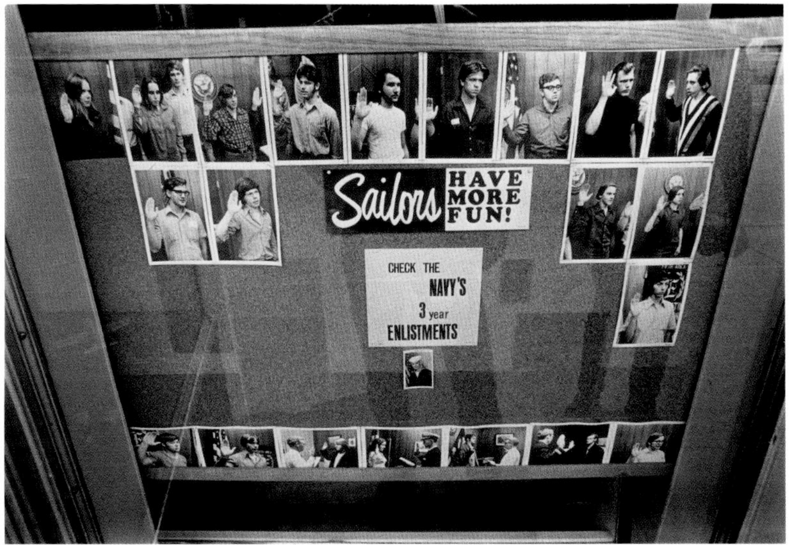

Navy recruiting station, Milwaukee, 1974, 20 x 25,5 cm 3

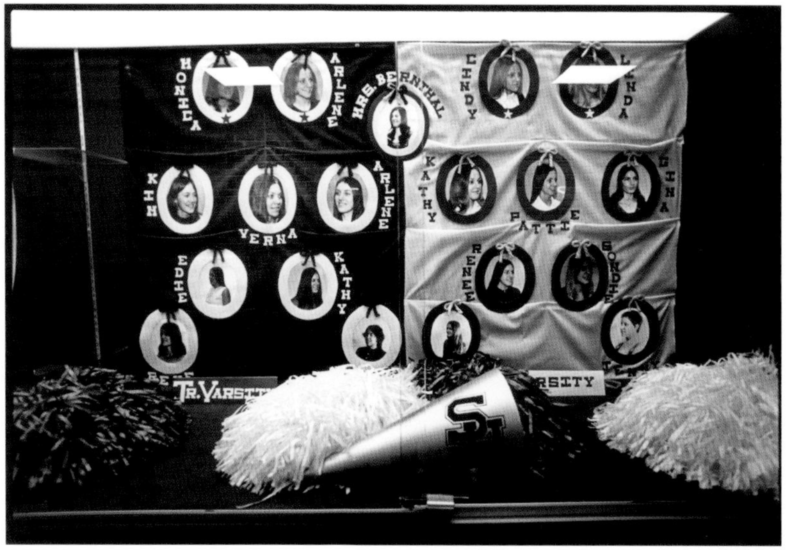

Showcase window at high school, Milwaukee, 1972, 20 x 25,5 cm 4

entscheidenden Moment und schafft dann wieder distanzierte Betrachtungen, die eine konzeptuelle Grundlage haben. Diese Mischung aus klassischer Street Photography und einer konzeptuell gewendeten Bildauffassung prägt einen großen Teil seiner Arbeiten. Selbst ein als Sozialreportage zu bezeichnendes Projekt wie *Missing Persons: The Homeless* (1983-1986) weist noch diese konzeptionellen Züge auf: Die Kombination der eigenen Bilder mit Texten aus der Presse forcieren die Aussage, und ein grafisch und typografisch sehr durchdachtes Layout prägen die Präsentation des begleitenden Buches. Sind die Ursprünge für die Arbeit an *The Combat Zone* und *Missing Persons: The Homeless* im sozialen und politischen Umfeld zu verorten, so findet sich für die Serie *Bar Rooms*, die er ebenfalls seit Anfang der 1970er Jahre fotografiert, die Motivation eher im biografischen Kontext. Für Berndt sind die frühkindlichen Erfahrungen in der Bar seines Vaters prägend: Alkoholismus, Eskapismus, hochgepuschte Euphorie, traurige Abhängigkeit und latente Selbstzerstörung markieren die tatsächlichen Eckpfeiler des Mythos vom „Lonely Drinker". Dennoch: „Bars riechen und schmecken für mich nach Zuhause", bekennt Jerry Berndt freimütig und bestätigt damit, dass die Kindheit das gesamte Leben prägt und niemand den ersten Prämissen von Erziehung und Erfahrung entgehen kann. Positiv lernt Berndt hier sehr früh den genauen Blick für die Komplexität und Dramatik des Banalen, die er später als Fotograf in seinen Bildern festhält.

Nicht die eigene Kindheit steht im Mittelpunkt der Arbeit *The Babies* (ca. 1980–1992), sondern die seiner 1978 geborenen Tochter. Deren Imaginationskraft und Phantasie ist mehr als beeindruckend. Das entgeht auch Jerry Berndt nicht, der die gebauten Phantasiewelten und die dazugehörenden Erklärungen seiner Tochter etwa zwölf Jahre lang kontinuierlich festhält und damit ein einzigartiges Dokument kindlicher Entwicklung liefert. Gleichzeitig schafft er eine völlig eigenständige fotografische Arbeit. Der genaue Blick, die Sensibilität des Vaters und die Kreativität des Fotografen gehen eine Symbiose ein. Berndts Leistung besteht darin, dass er kein rein subjektives Bild oder innerfamiliäres Ergebnis produziert und damit mehr oder minder private Bilder von geringem ästhetischen Wert schafft. Ein klares Bild- und Textkonzept ergibt eine konzeptuelle Ausprägung von Fotografie, die es erlaubt, über die kindliche Imaginationskraft und Entwicklung gleichermaßen zu reflektieren wie über die Möglichkeiten der Fotografie in einem persönlichen und intimen Bereich. Das gleiche Abstraktionsvermögen findet sich in der Serie *Nite Works* wieder, die, wie bereits erwähnt, einer persönlichen Krise und einem daraus resultierenden fotografischen Interesse entspringt. Das gilt ebenso für die Arbeit *The Death of my Grandmother* (1975). Berndts Großmutter väterlicherseits war eine wichtige Bezugsperson für ihn in der wenig intakten familiären Situation in den 1940er und 1950er Jahren in Milwaukee.

Die 1970er und 1980er Jahre sind für Jerry Berndt wichtige Jahrzehnte, in denen er sich als Fotograf umfassend definiert. Sein soziales und politisches Interesse bleibt als Ergebnis der gesellschaftskritischen Sozialisierung in den 1960er Jahren konstant erhalten. Seit den 1980er Jahren folgt Jerry Berndt stärker einem fotojournalistischen Interesse und baut sein soziales und politisches Engagement als Kriegsfotograf und als Sozialdokumentarist aus. Umfangreiche Serien, die in San Salvador (1984), Guatemala (1985), Haiti (1986–1991), Armenien (1993–1994) und Ruanda (2003–2004) entstanden sind, markieren einen weiteren umfassenden Teil seines komplexen Werks. Aktuell arbeitet Jerry Berndt als Senior Fellow der University of Southern California an einem anspruchvollen und ambitionierten Projekt mit dem Titel *The Act of Faith* und dokumentiert alle Formen religiöser Praxis in Los Angeles.

„But the night belongs to the watchmen", schreibt Beckett in *Molloy*. Als Fotograf ist man nie nur Beobachter, sondern immer auch auf ambivalente Weise Teilnehmer. Fotografien sind nie „wahr" im Sinne irgendeiner vermeintlichen Objektivität, sie sind gleichermaßen Ausdruck von Gefühlen und Meinungen. Es sind die Gefühle und Äußerungen des Fotografen und des Fotografierten. So unwahrscheinlich und unbewusst, so überflüssig oder notwendig diese Allianzen auch sein mögen, sie prägen doch das fotografische Bild stärker, als das in anderen Kunstformen der Fall ist. Oft spüren wir, dass Fotografien übertreiben und sich in spektakulären Momenten oder klischeebesetzten Inszenierungen und Effekten verlieren oder aber einfach eine Simplifizierung komplexer sozialer Verhältnisse erzeugen. In gelungenen fotografischen Arbeiten gibt es beides: den Bezug zur sozialen Wirklichkeit und einen ästhetischen Mehrwert, der mehr als nur Gestaltung ist, der selbst zur Aussage wird. Dieser überzeugende Spannungsbogen ist für die Arbeit von Jerry Berndt bezeichnend. Jerry Berndt ist als Fotograf ein handelnder Beobachter, der bewertet, aber auch konsequent auswertet, Nähe und Distanz ins richtige Verhältnis zu setzen weiß und die Fotografie so gut kennt, dass er ihre Suggestionskraft immer beherrscht und gezielt einsetzt. Nur so ist es zu erklären, dass er als nächtlicher „Watchman" auch im Lichte der politischen Aktion, der persönlichen Betroffenheit und der sozialen Konfrontation sein hohes Abstraktionsvermögen und seine Feinfühligkeit für sehr konkrete Aussagen nutzt und als Fotograf ein beeindruckendes und vielgestaltiges Œuvre geschaffen hat.

Maik Schlüter

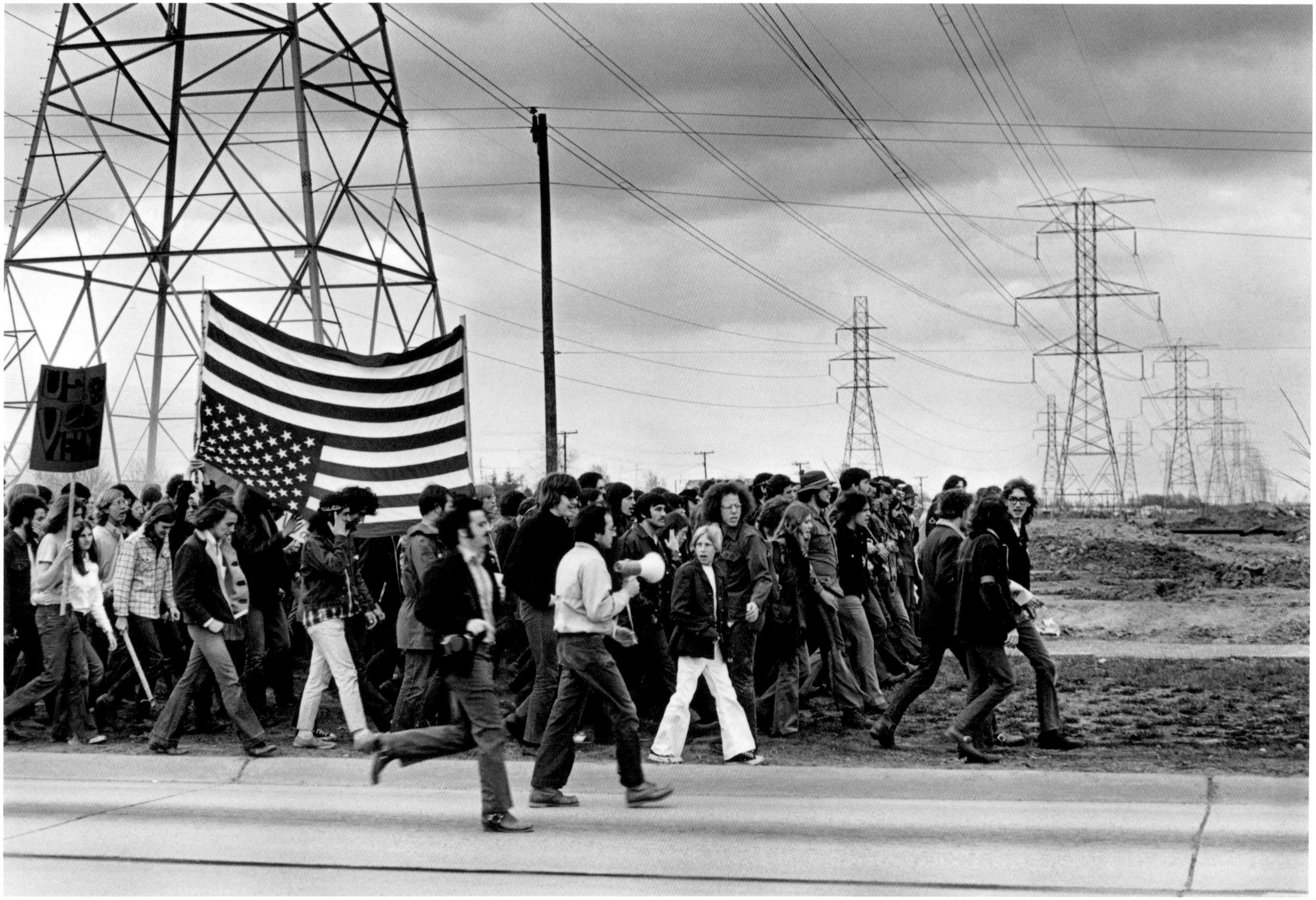

Anti War Demonstration, Detroit, 1972, 20 x 25,5 cm

5

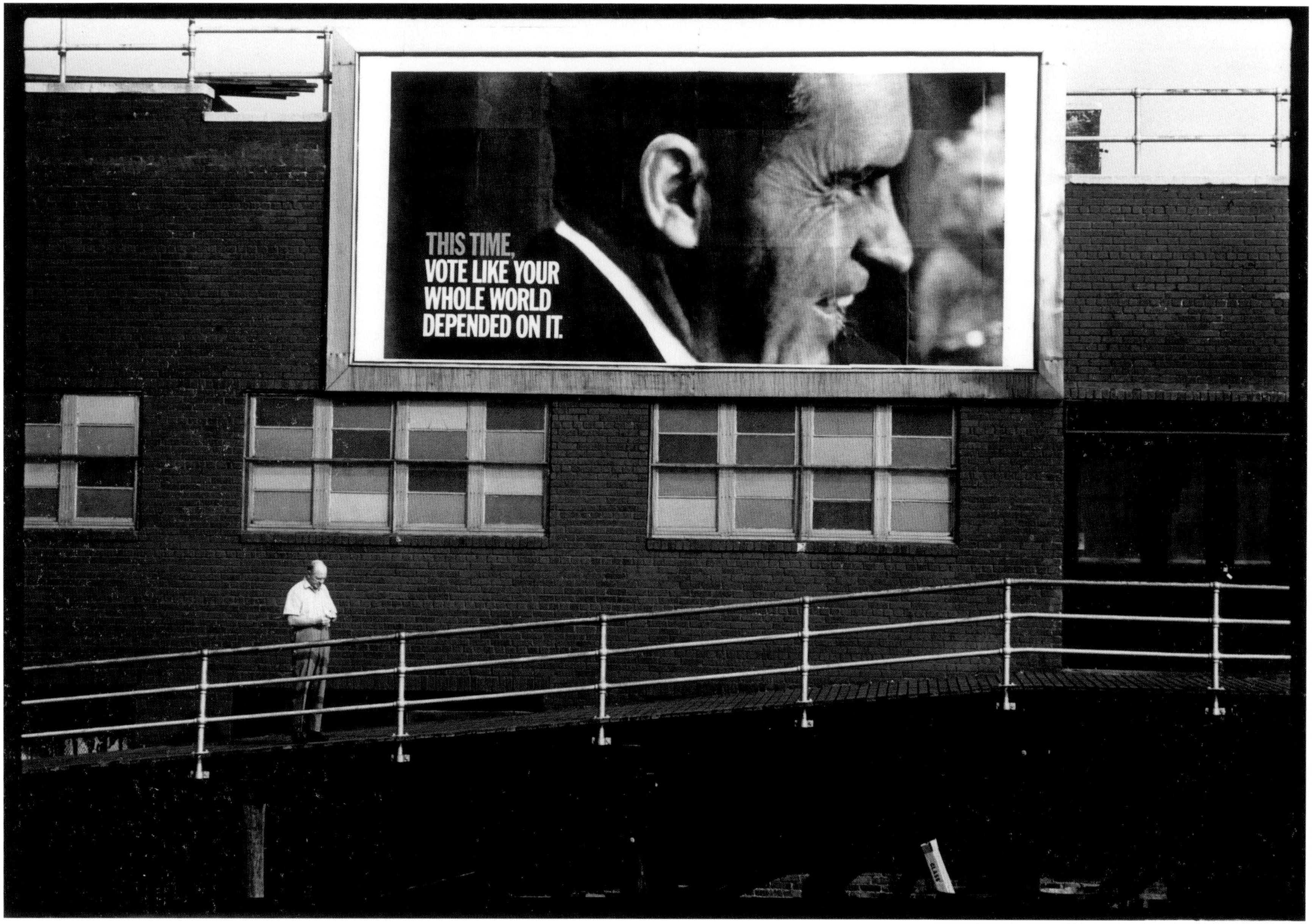

6

Richard Nixon Poster, Coney Island, 1968, 20,5 x 25,5 cm

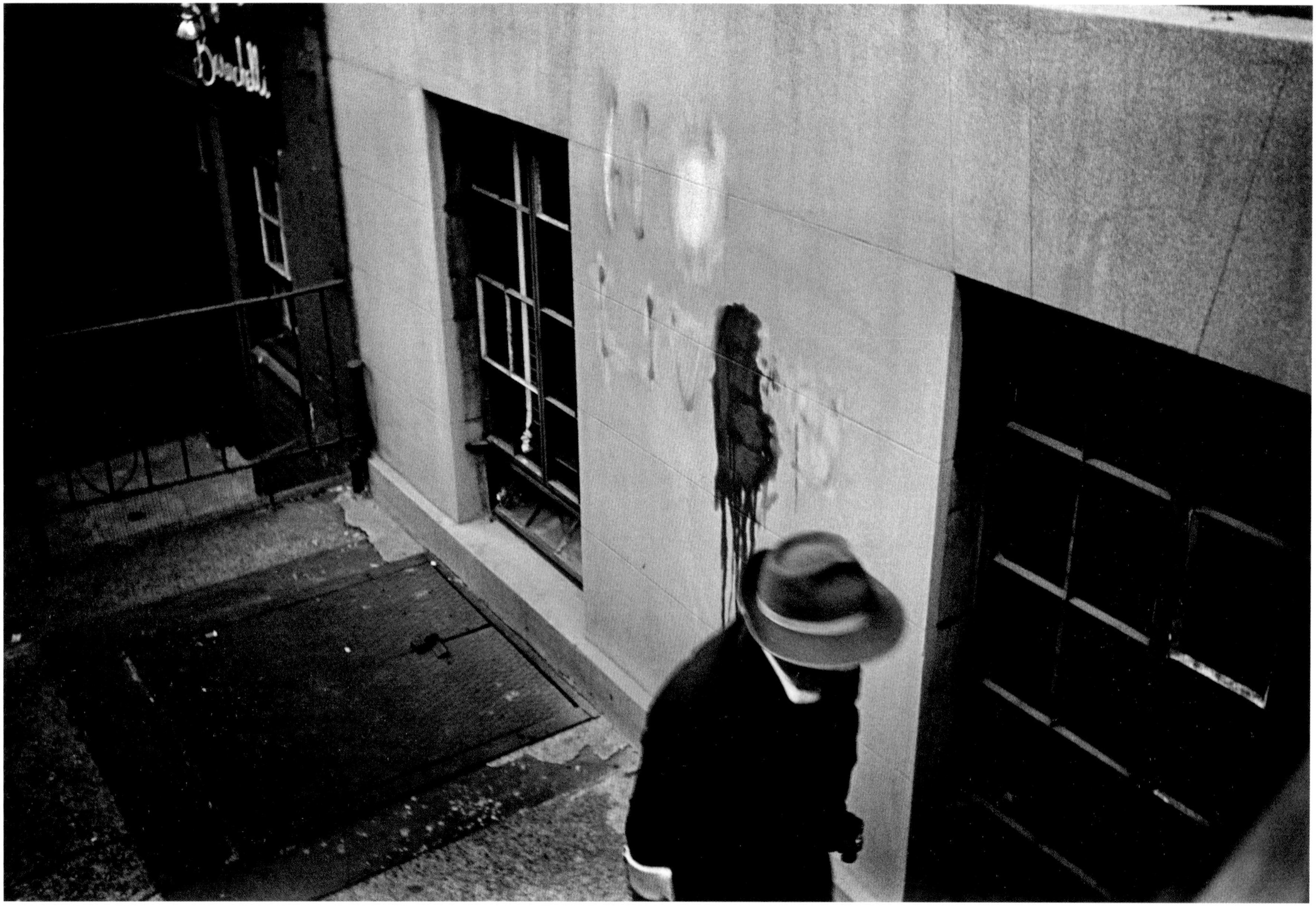

Ho Lives, New York City, 1969, 20,5 x 25,5 cm

7

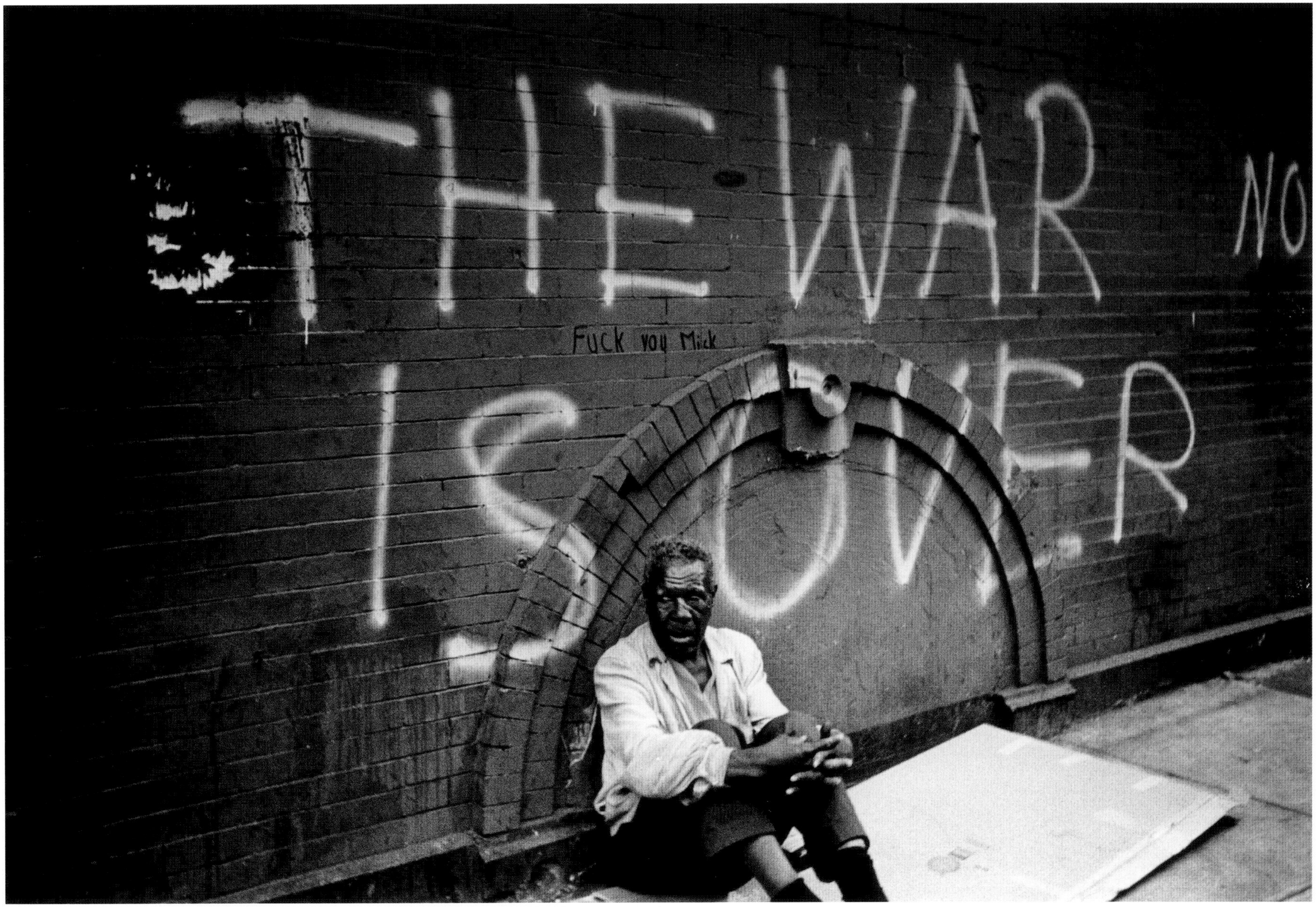

8

The War is Over, New York City, 1970, 28 x 25,5 cm

THE WATCHMAN

Views of the city at night-display windows, diners, the façades of buildings, streets, and squares. Jerry Berndt calls his series, which begins in Boston in 1973, *Nite Works.* This is a period in his life when he seeks solitude and concentration. He sleeps during the day and does not leave his one small room, which also serves as his darkroom, bedroom, and study, until it is dark (ill. 1 and 2). The absence of any kind of activity allows him to concentrate solely on the light conditions, the atmosphere, and the architectural structure of each situation. Although this central work exhibits clear references to photographs by Lee Friedlander, Stephen Shore, Ed Ruscha, or, in a further historical arc, to Walker Evans and Eugène Atget, Jerry Berndt's focus is less on the conceptual or typologizing element and more on a psychological state of emergency and a specific, symbolic nighttime mood.

At this point in time, Jerry Berndt is nearly thirty years old, and he has gone through ten eventful years of political activism in the movement against the Vietnam War, being involved in the student opposition, and beginning his creative work as a photographer. As one of the organizers of student resistance, his path in this period leads him from Milwaukee to Madison in Wisconsin; to Boston, Chicago, New York, Havana, and Detroit; and finally back to Boston. Now, in the early 1970s, he is working in Detroit as a newspaper photographer, a bread-and-butter job he had to accept after the political situation became increasingly radicalized and the student protest movement gradually split up into resignation and violence. At the latest since his trip to Cuba at the turn of the year 1969/70, Jerry Berndt was on record with the FBI (ill. 12 und 13) and the authorities began to harass and trail him. It was impossible for him to find a job without the FBI surfacing and putting pressure on his (potential) employer to either fire him or not employ him in the first place. An old newspaper publisher in Detroit, who had experienced the paranoid anticommunist hearings conducted by Senator Joseph McCarthy in the 1950s, was the only one who was not easily impressed by the FBI and offered Berndt this job as a photographer. Work as a newspaper photographer, however, was monotonous and undemanding. Jerry Berndt stayed there for two years and then left Detroit for Boston. He was no longer listed as a "national risk factor" at the FBI. Once in Boston, he completely withdrew and made a new start, not only in his personal life but with respect to photography as well, beyond all excessive political and social activities. He had for years been a powerful presence at demonstrations, protest actions, and discussions; now he is alone and opts for the nighttime hours and solitude as his sphere of activity. He substitutes photography and a kind of existential poetics for political activism and indignation. This state is best reflected in Samuel Beckett's *Molloy,* which he was reading at the time. Thirty-five years later, Berndt quotes him from memory:

> Morning is the time to hide. They wake up then, their tongues hanging out for order, beauty, and justice. Yes, from 8 or 9 'til noon is the dangerous time. But the night belongs to the watchmen. They do nothing else, the bulk of the population having no part in it; Preferring their warm beds, all things considered.

Jerry Berndt was born in 1943 in Milwaukee, Wisconsin. Even before the outbreak of World War I, his grandparents had immigrated to the United States from Posen, which was then in East Prussia. His father worked in a factory in Milwaukee before going into business for himself in the 1940s as the proprietor of a bar. Berndt grew up in Milwaukee's South Side, a working-class and immigrant neighborhood. His father's bar opened at six in the morning for workers who came in for a sandwich or a beer before punching in for the first shift. Jerry Berndt spent his childhood in the bar, and according to his own information, he learned to read while sorting the different brands of beer. But he also becomes acquainted with the depths of alcoholism; he sees the drinkers and gamesters and realizes that his father, who is inclined to be aggressive and browbeats his mother, his three siblings, and in particular him as the oldest son, is also an alcoholic and a gambler. Berndt leaves home at thirteen. Initially a Lutheran seminary student, he is thrown out after three years. For several years thereafter, he ekes out a living doing odd jobs, later moving into a small apartment with a buddy. Scarcely twenty, he builds a so-called hot rod: a converted, souped-up car with a lot of horsepower, a raised chassis, and an adventurous paint job.

In the early 1960s, Berndt occasionally moves in student circles. He works at the university bookstore without being registered as a student. At this point in his life, he has no formal training and no clear ideas about his future. At a party that took place around 1963, he accidentally meets Paul Goodman. Goodman is a writer, poet, and university lecturer in the areas of sociology, gestalt therapy, and poetics, and sees himself as a pacifist and anarchist. His book *Growing Up Absurd* (1956) is a widely respected contribution to the social sciences. It is required reading for all left-wing students and is a protest-movement bestseller. On this particular evening, Goodman needed a ride from Milwaukee back to Madison, where he was working at the university as a visiting professor. Jerry Berndt, only vaguely aware of whom he has just met, offered to give him a ride in his hot rod. Goodman wants to know where he got the car, and when Berndt says he built it himself, Goodman asks him why he is not in college. Without a good high-school report card and the necessary financial background, it is hardly possible, answers Berndt. But Goodman tells him that it is a state college, that they have to accept him, and that he will write him a recommendation. There was a lot going on at the university already: resistance was forming against all kinds of social restrictions, the Students for a De-

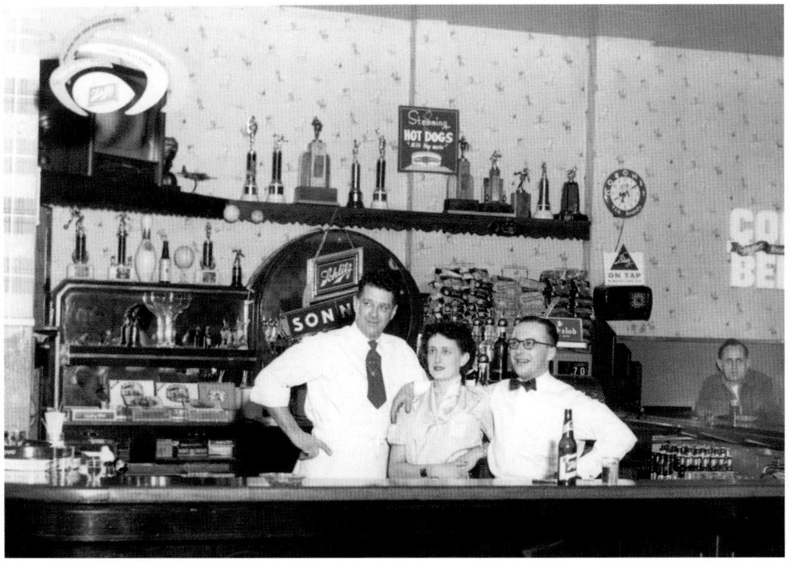

My father, on the right, in his bar "Sonny's Tap", 1947 9

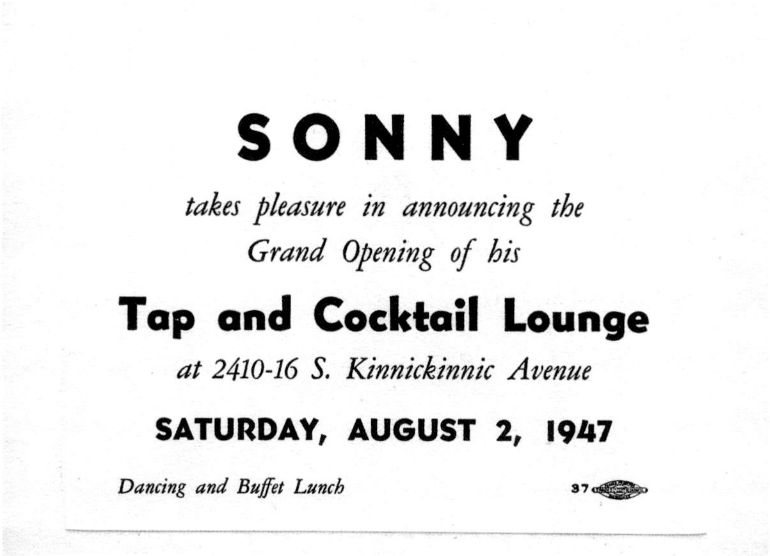
SONNY

takes pleasure in announcing the
Grand Opening of his

Tap and Cocktail Lounge

at 2410-16 S. Kinnickinnic Avenue

SATURDAY, AUGUST 2, 1947

Dancing and Buffet Lunch

10

mocratic Society (SDS) and the Student Nonviolent Coordinating Committee (SNCC) had in the meantime become large and well-organized alliances, and the movement against the Vietnam War was gradually gaining momentum.

Paul Goodman kept his word and wrote a recommendation. A short time later, Jerry Berndt registered as a student. However, after just a year, he has to leave: Berndt cannot either read or write properly and has difficulty dealing with the daily grind of attending classes. Paul Goodman once again intervenes and advises him to stay where he is, to have a look around and become involved. Jerry Berndt is now in the thick of things and learns very quickly. Within only a short span a time, he is one of the chief organizers of protest actions, going from door to door to ask the parents of young men liable to military service if they really want to send their sons to Vietnam. Berndt takes along a small projector, with which he presents censored film material from Vietnam showing dead and seriously injured soldiers. The films last only four minutes but they show the real horror of the war and belie the propaganda spread at the time by President Lyndon B. Johnson and the United States Army. Jerry Berndt now works full-time for "the movement" and counsels conscientious objectors, organizes demonstrations in Madison and Boston, delivers militant speeches, even steals and burns conscription orders. All of these activities are illegal and punishable by law. He is apprehended and arrested several times during this period.

In addition to this, in the mid-1960s he takes on a job in the college's darkroom. It was pure coincidence—he had no previous training and no previous knowledge. He was in dire financial straits, and had no concept whatsoever of what it means to develop photographs. Within a year, the autodidact acquires the necessary skills and gains access to the higher school of enlarging. He studies Ansel Adams's books and learns the highest degree of photographic perfection. For Jerry Berndt, this period of learning pays off all his life. A year later, Berndt begins taking photographs himself and accompanies student demonstrations or takes pictures in the city of passers-by, the homeless, and the less representative aspects of urban architecture (ill. 3 to 7 and 11). These early works already exhibit the multiformity, precision, and creativity that will later become manifest in his series and sequences. Jerry Berndt becomes an obsessive photographer who declines genres across the board and from now on earns his living as a professional photographer.

Jerry Berndt's oeuvre begins in 1964 when he receives first prize in a photo competition in Madison, Wisconsin. Between 1967 and 1970, what is initially a loose assembly of images, which he in subsequent years compiles parallel to his political activities, leads to his first coherent work: *The Combat Zone.* The red-light district, which Bostonians refer to as the Combat Zone, is the subject of a field trial by Harvard University, which commissions Berndt as a photographer. This conflict-ridden milieu consisting of black pimps, both black and white prostitutes, white johns from the middle and upper classes, and members of the navy, combined with all of the implications of racism and the black power movement, of open and latent violence, affords a wide spectrum of sociological and psychological analysis. Jerry Berndt starts taking photographs for the project, and with occasional interruptions, works non-stop on it for the next three years. In many respects, *The Combat Zone* is exemplary for Berndt's artistic approach. He works with sequences, series, and individual images. Sometimes he impulsively focuses on the one or the other decisive moment, and others he creates reserved views that have a conceptual basis. This blend of classic Street Photography with a conceptually oriented pictorial concept is characteristic for a large share of his works. Even his project *Missing Persons: The Homeless* (1984), a social reportage, displays these conceptional features: combinations of images and texts that press for a statement, and a well-thought-out graphical and typographical design characterizes the presentation of the accompanying book.

While the origins for the work on the *The Combat Zone* and *Missing Persons: The Homeless* are situated in a social and polit-

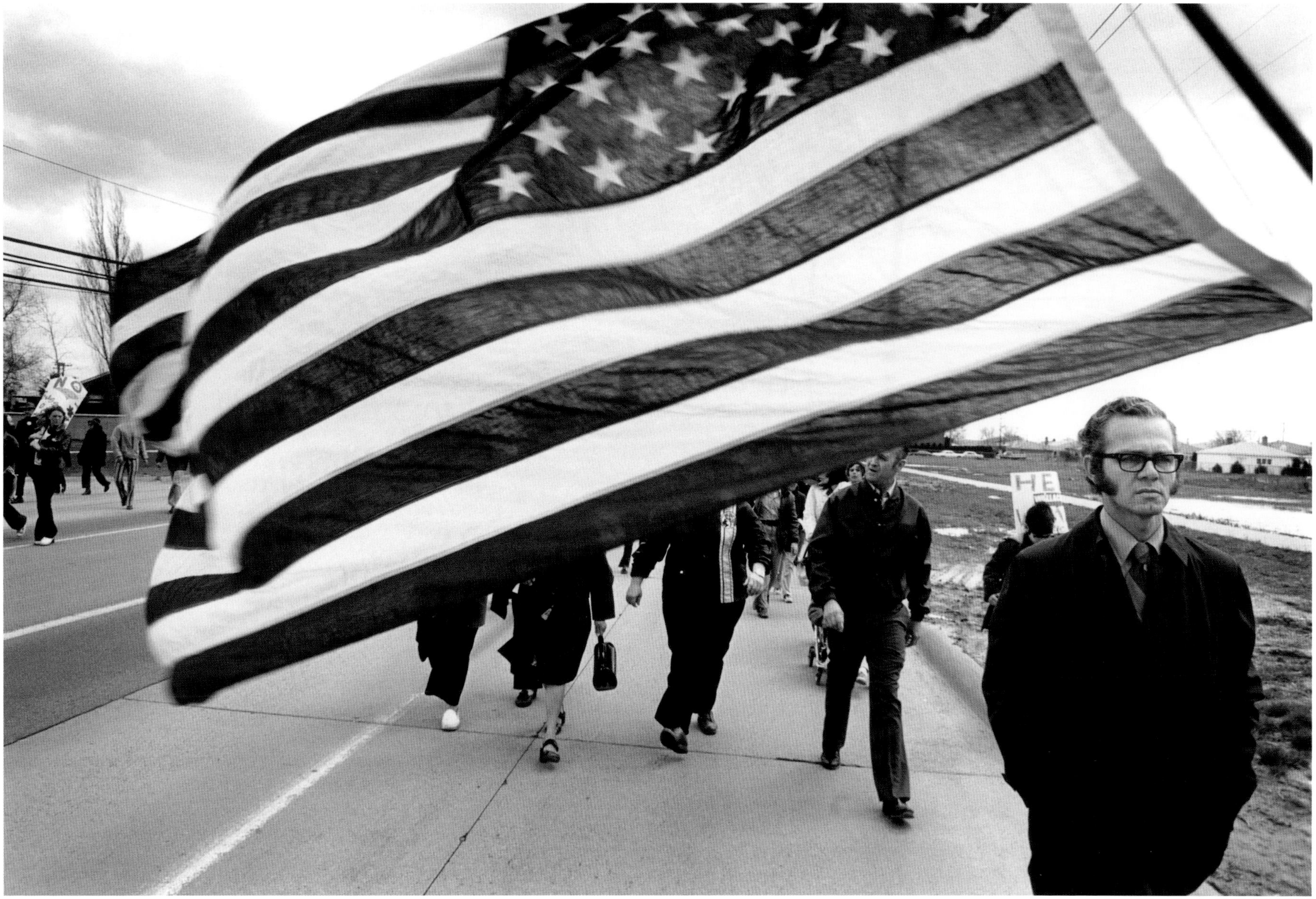

11

American Flag, Detroit, 1971, 28 x 25,5 cm

ical environment, motivation for the series *Bar Rooms,* for which Berndt has been taking photos since the 1970s, comes more from a biographical context. For him, the (early) childhood experiences had in his father's bar are formative: alcoholism, escapism, drug-induced euphoria, pathetic addiction, and latent self-destruction flag the real cornerstones of the myth of the lonely drinker. And yet: "For me, bars smell and taste like home," Jerry Berndt admits forthright and thus attests to the fact that childhood has an impact on one's entire life and that no one can sidestep the first premises of upbringing, education, and experience. What Berndt took with him into adult life is an eye for the complexity and drama of the mundane, which as a photographer he later captures in precise and revealing images.

The focus of the work *The Babies* (c. 1980–1992) is not Berndt's own childhood, but that of his daughter Emma, who was born in 1978. Her power of imagination and fantasy is more than impressive. This does not elude Jerry Berndt, who for a period of about 12 years continuously recorded the imaginary worlds she built and her explanations for them, thus providing us with a unique documentation of a child's development. At the same time, he creates an entirely independent photographic work. The probing eye, the father's sensitivity, and the photographer's creativity enter into a symbiosis. Berndt's achievement is that he does not produce a purely subjective image or an inner-familial finding, and thus more or less personal photographs with little aesthetic value. A distinct image and text concept result in a conceptual form of photography that in equal measure allows reflecting on a child's power of imagination and development as well as on the possibilities of photography in a personal and intimate sphere. This same ability to abstract is echoed in the series *Nite Works*, which, as already mentioned, arose from a personal crisis and a resulting photographic interest. The same applies for the work *The Death of my Grandmother* (1975). Jerry Berndt's paternal grandmother was an important attachment figure for him in his hardly intact family in the 1940s and 1950s in Milwaukee.

The 1970s and 1980s are important years for Jerry Berndt, years during which he exhaustively defines himself as a photographer. The outcome of his sociocritical socialization, his social and political interest remains constant through the 1960s. Beginning in the 1980s, Jerry Berndt sharpens his interest for photojournalism and increases his social and political involvement as a war photographer and social documentarian. He produces extensive series on San Salvador (1984), Guatemala (1985), Haiti (1986–1991), Armenia (1993–1994), and Rwanda (2003–2004), all of which mark an additional comprehensive part of his complex oeuvre. Berndt is currently working as a University of Southern California senior fellow on a challenging and ambitious project entitled *The Act of Faith,* documenting all forms of religious practice in Los Angeles.

"But the night belongs to the watchmen," writes Beckett in *Molloy.* As a photographer, one is never only an observer, but in an ambivalent way always a participant as well. Photographs are never "true" in the sense of any ostensible objectivity; they are an expression of emotions and opinions in equal measure. These are the feelings and expressions of the photographer and the one being photographed. As improbable and unconscious, as superfluous or necessary these alliances may be, they characterize the photographic image more profoundly than is the case in other art forms. We often sense that photographs are exaggerated and that they lose themselves in spectacular moments or in orchestrations and effects laden with clichés, or that they constitute a simplification of complex social relations. Both exist in successful photographic works: the reference to social reality and an added aesthetic value that is more than merely composition, but itself becomes a statement. This convincing arc of tension is characteristic of Jerry Berndt's work. As a photographer, he is an active observer who judges but also consistently interprets, who knows how to place propinquity and distance in an accurate relation to one another. And he knows photography so well that he is always in command of its power of suggestion and systematically applies it. Only in this way can one explain his use of an intense ability to abstract and a tactfulness for making very concrete statements as a nightly watchman, even in light of political actions, personal consternation, and social confrontation, and that as a photographer has created a formidable and multiform oeuvre.

Maik Schlüter

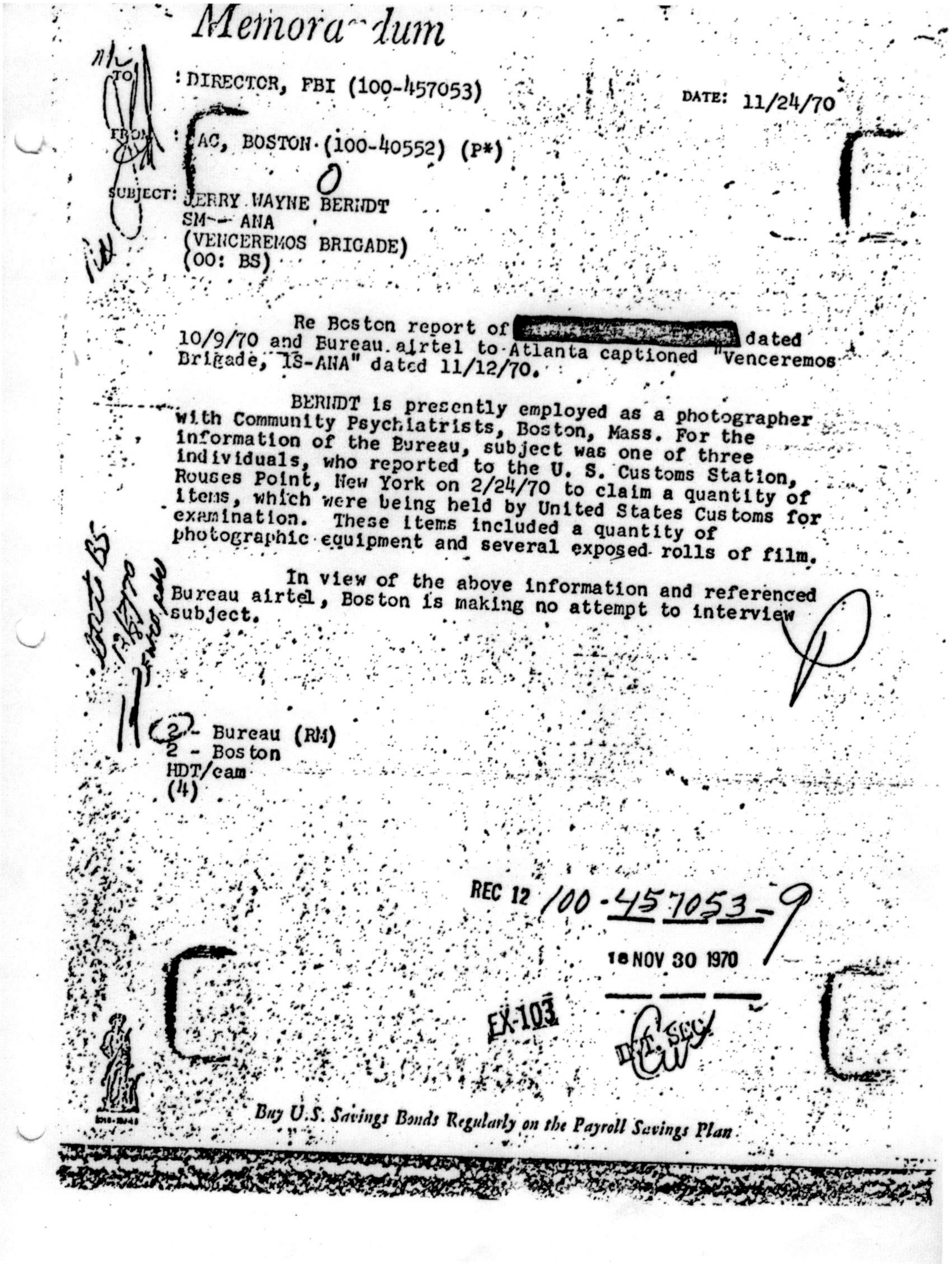

Memorandum

TO : DIRECTOR, FBI (100-457053)

DATE: 11/24/70

FROM : SAC, BOSTON (100-40552) (P*)

SUBJECT: JERRY WAYNE BERNDT
SM - ANA
(VENCEREMOS BRIGADE)
(00: BS)

Re Boston report of [redacted] dated 10/9/70 and Bureau airtel to Atlanta captioned "Venceremos Brigade, IS-ANA" dated 11/12/70.

BERNDT is presently employed as a photographer with Community Psychiatrists, Boston, Mass. For the information of the Bureau, subject was one of three individuals, who reported to the U. S. Customs Station, Rouses Point, New York on 2/24/70 to claim a quantity of items, which were being held by United States Customs for examination. These items included a quantity of photographic equipment and several exposed rolls of film.

In view of the above information and referenced Bureau airtel, Boston is making no attempt to interview subject.

2 - Bureau (RM)
2 - Boston
HDT/cam
(4)

REC 12 100-457053-9

18 NOV 30 1970

EX-103

Buy U.S. Savings Bonds Regularly on the Payroll Savings Plan

Kopie der FBI Akte/Copy of the FBI File, 1970

12

MAY 1962 EDITION
GSA FPMR (41 CFR) 101-11.6

UNITED STATES GOVERNMENT

Memorandum

TO : DIRECTOR, FBI (100-457053) DATE: 9/30/71

FROM : SAC, MILWAUKEE (100-16618)(RUC)

SUBJECT: JERRY WAYNE BERNDT
SM - NEW LEFT
(VENCEREMOS BRIGADE)

(OO: BOSTON)

Re Boston letter to Bureau, 8/2/71; and Milwaukee letter to Boston, 9/28/70.

For the information of Detroit, subject is reported to have traveled to Cuba on 11/28/69, from Mexico City, Mexico, aboard Cuban Aviation Company (CAC), Flight 465, as part of the first contingent of the Venceremos Brigade (VB). Subject, JERRY (NMN) BERNDT was among the individuals who boarded this flight and identified himself as a white male photographer, age 26, from Milwaukee, Wisconsin.

Subject was employed at Community Psychiatrists, 50 Fenwood Road, Boston, Massachusetts, until 5/7/71.

On 9/23/71, by means of a suitable [redacted] subject's mother, Mrs. GRACE E. BERNDT, 4251 South 2nd Street, Milwaukee, telephonically advised that her son is currently residing at 1248 McClellen Street, Detroit, Michigan, and is employed for "The Newspaper," telephone number unknown.

2 - Bureau (RM)
2 - Boston (100-40552)(RM)
2 - Detroit (RM)
1 - Milwaukee

REC 17 100-457053-13

JEM:rab
(7)

ST-112

16 OCT 4 1971

6 OCT 12 1971

Buy U.S. Savings Bonds Regularly on the Payroll Savings Plan

13 Kopie der FBI Akte/Copy of the FBI File, 1971

THE COMBAT ZONE

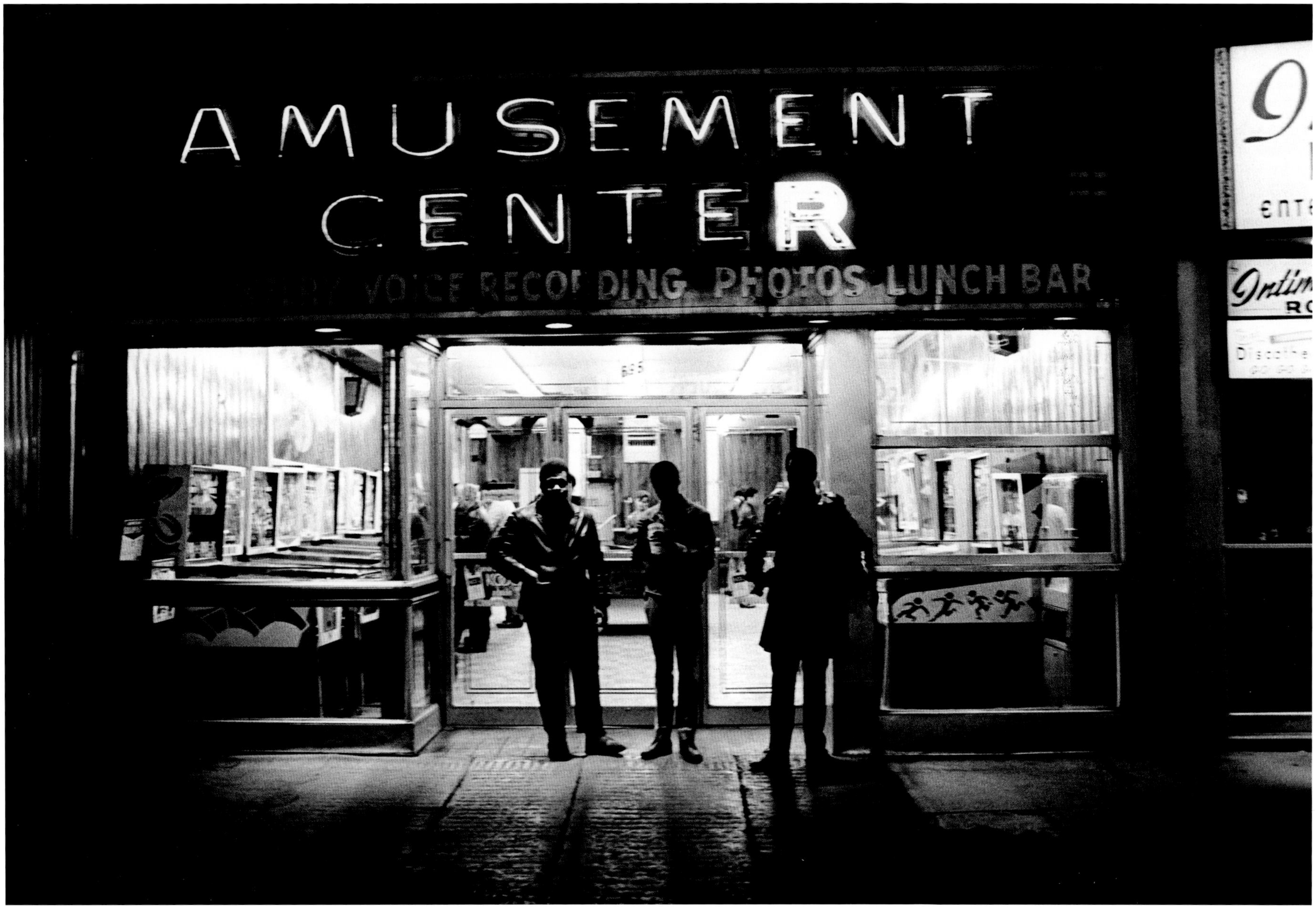
AMUSEMENT
CENTER
VOICE RECORDING PHOTOS LUNCH BAR

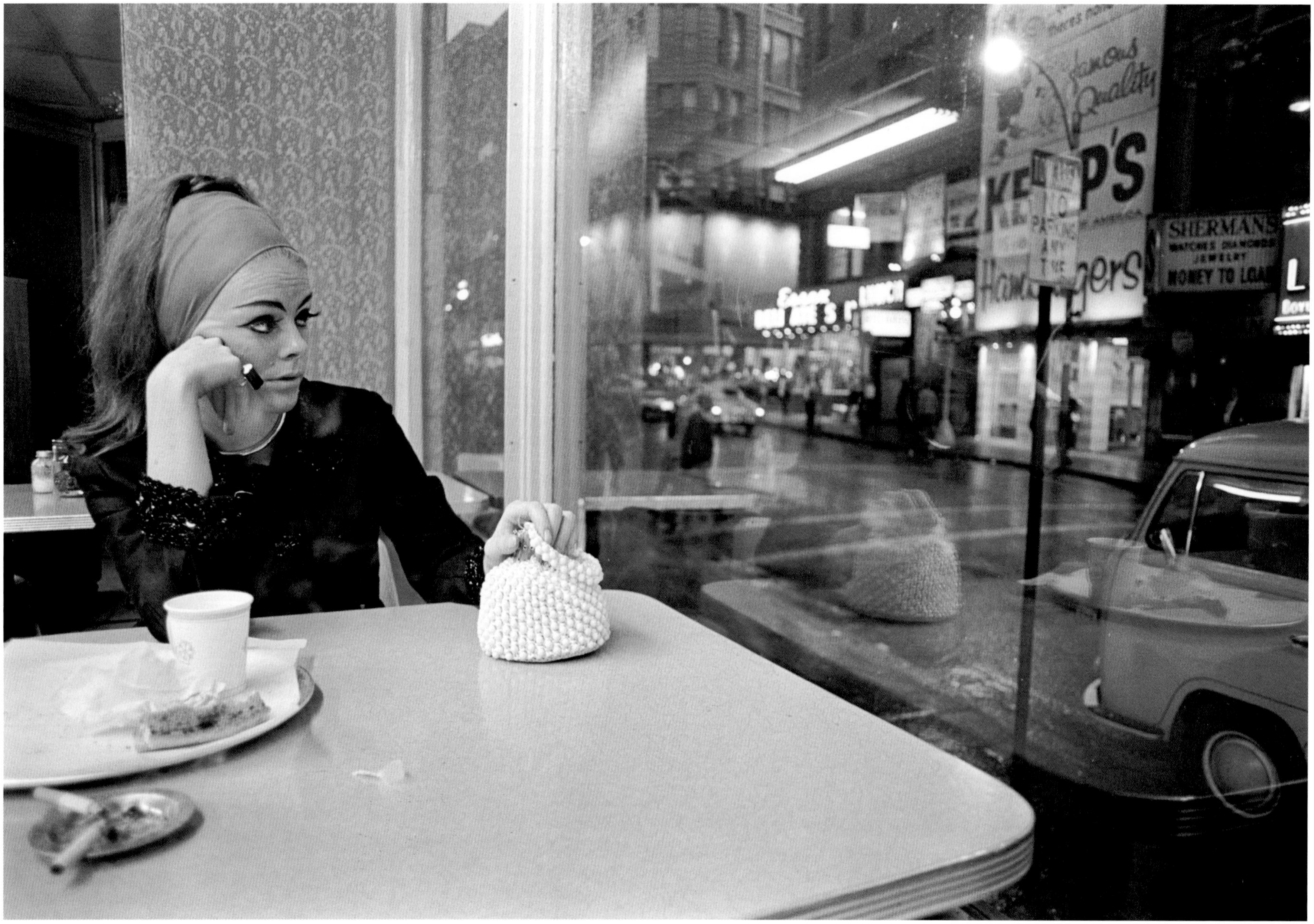
Famous Quality
SHERMANS
WATCHES DIAMONDS
JEWELRY
LUNCH

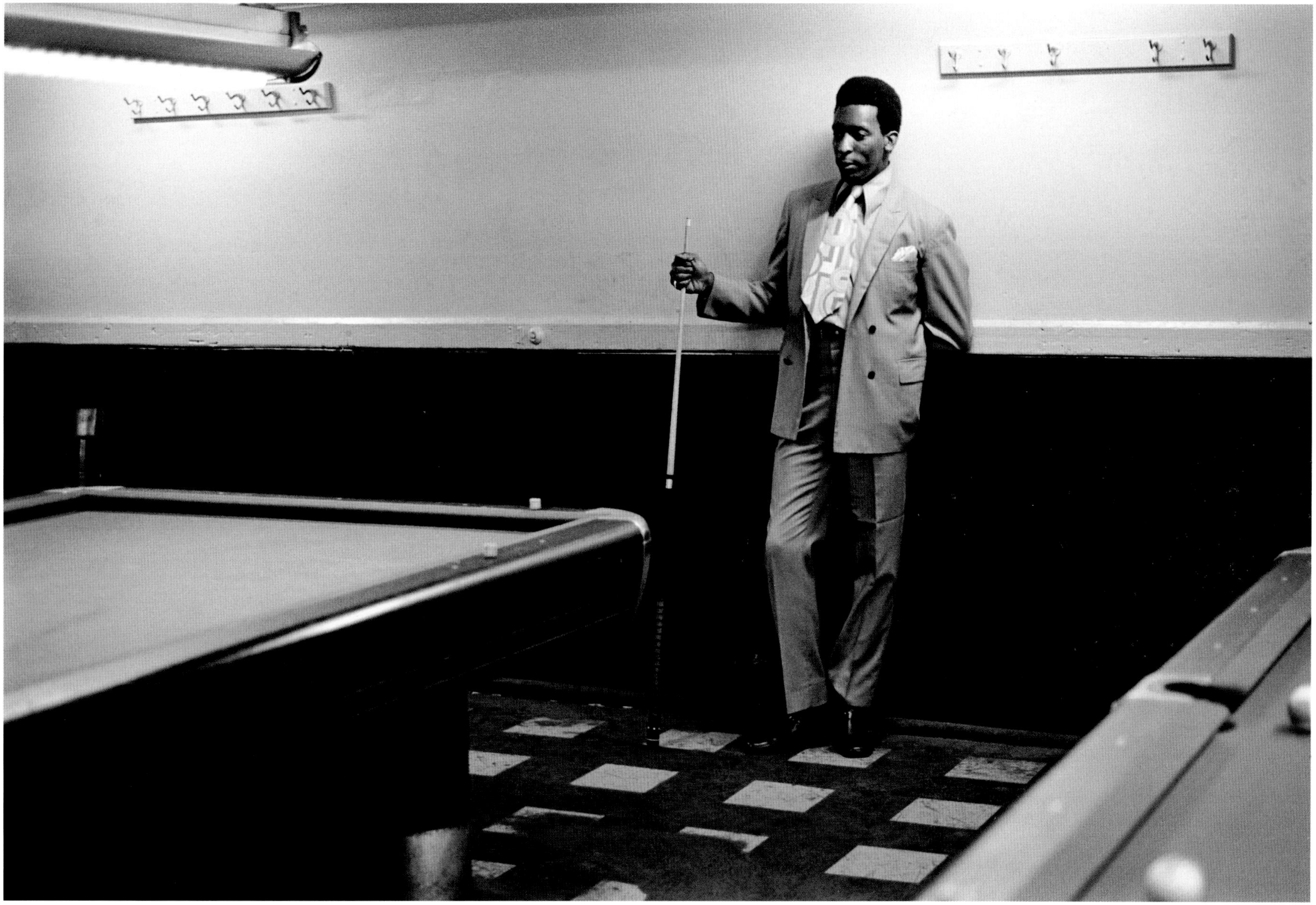

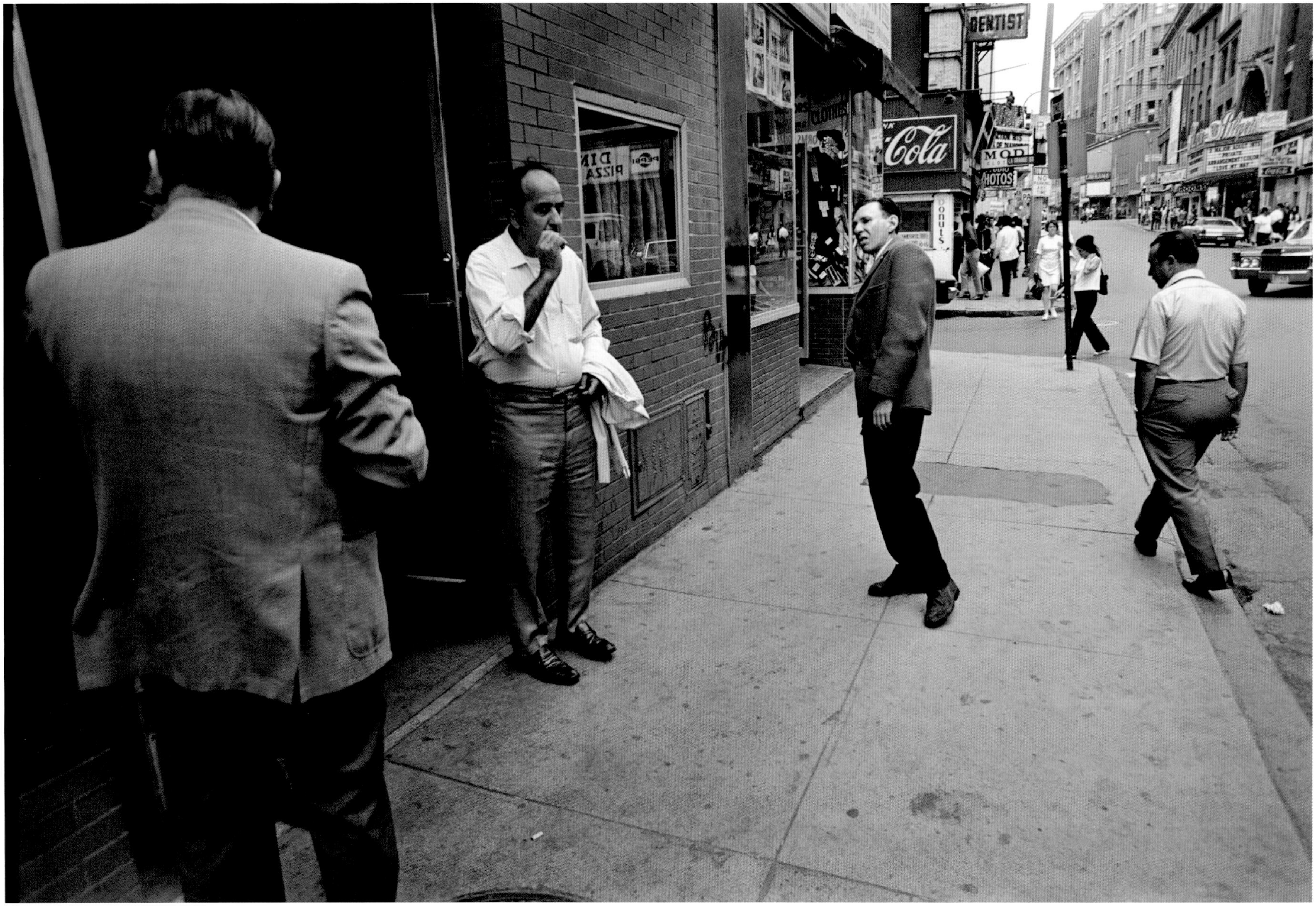
DENTIST
Cola
MOD
Donuts
PIZZA

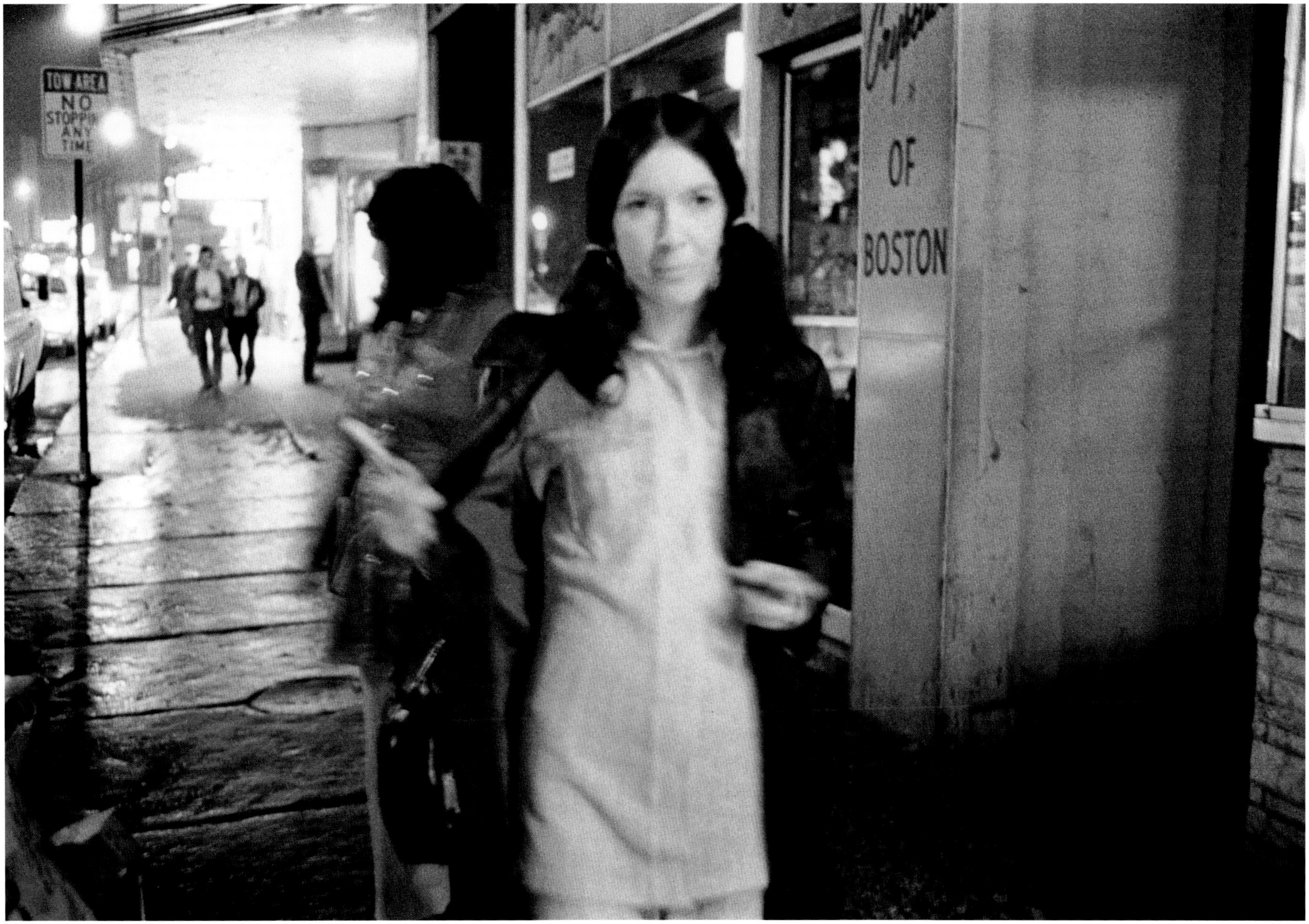
TOW AREA
NO
ANY
TIME
OF
BOSTON

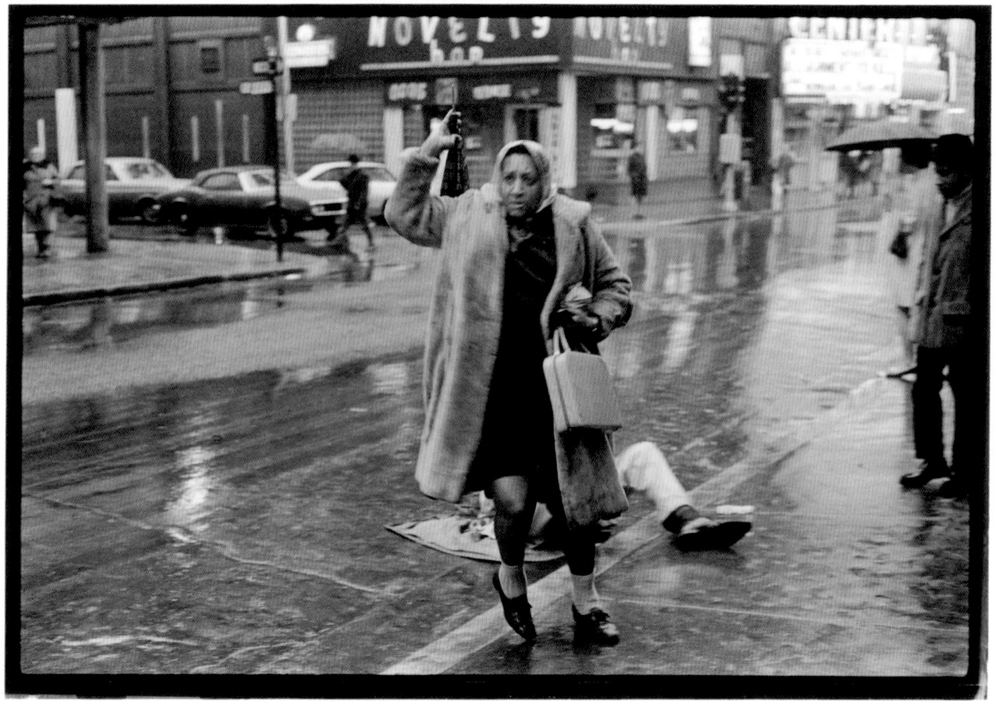
NOVELTY

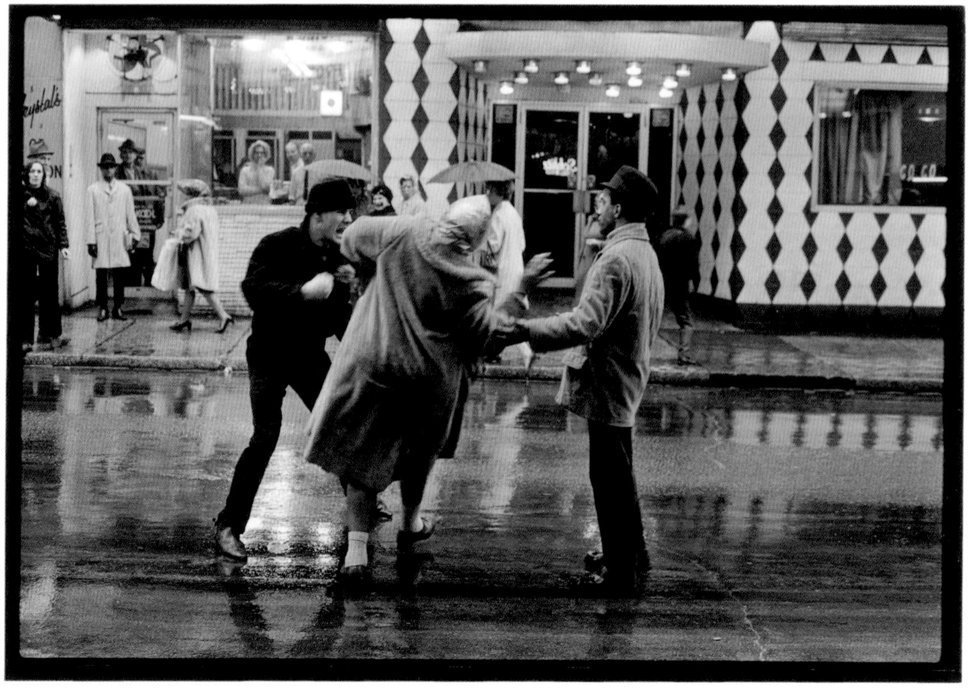

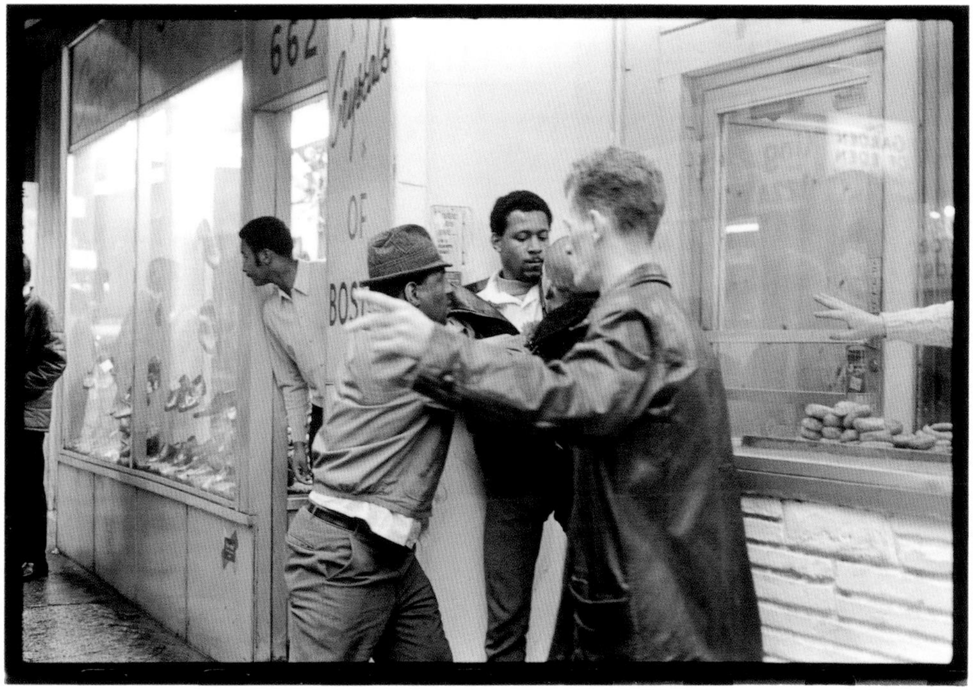
662
OF

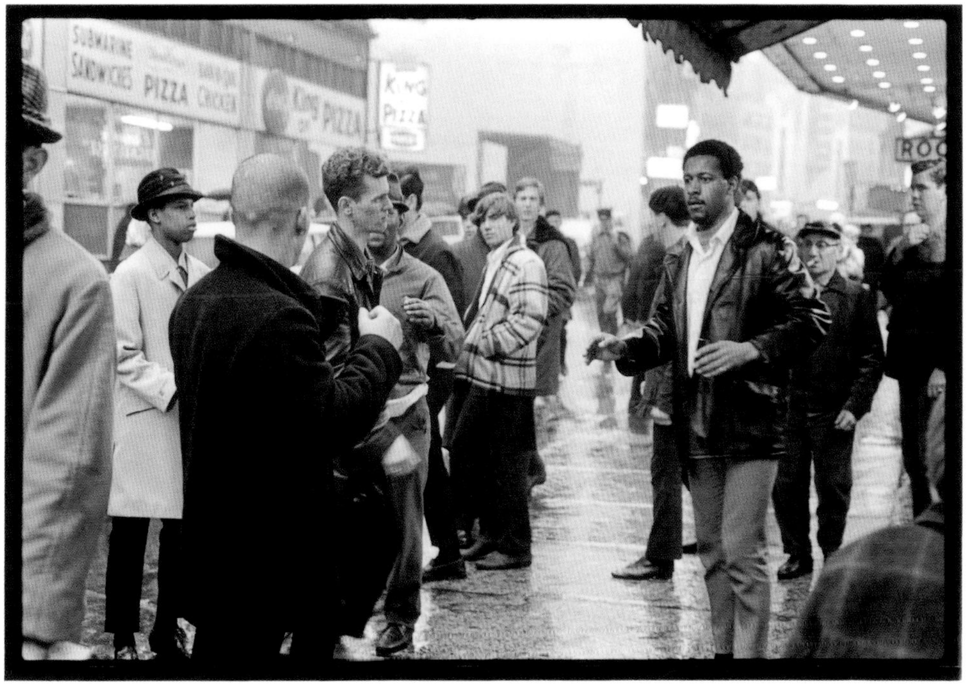
SUBMARINE
SANDWICHES
PIZZA
KING
PIZZA

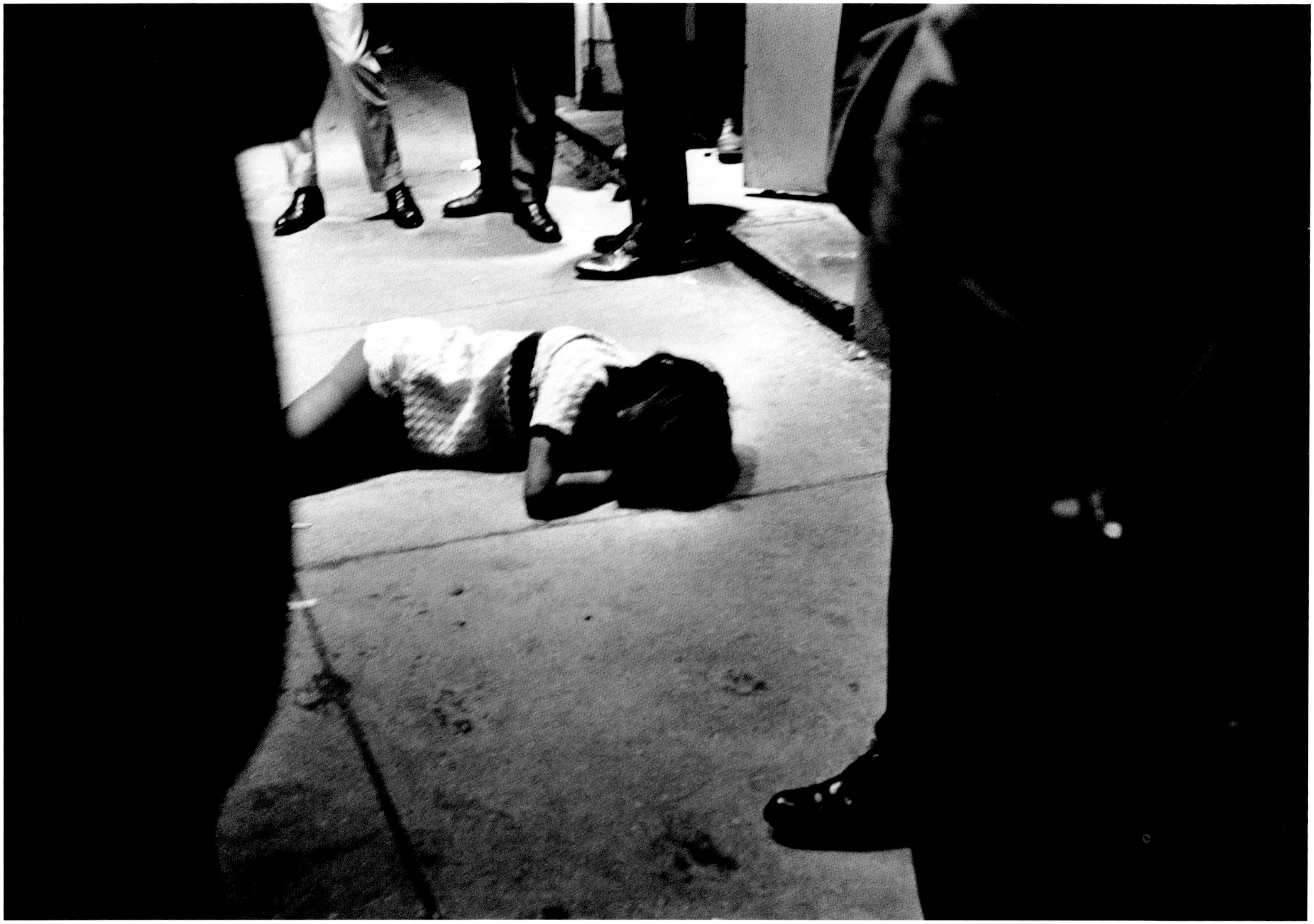

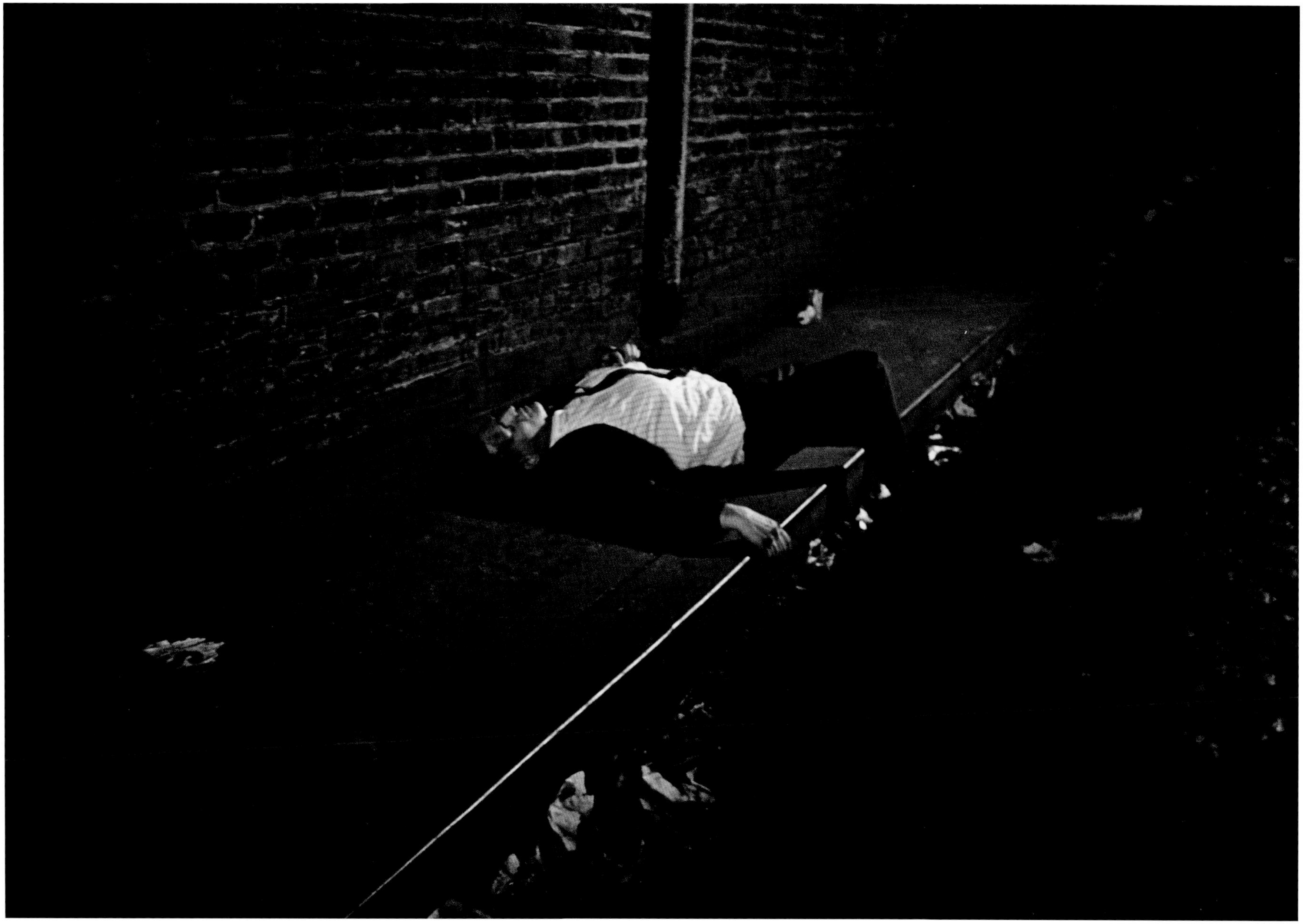

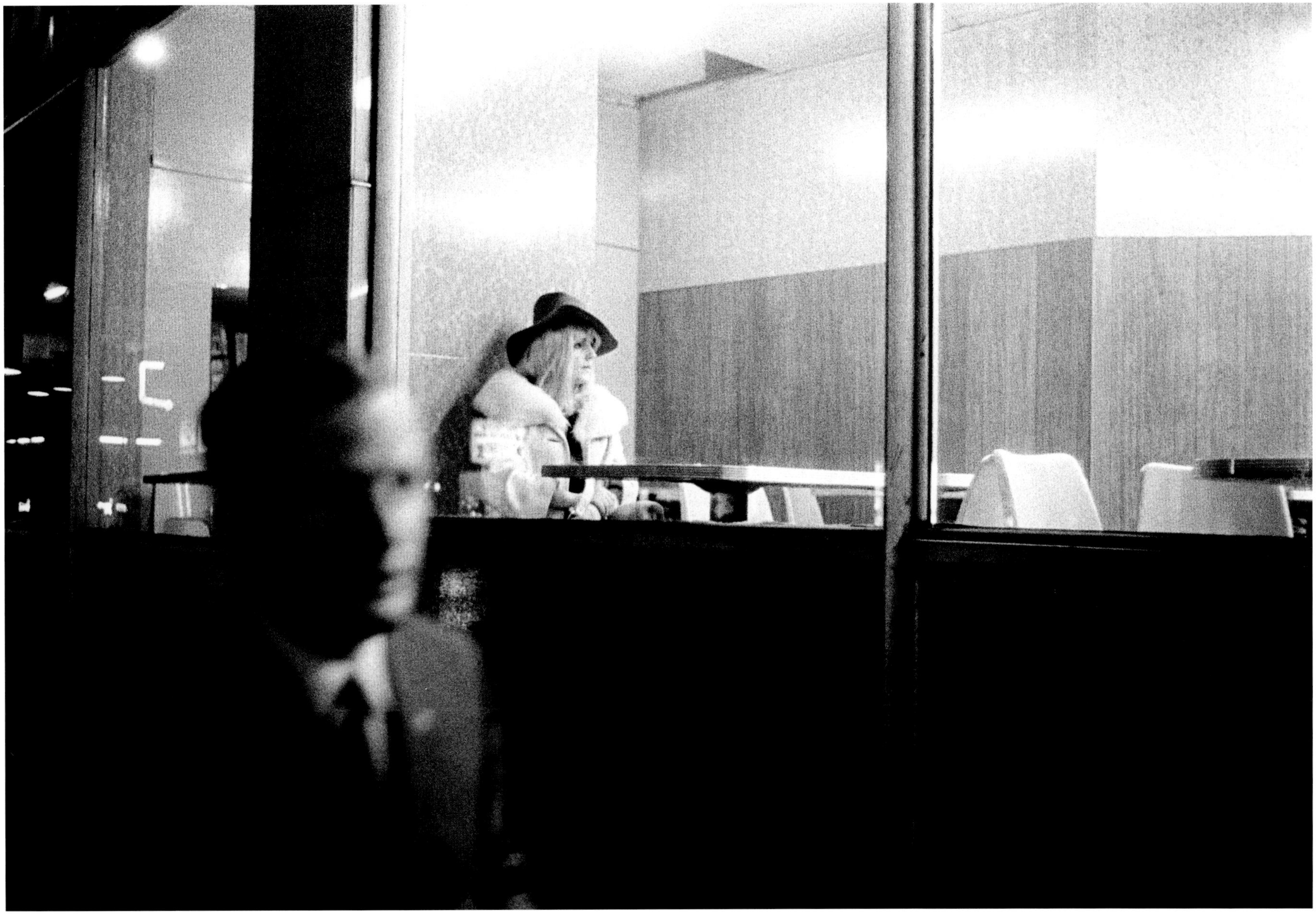

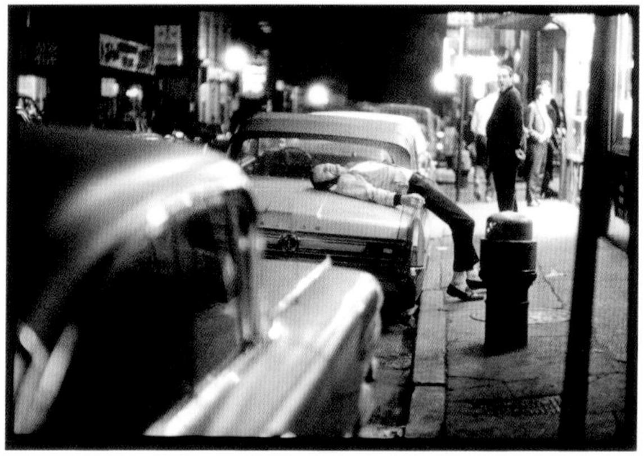

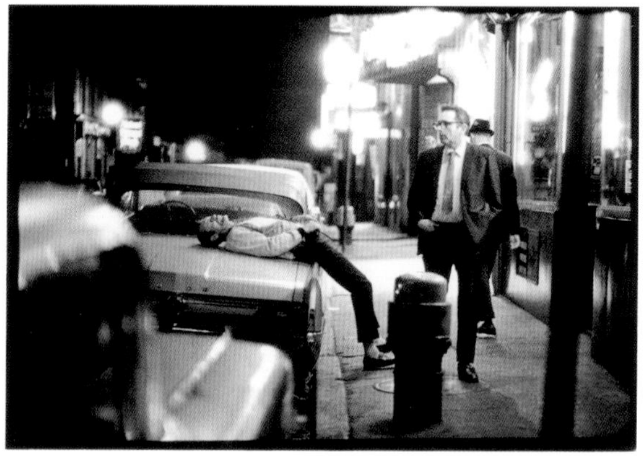

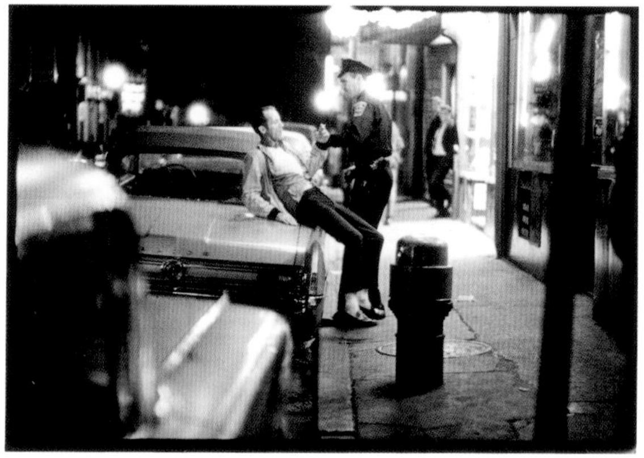

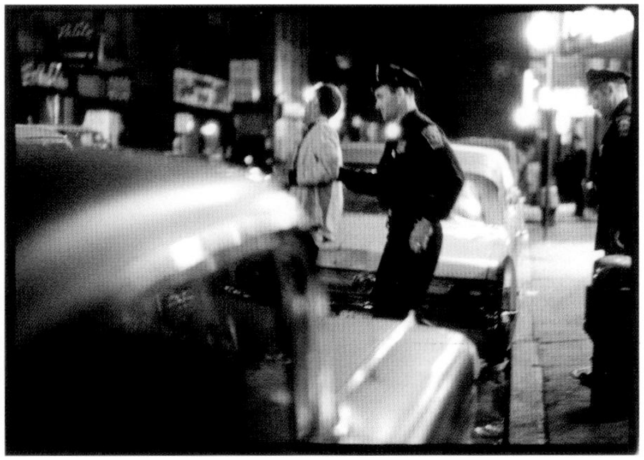

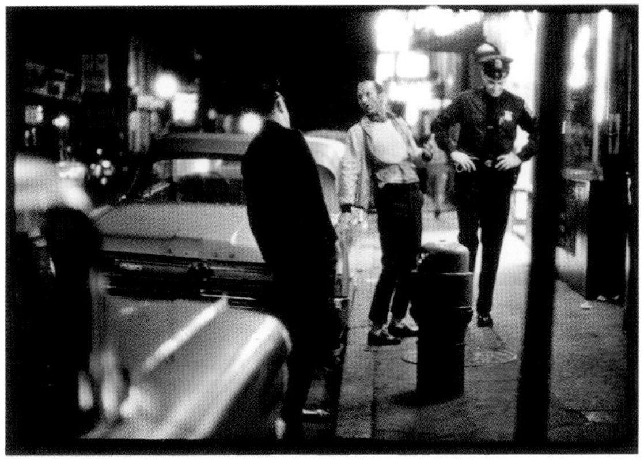

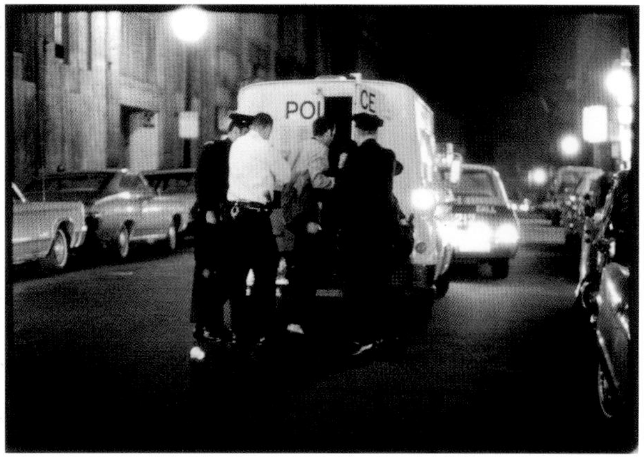

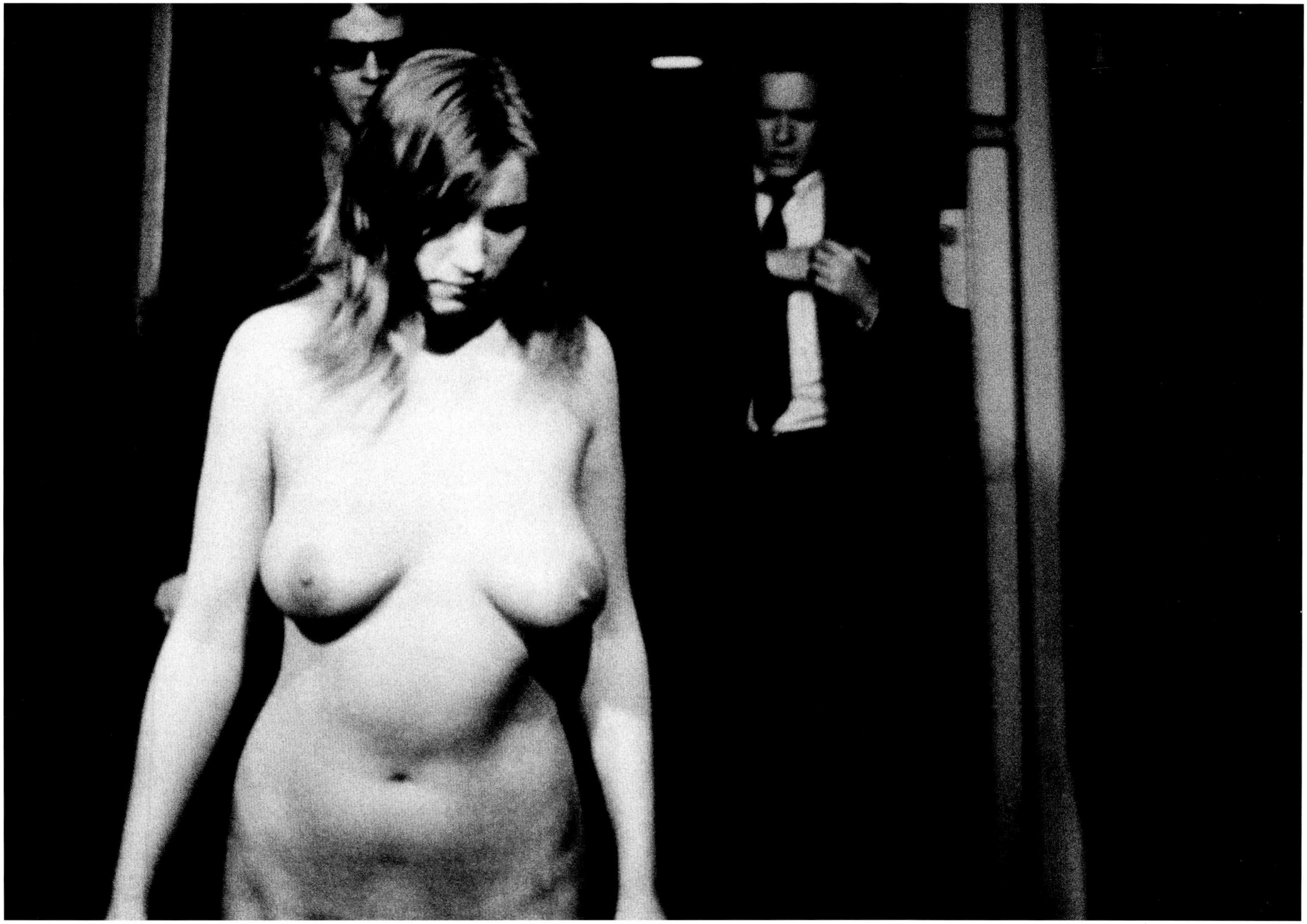

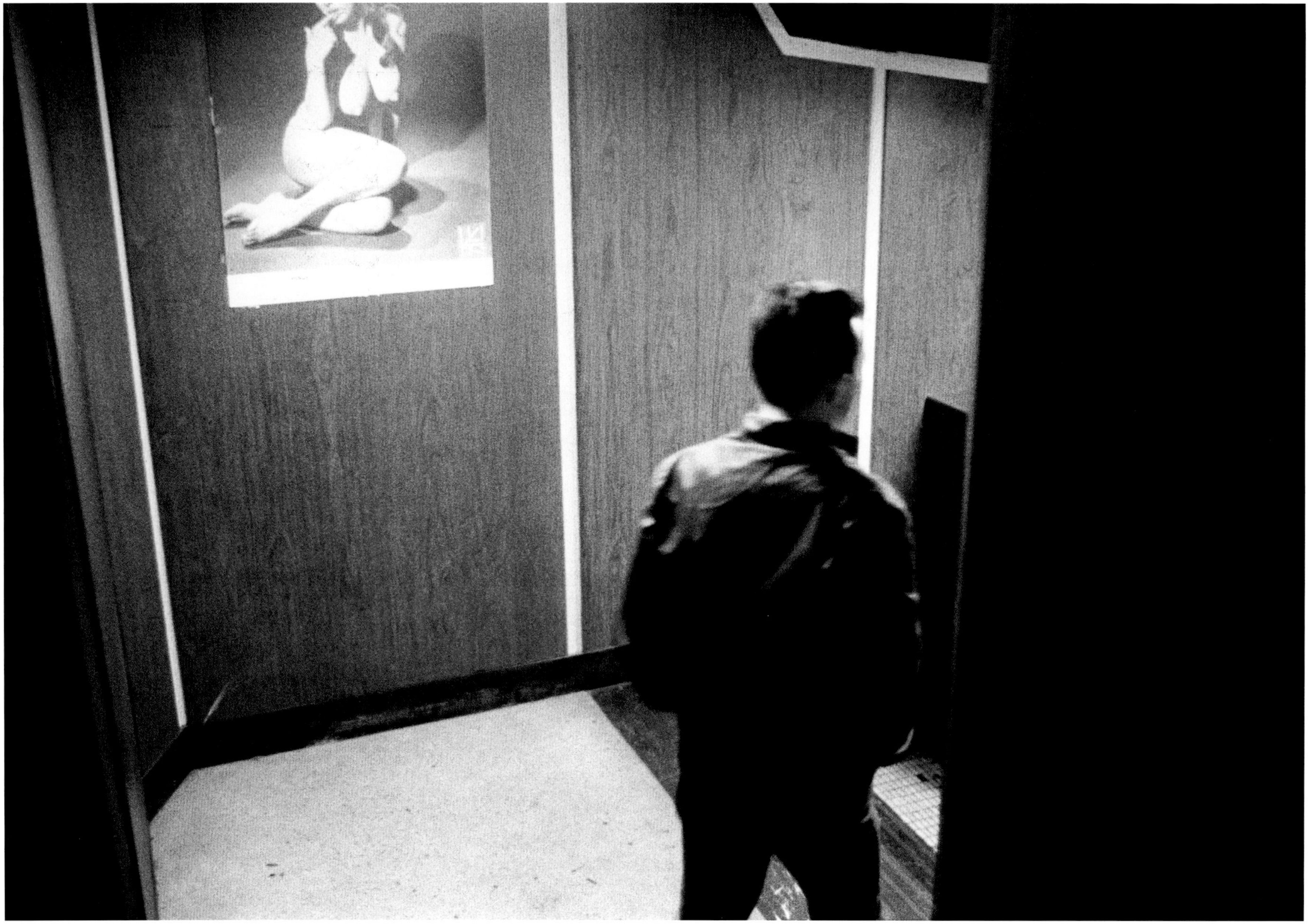

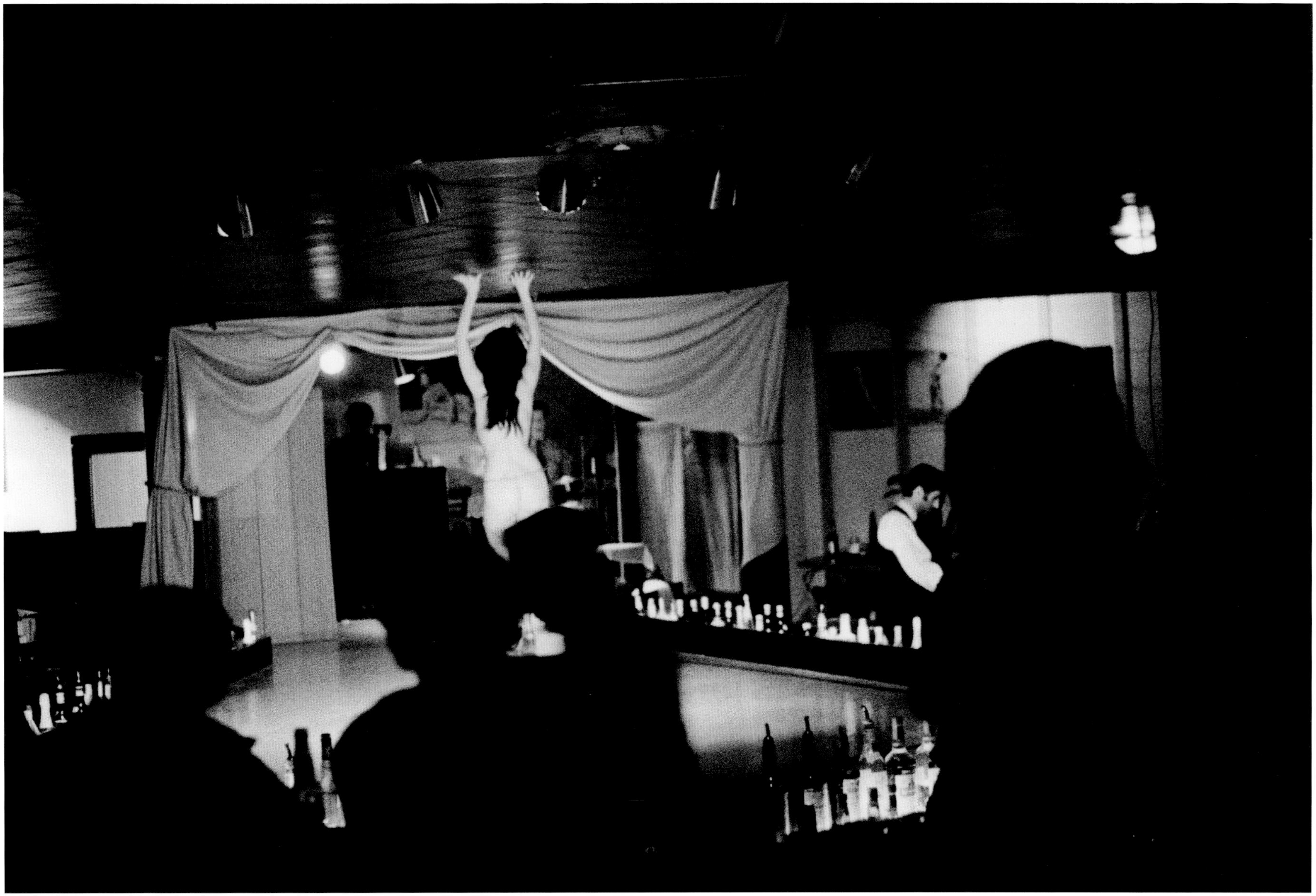

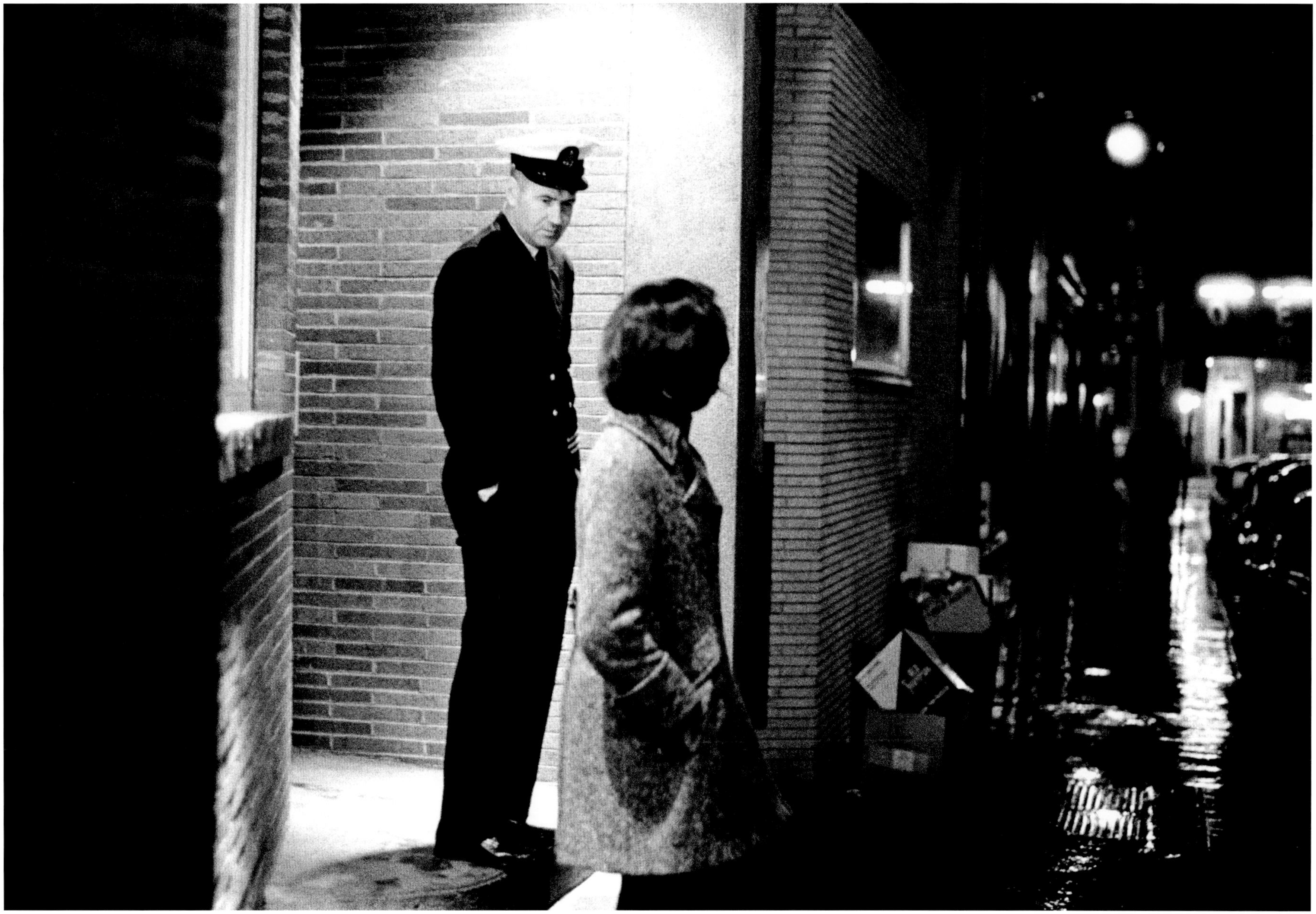

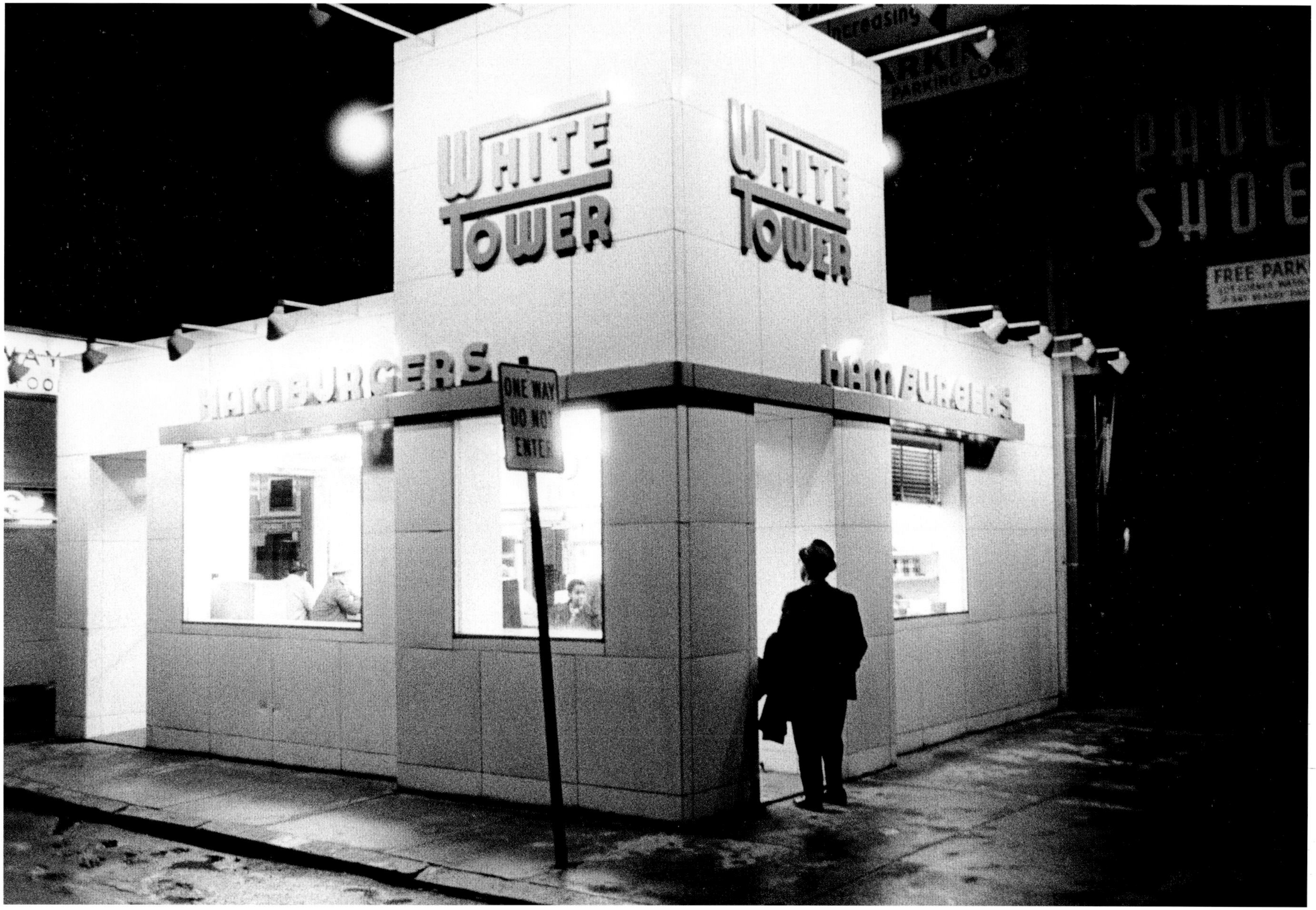
WHITE TOWER
WHITE TOWER
HAMBURGERS
HAMBURGERS
ONE WAY
DO NOT
ENTER

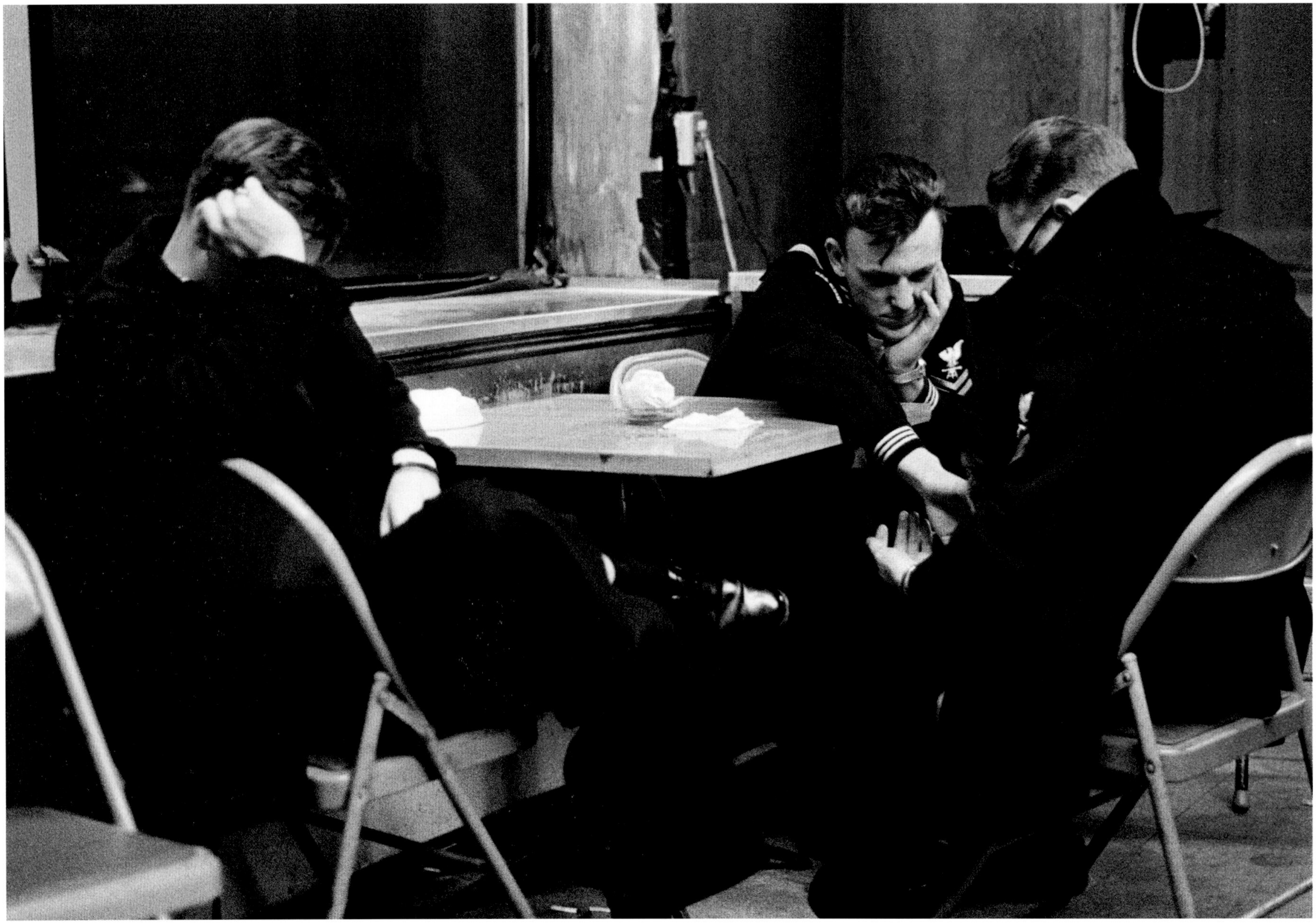

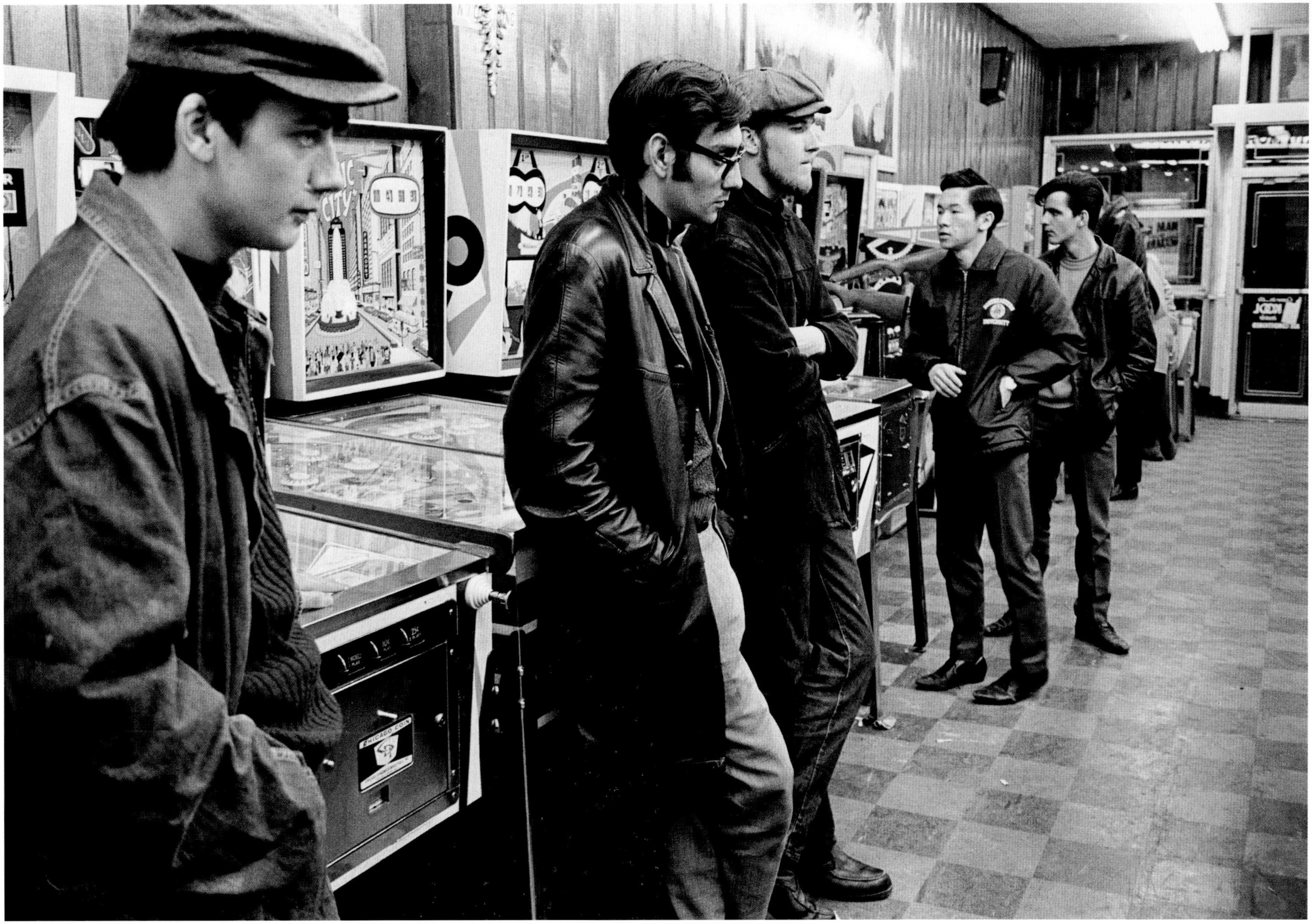
CHICAGO COIN

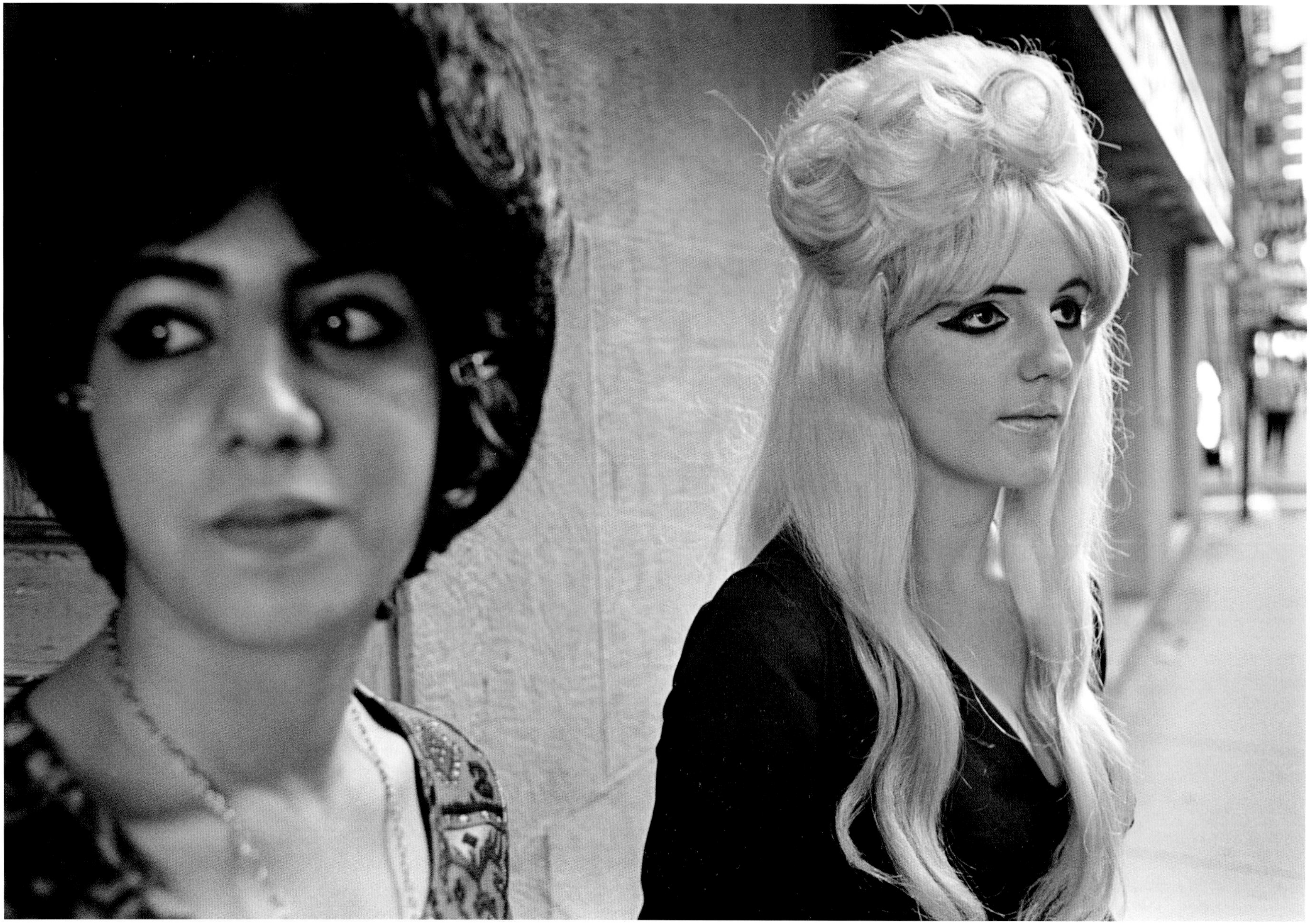

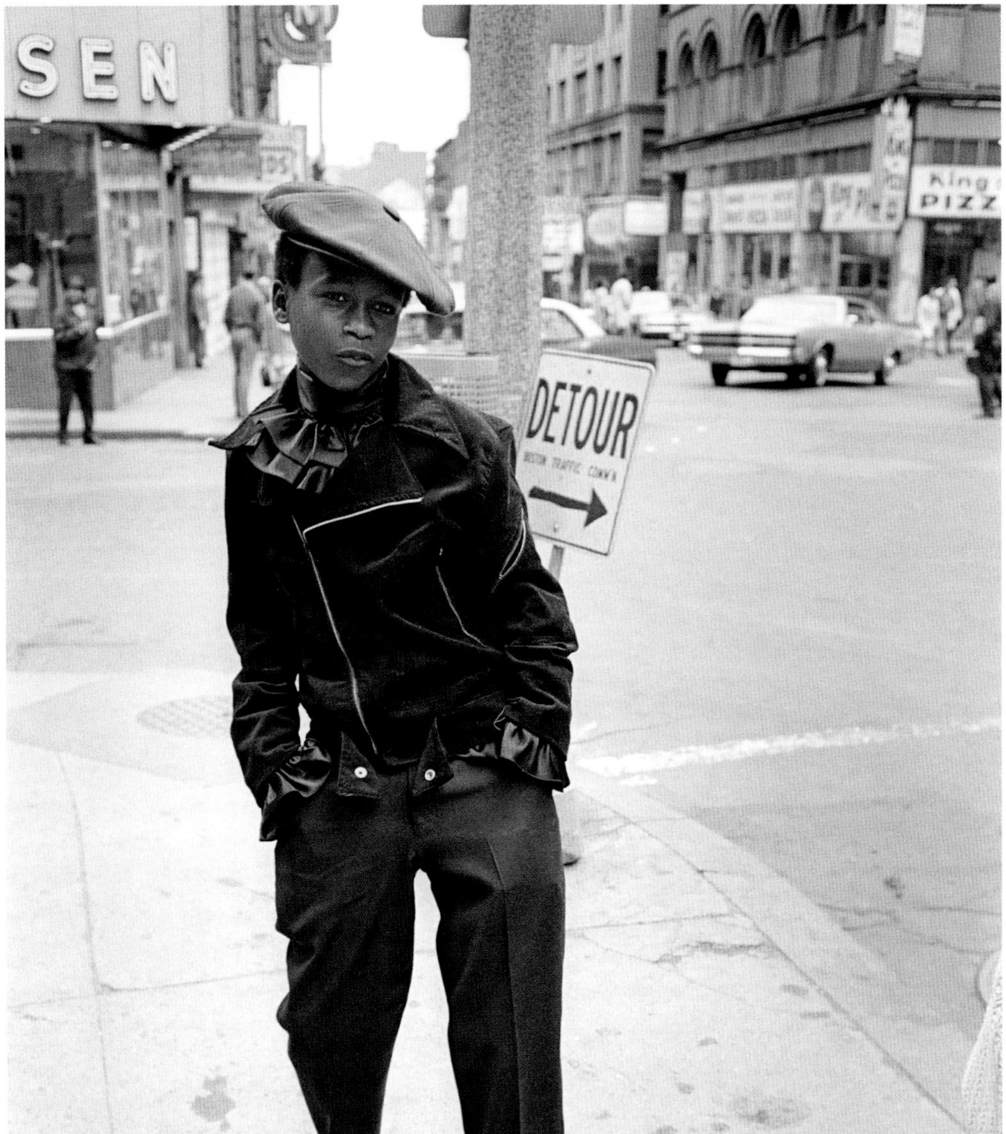
SEN
King
PIZZ
DETOUR

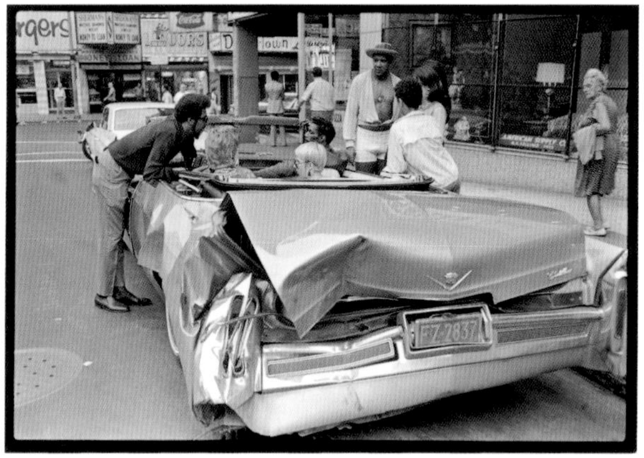

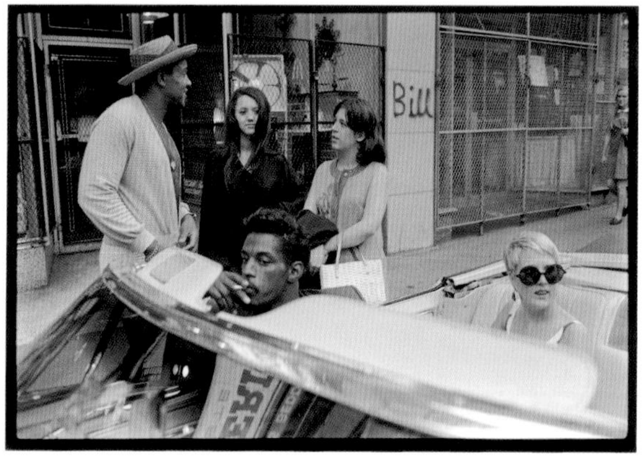
Bill

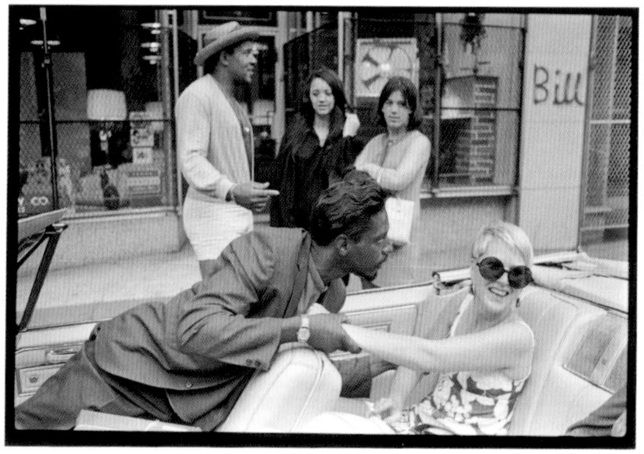
Bill

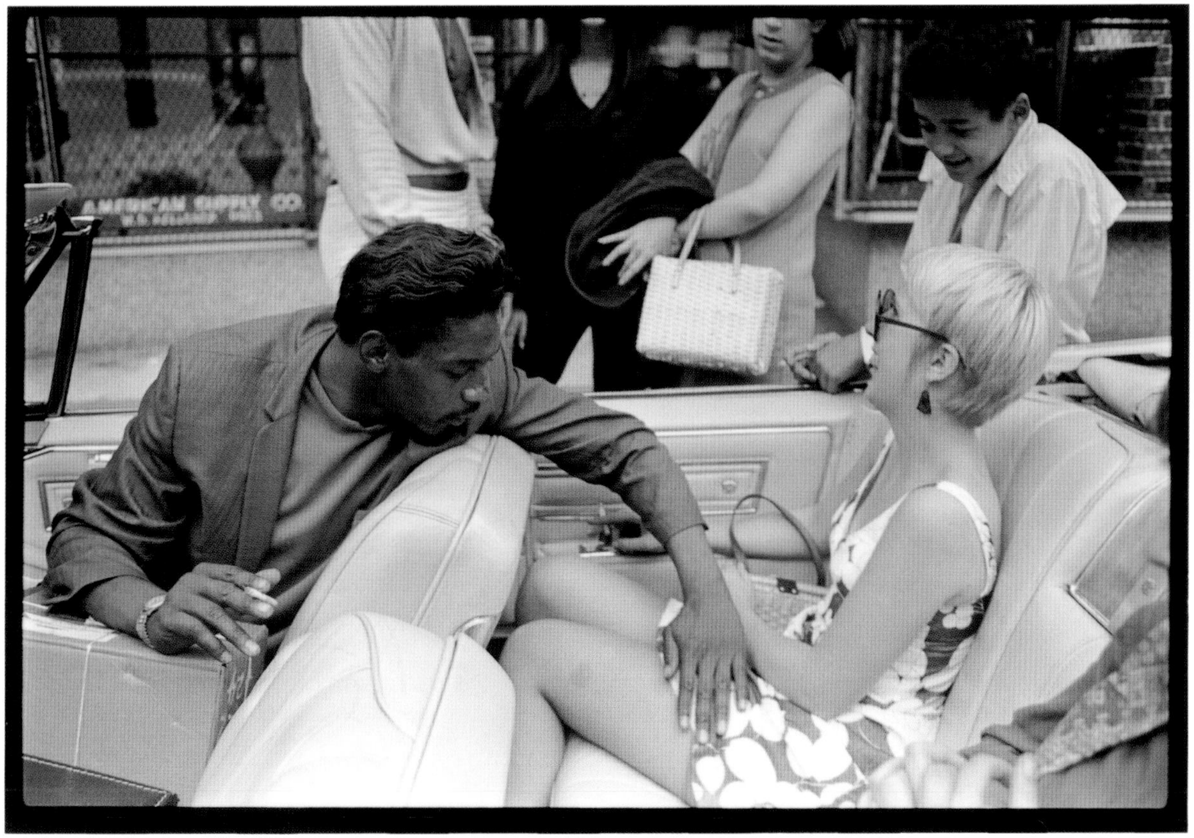
AMERICAN SUPPLY

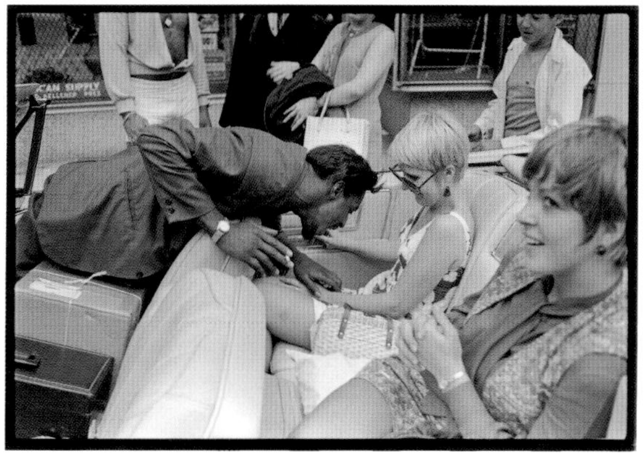
CAN SUPPLY

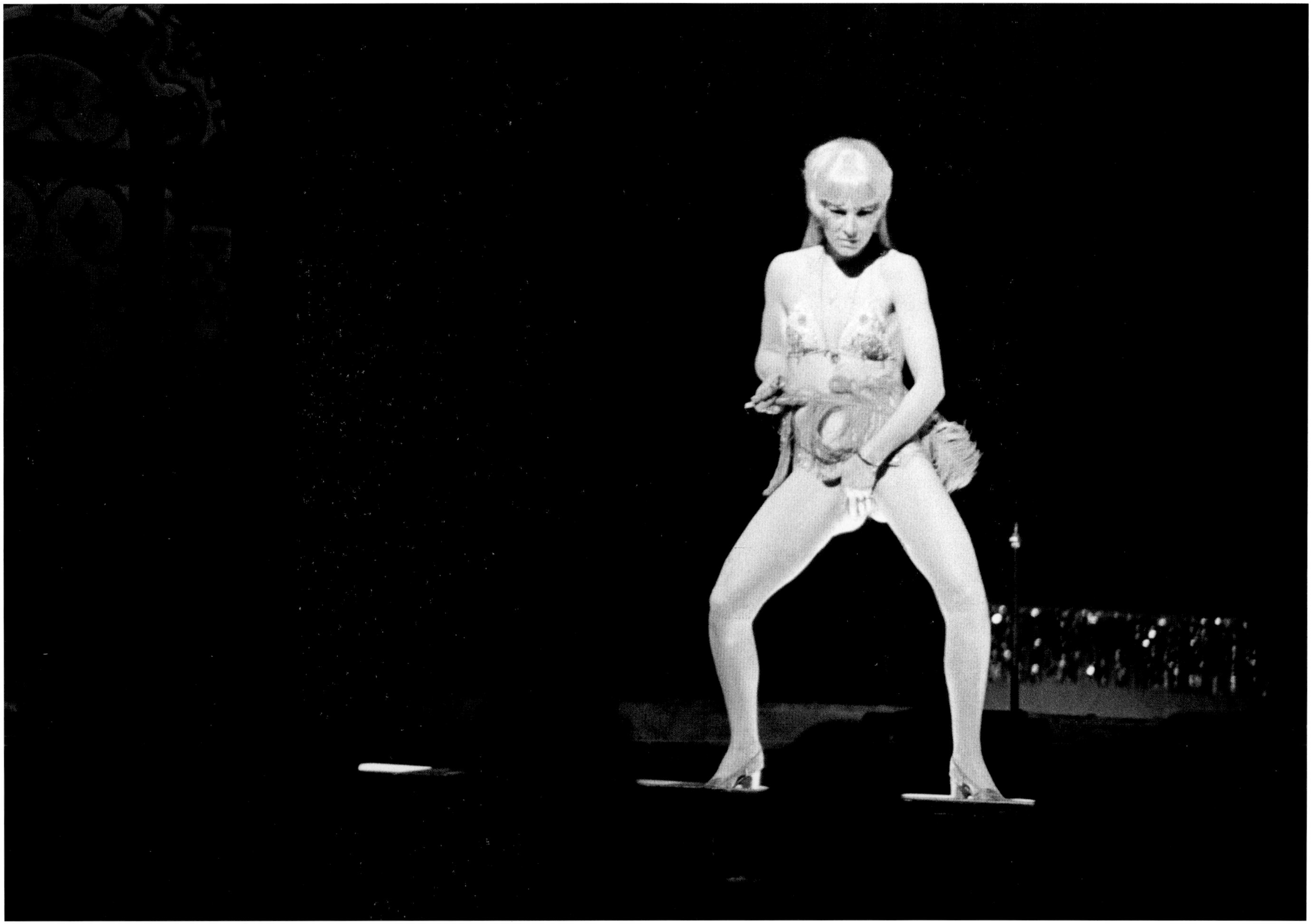

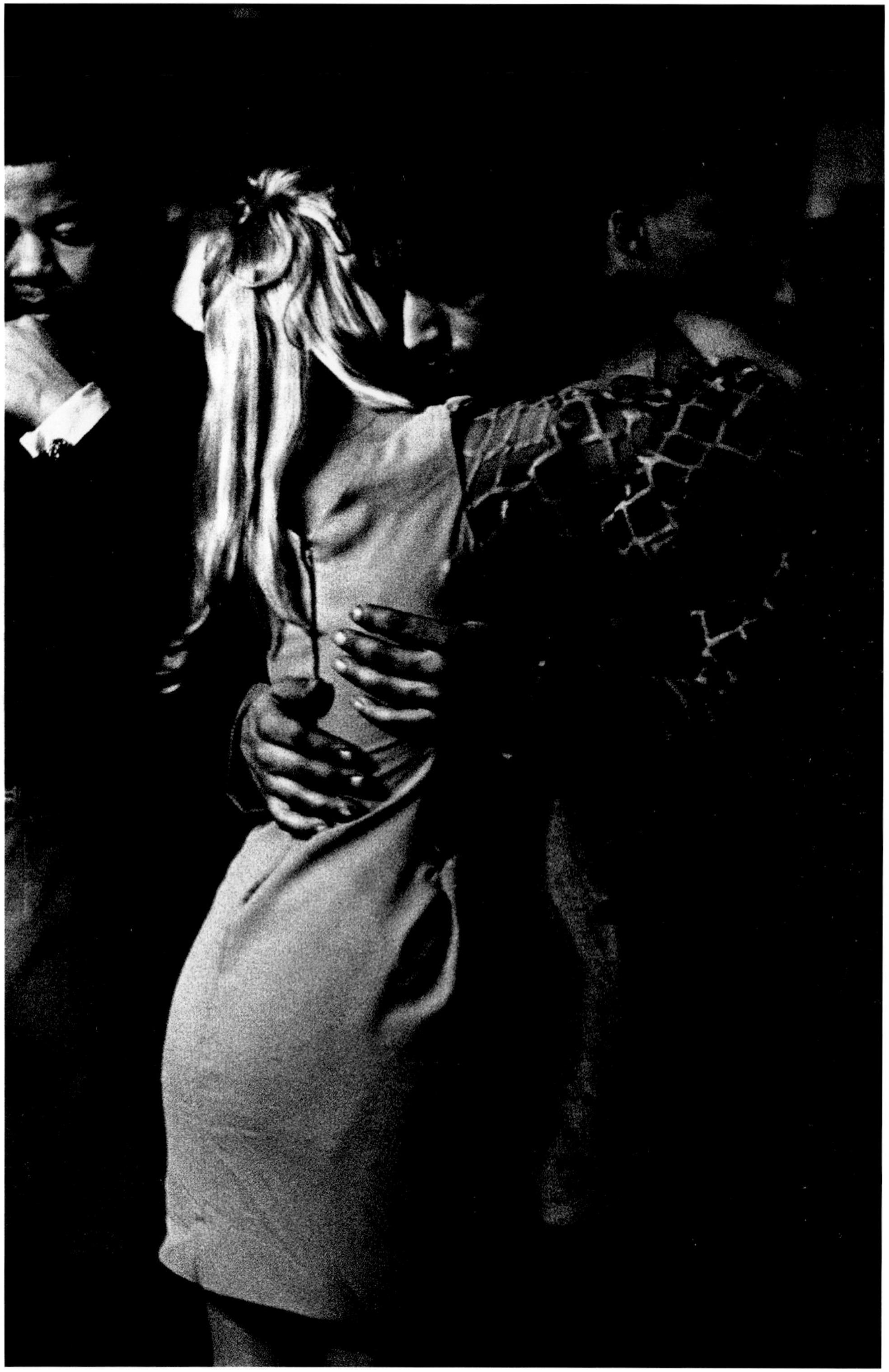

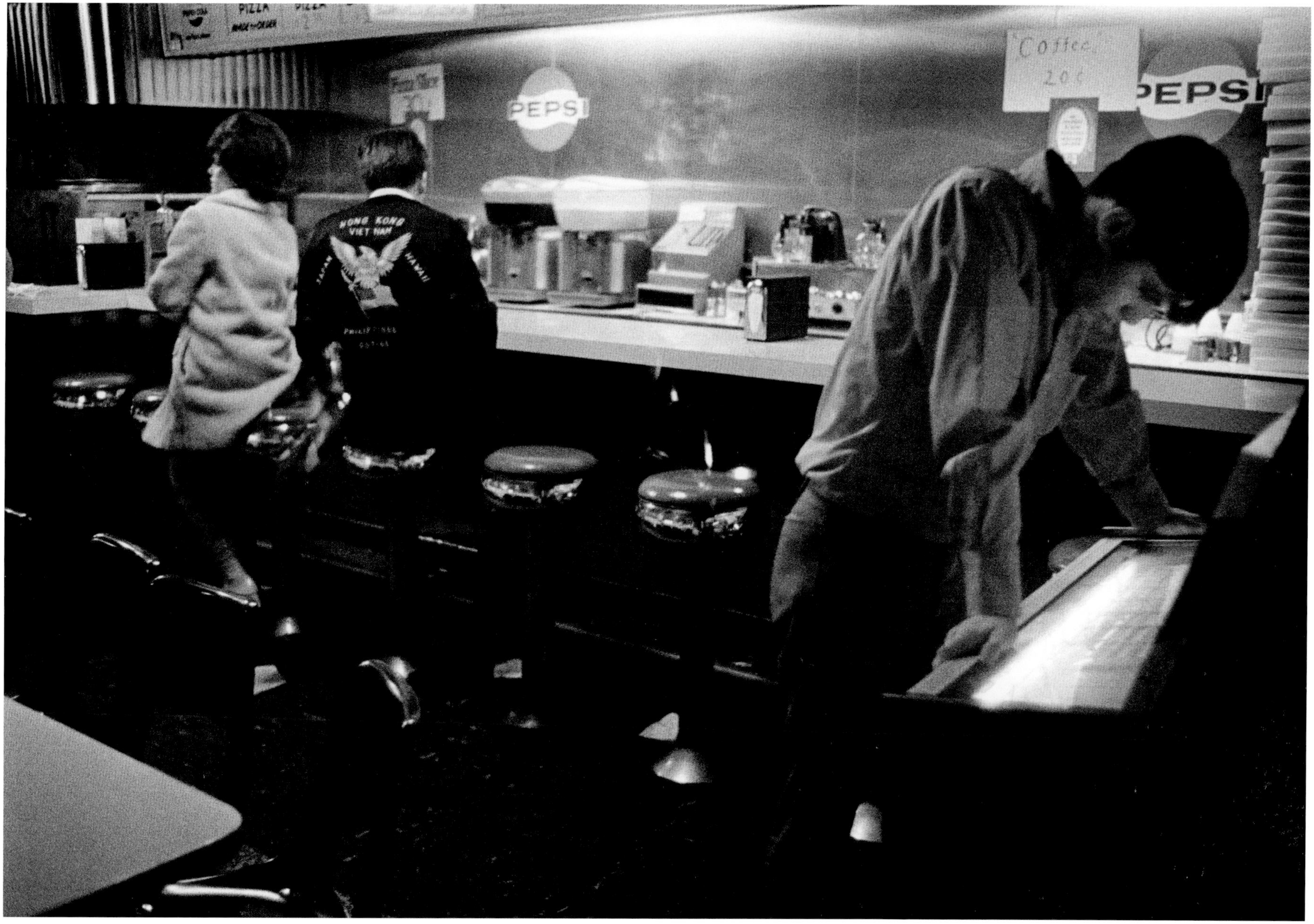
PIZZA
PEPSI
"Coffee"
20¢
PEPSI
HONG KONG
VIET NAM

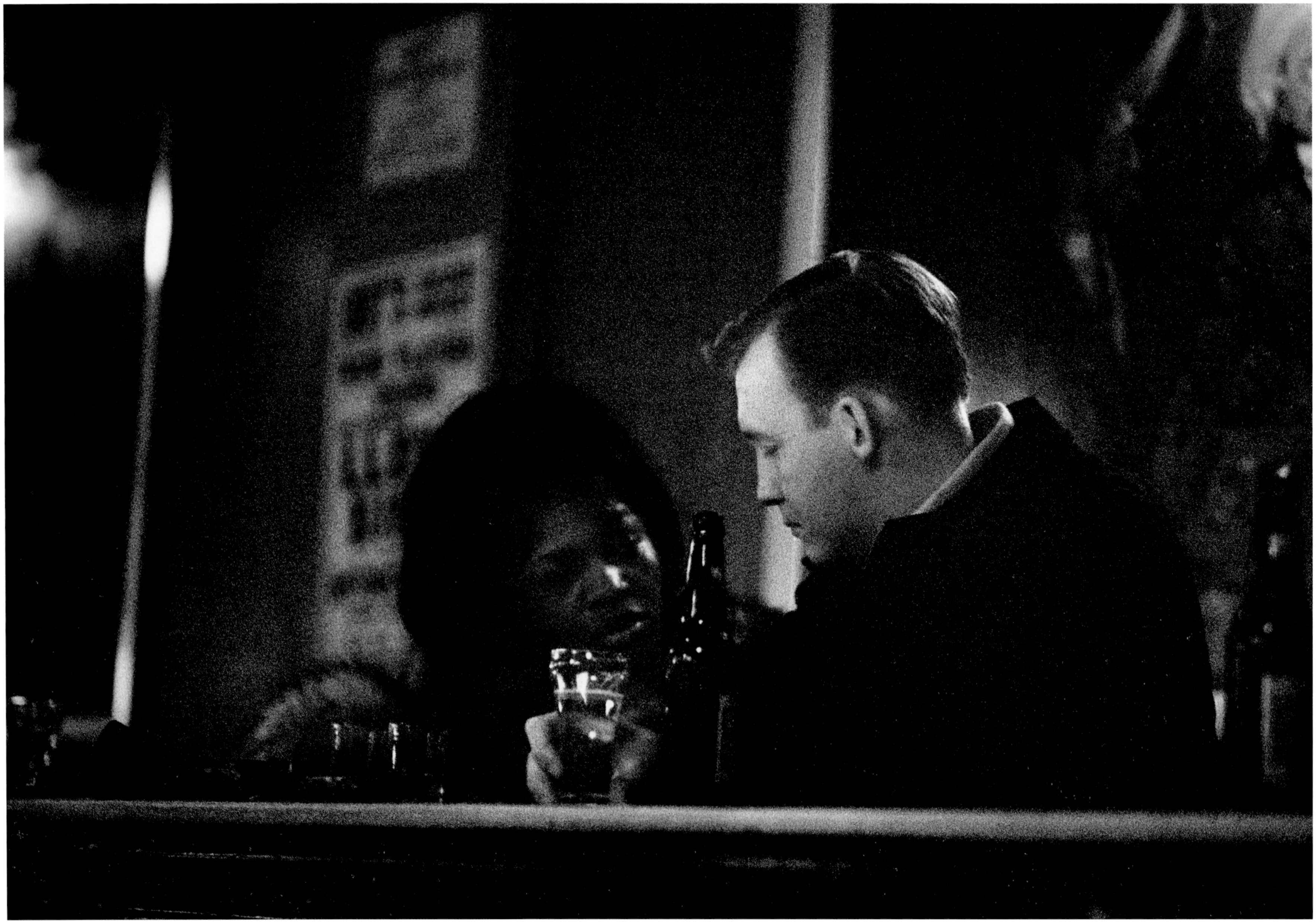

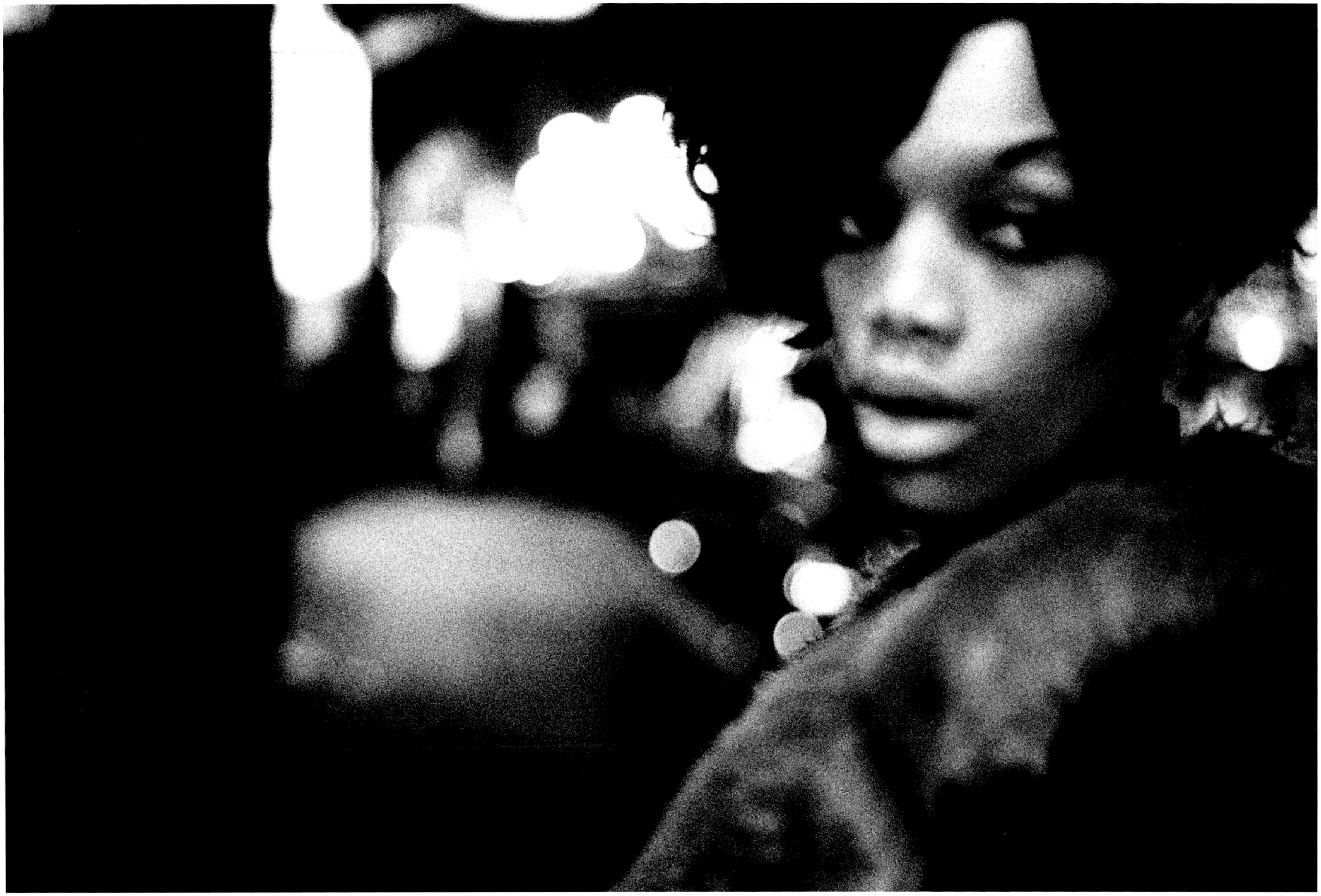

NACHTARBEIT.
ZU JERRY BERNDTS THE COMBAT ZONE, BAR ROOMS UND NITE WORKS

„Morning is the time to hide"
–– Samuel Beckett, *Molloy*[1]

Unter den Arbeiten von Jerry Berndt gibt es drei umfangreiche Werkgruppen, die sich mit der Nachtseite des urbanen Lebens beschäftigen. Die Schwarz-Weiß-Aufnahmen führen in das Rotlichtviertel von Boston, in düstere Kneipen und Bars, schließlich in menschenleere Straßen vor geschlossene Ladenlokale und in künstliches Licht getauchte Häuserfassaden. Die Serien sind in den späten 1960er und frühen 1970er Jahren entstanden bzw. begonnen worden und fallen damit in einen Zeitraum, der für die Etablierung dokumentarischer Fotografie als Kunst von entscheidender Bedeutung war. In den 1960er Jahren wurde Walker Evans wiederentdeckt: Das MoMA zeigte 1962 noch einmal die Ausstellung *American Photographs*[2], einige Jahre später wurden Evans' berühmte *Subway Portraits* erstmals publiziert.[3] In der selben Zeit avancierte Robert Franks Bildessay *The Americans*, das bei seiner Veröffentlichung Ende der 1950er Jahre noch heftige Anfeindungen ausgelöst hatte, zum Kultbuch.[4] Franks sich den formalen Konventionen einer klassischen Fotostory verweigernde Ästhetik ließ ihn zum Vorbild einer neuen fotografischen Avantgarde werden, die sich vom sozialdokumentarischen Auftrag emanzipierte und an dessen Stelle die Betrachtung der Realität aus einer jeweils persönlichen Sichtweise setzte. Zu dieser zählte beispielsweise der Street Photographer Garry Winogrand, den John Szarkowski, seit 1962 Direktor der Fotoabteilung des MoMA, zusammen mit Diane Arbus und Lee Friedlander in seiner programmatischen Ausstellung „New Documents" (1967) präsentierte. Ebenfalls in den 1960er Jahren entstanden die Fotobücher von Ed Ruscha, die einen maßgeblichen Einfluss auf die konzeptuelle Kunst ausübten und den endgültigen Durchbruch der Fotografie im Bereich der Kunst markieren.[5]

Wie viele fotografische Arbeiten verweigern sich auch diejenigen Berndts einer eindeutigen Zuordnung, lassen sie sich nicht der einen oder anderen Richtung – oft ohnehin nur Konstrukte der Theoretiker – zuschlagen. Als Autodidakt war Berndt keinem berühmten Lehrer oder einer bestimmten Schule verpflichtet oder musste sich von ihrem Einfluss abgrenzen. Dennoch sind auch seine Arbeiten Teil des hier nur grob skizzierten fotografiehistorischen Horizonts, lassen sich in den Themen, der Ästhetik und der fotografischen Haltung Gemeinsamkeiten mit Zeitgenossen und Vorgängern feststellen, gibt es Verbindungslinien zu den einen und Abgrenzungen gegenüber anderen. Um vor diesem Horizont das Spezifische von Berndts Fotografien herauszuarbeiten, bedarf es einer genaueren Analyse der Serien.

Kampfzone

Zwischen 1967 und 1970 fotografierte Berndt im Rotlichtviertel von Boston, der so genannten Combat Zone. Den Voyeurismus, den ein solch „heißes" Thema anzustacheln vermag, bedienen Berndts Aufnahmen allerdings nicht. So bleibt seine Kamera in den Stripteasebars auf Distanz, wie beispielsweise bei einer Aufnahme aus dem Club *The Glass Slipper* (1969), die zugleich die Tänzerin auf der Bühne und die sie begutachtenden Männer in den Blick nimmt. Aufnahmen aus Nachtclubs machen ohnehin nur einen geringen Teil der Werkgruppe aus. Viele der Fotos zeigen urbane Szenen, die sich nicht vom geläufigen Repertoire der Street Photography unterscheiden: Zwei junge Frauen gehen lachend an einem Coffee Shop vorbei, junge Männer lungern vor einer Spielhalle herum, eine Frau sitzt allein in einem hell erleuchteten Diner und blickt auf die Straße hinaus, ein Mann steht allein in einem Ladeneingang und dreht sich eine Zigarette. (Abb. 1 und 2) Dass es sich bei jenem Laden um einen Pornoschuppen handelt, erschließt sich nur über die Schrift im Schaufenster: Sie kündigt die Präsentation von „2 Adult Hit" in der Woche an (Abb. 3). Interessanterweise findet sich eine Aufnahme des gleichen Straßenabschnitts in einem Buch von Roswell Angier, der einige Jahre nach Berndt ebenfalls in der Combat Zone fotografiert hat. (Abb. 2) Das Thema von Angiers *„... a kind of life." Conversations in the Combat Zone*[6] sind die Showgirls, ihre Geschichten, ihre Hoffnungen und Enttäuschungen: Sowohl die Fotografien als auch die Texte bestätigen dabei das gängige Klischee von der Kluft zwischen der Sehnsucht nach Glamour und der tristen Realität. Diese Neigung zum Stereotyp manifestiert sich auch in dem Bild, das aus der gleichen Perspektive aufgenommen wurde wie das von Berndt. Man erkennt die Übereinstimmung an den großen Blockbuchstaben am Vordach des unmittelbar an den Pornoladen anschließenden Gebäudes, die

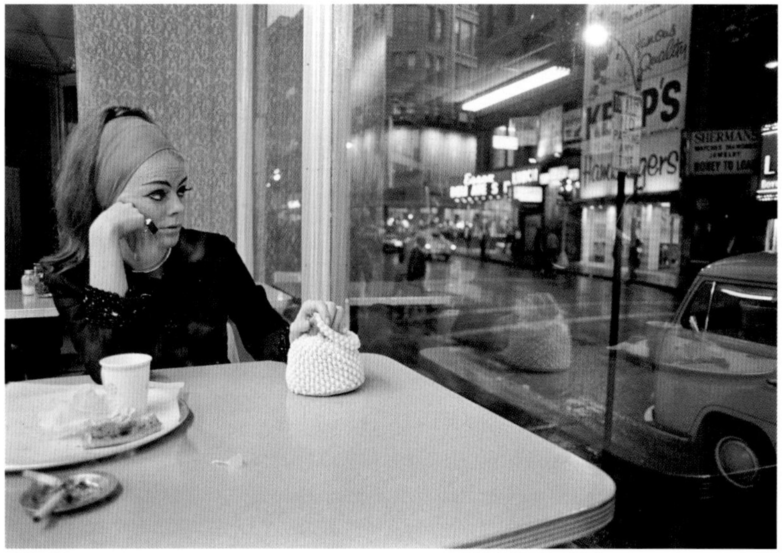

Jerry Berndt, Boston, 1968 — 1

„Rooms" annoncieren. Auch das Motiv ist ähnlich: ein rauchender Mann im Ladeneingang. Umso mehr fallen die Unterschiede ins Auge. Angiers Bildausschnitt ist enger und fokussiert auf das Schaufenster, das zwei Drittel des Bildes einnimmt. Man sieht einen Teil der Auslage, vermutlich Pornohefte, deren Cover man jedoch nicht erkennen kann. Im Vordergrund vor der seitlichen Glasscheibe der rauchende Mann, die Beine unterhalb der Knie vom Bildrand beschnitten. Seine Pose – der Hut tief ins Gesicht gezogen, die eine Hand vor dem Mund, die andere unter dem langen Jackett in der Hosentasche versenkt – lässt ihn gefährlich wirken, seine Kleidung auf einen Zuhälter schließen. Rechts neben ihm hängt ein Plakat mit einem Pin-up-Girl: Zusammen mit dem Hinweis auf das Stundenhotel, der die linke Bildhälfte dominiert, ist damit das Szenario „Rotlichtviertel" komplett. In Berndts Aufnahme wird dieses Szenario dagegen nur beiläufig gestreift. Ihr Hauptmotiv ist die Atmosphäre der nächtlichen Straße, an der entlang der Blick des Betrachters in die Tiefe des (Stadt-)Raums geführt wird.

Genau kann man den Mann im Mittelgrund von Berndts Fotografie nicht erkennen, er sieht aber wie ein Schwarzer aus. Auf vielen Aufnahmen der „Zone" sind schwarze Männer zu sehen, auf einigen auch schwarze Frauen. Das wiederum ruft die Vorstellung des „Ghettos" auf, die sich mit amerikanischen Rotlichtvierteln der 1960er und 1970er Jahre verbindet. Einem fallen Blaxploitationfilme wie *Shaft*, *Super Fly* oder *Coffy* ein,[7] mit ihrem Personal aus coolen schwarzen Pimps und deren schwarzen und weißen Hookers, aus schwarzen Drogendealern in aufgemotzten Straßenkreuzern, die mit korrupten weißen Cops gemeinsame Sache machen. Auf einem von Berndts Fotos posiert ein jugendlicher schwarzer Dandy, der im Bildtitel als Pimp bezeichnet wird, ein anderes zeigt das Gesicht einer attraktiven schwarzen Frau vor dem Hintergrund der nächtlichen Straße, betitelt als Prostituierte. Bei den meisten der – nicht genauer bezeichneten – Fotografien ist man jedoch auf die eigenen Vermutungen und Vorurteile zurückgeworfen: Könnte der Mann, der sich im King of Pizza so lässig vor seinem Tisch breit macht, ein Drogendealer sein? Ist der Typ auf dem Vordersitz eines lädierten Straßenkreuzers, der mit der jungen Weißen im Minirock auf dem Rücksitz flirtet, ein Zuhälter und sie eins „seiner“ Mädchen? Oder was für ein Verhältnis haben die Frau mit den kurzen blonden Haaren und der Mann mit Afro und Rollkragenpullover, der auf sie einredet?

Berndts Fotografien, so viel lässt sich sagen, betreiben weder Sexploitation noch Blaxploitation. Vielmehr geht es um die Beschreibung des Alltags in der „Zone“, um die Beobachtung der Interaktion ihrer unterschiedlichen Protagonisten. Berndt war dort im Auftrag eines wissenschaftlichen Instituts unterwegs, das eine Studie zu den Mechanismen des Viertels durchführen wollte und auf Fotografien als Quelle für ihre Urban Anthropology zurückgreifen wollte.[8] Welchen Gebrauch die Wissenschaftler letztlich von diesen gemacht haben, ist nicht mehr nachweisbar, jedenfalls nicht in diesem Rahmen, aber was geben sie *uns* zu sehen? Sie zeigen beispielsweise, wie drei junge Frauen, möglicherweise Prostituierte, und zwei uniformierte Polizisten in ihrer Pause entspannt nebeneinander an der Theke eines Lokals sitzen. Sie zeigen aber auch, wie eine nackte Frau von Zivilbeamten bei einer Razzia abgeführt wird, oder wie drei Uniformierte einen Mann überwältigen. Auch wenn die Bezeichnung „Combat Zone“ bereits aus den 1950er Jahren und einem anderen Kontext herrührt,[9] erscheint sie doch sehr treffend für ein Viertel, in dem widerstreitende Interessen aufeinander treffen und Konflikte oft mit Gewalt ausgetragen werden. Wo die einzelnen Konfliktzonen verlaufen, ist für Außenstehende, und das sind in diesem Fall die Betrachter der Fotografien, allerdings oft schwer zu erkennen. Berndt zeigt nicht „Täter und Opfer“ , so der Titel eines Weegee-Katalogs,[10] sondern eine Gemengelage. Nirgends wird dies deutlicher als in einer Sequenz von sechs Fotografien, die den Verlauf eines handgreiflichen Streits verfolgt. Zunächst sehen wir eine regennasse Geschäftsstraße, von der eine offensichtlich aufgebrachte Frau in Mantel und Regenhaube auf den Bürgersteig flieht. In einem abrupten Perspektivwechsel verfolgt die Kamera die Frau, die nun von einem Mann am Arm gefasst wird, während ein weiterer drohend die Fäuste ballt. Die Frau fällt zu Boden, die Männer laufen auf die andere Straßenseite. Die Perspektive wechselt zu einer Halbtotalen, um das dortige Geschehen in den Blick zu bekommen. Die anschließende Nahaufnahme fokussiert auf einen Kampf zwischen zwei Männern, in den sich einige andere einmischen. Nach einem weiteren abrupten Perspektivwechsel sieht man die Beteiligten und einige der Zuschauer nun auf der Straße stehen: Die ganze Sache scheint sich verlaufen zu haben. Die Sequenz wirkt wie das Fragment eines Films, dessen Plot wir niemals erfahren werden.[11] Mehr noch als die Ladenbesitzer, die Imbissverkäufer und Passanten, die das Geschehen wie der Fotograf als teilnehmende Beobachter verfolgt haben, bleiben wir außen vor und sind darauf verwiesen, die Leerstellen mit unseren eigenen Vorstellungen zu füllen.

Absturz

In den 1970er Jahren beginnt Berndt mit *Bar Rooms*, einer Serie von Aufnahmen in Kneipen, die er über einen Zeitraum von mehr als zwanzig Jahren verfolgen wird. Seine Bar Rooms ähneln eher den finsteren Spelunken, die Jacob Riis Ende des 19. Jahrhunderts in New Yorks Lower East Side mit Magnesiumblitz ausgeleuchtet hat, als den verspiegelten Tanzlokalen mit Gruppen von herausgeputzten jungen Männern und Frauen, deren Beziehungsgeflecht Brassaï in den 1930er Jahren mit der Plattenkamera raffiniert in Szene setzte. In Berndts Kneipen geht allein vom Barbereich ein Leuchten aus, verbreitet ein beachtlicher Aufbau von Flaschen mit Hochprozentigem einen gewissen Glanz. Die Räume selbst wirken düster und eng, die Gäste, schon ältere Männer und Frauen, sitzen allein am Tisch oder nebeneinander und doch jeder für sich auf einer Reihe von Barhockern. Nicht die Suche nach Vergnügen, Geselligkeit und Erotik hat sie hierher gebracht, sondern die Flucht vor der Einsamkeit zu Hause, vor einem tristen Alltag, der hier nur seine Verlängerung erfährt. Mit fast verbissener Ernsthaftigkeit verfolgen sie ein Ziel: sich zu betrinken. Sie halten sich an ihren Gläsern und Zigaretten fest, stützen gedankenverloren ihren Kopf in die Hand oder starren einfach vor sich hin. In ihrer Selbstversunkenheit erinnern sie an die Passagiere, die Walker Evans heimlich in der New Yorker U-Bahn fotografiert hat. Auch Berndt hat die Kneipenbesucher offensichtlich unbemerkt aufgenommen. Den Aufnahmebedingungen geschuldet ist der Stil der Bilder, die all die Merkmale einer „misslungenen Fotografie"[12] aufweisen, die auch viele Arbeiten von Robert Frank und Garry Winogrand kennzeichnen: Verzerrungen der Räumlichkeit, aus der Horizontale gekippte Rahmen, an die Ränder gedrängte, beschnittene Motive, Grobkörnigkeit und Unschärfe. Diese Merkmale bürgen nicht nur für Authentizität, sondern erzeugen auch eine Atmosphäre, die dem Gegenstand der Bilder – dem „Abstürzen" in einer verrauchten Bar – adäquat erscheint. Ein Beispiel für diese Koinzidenz von Motiv und Ästhetik ist etwa die Aufnahme eines Trinkers, der am Rand des Tresens auf einem Hocker sitzt. Der Aufnahmewinkel lässt den Tresen und die Decke des Raums in Diagonalen auf den Mann zustürzen und gleichsam aus dem Bild drängen. Eine andere Aufnahme zeigt auf der linken Seite eine Frau, auf der rechten eine Flasche, der dunkle Raum dazwischen wirkt wie ein schwarzes Loch. Vor allem aber erzeugt der Stil einen Abstand zu den Beobachteten, so nahe die Kamera ihnen auch kommen mag. Auf einigen Aufnahmen schieben sich Tischplatten in den Vordergrund, wie eine Membran schwebt eine Flasche vor dem Gesicht eines Barkeepers, selbst wo solche Barrieren fehlen, funktioniert das grobe Korn der Unschärfe wie ein Schleier. Es geht Berndt nicht um die Ausleuchtung der seelischen Abgründe wie dem mit Blitzlichtkamera ausgerüsteten Weegee. Vielmehr bewahrt er immer eine gewisse Distanz zu den Fotografierten, man könnte auch sagen, er lässt sie in Ruhe in ihrem Elend.

Nachtschicht

> „[...] Dann kommt die wirkliche Nacht, gefährlich auch sie, aber gut, für den der sie kennt, der sich ihr zu öffnen vermag, wie die Blume dem Sonnenlicht, für den, der selbst Nacht ist, immer Tag und Nacht."
>
> Samuel Beckett, *Molloy*[13]

Den Eintritt in die Welt der Bar Rooms markiert ein Close-up des Neonschriftzugs „BAR". Gewissermaßen dessen Gegenstück bildet die frontale Ansicht eines Backsteingebäudes mit vergitterten Fenstern, in dem eine kleine Tür ebenfalls zu einer Bar führt. Darauf weisen zumindest die drei Metallbuchstaben hin, die von irgendwoher Licht reflektieren. Die Tür ist jedoch verschlossen, so wie das ganze Gebäude abweisend und unzugänglich wirkt. Wir befinden uns draußen in der Nacht auf einer menschenleeren Straße. Die Aufnahme ist Teil der Werkreihe *Nite Works*, die Berndt 1973 beginnt, als er nach längerer Abwesenheit wieder in Boston lebt. Sie zeigt Häuserecken in Downtown, geschlossene Ladenlokale, beleuchtete Schaufensterauslagen. Anders als die Aufnahmen aus der *Combat Zone* und den *Bar Rooms* sind die Fotografien trotz der schwierigen Lichtsituation detailgenau und von großer Tiefenschärfe. Berndt erschloss sich mit dieser Serie die Arbeit mit der Mittelformatkamera und langen Belichtungszeiten. Diese Arbeitsweise in Verbindung mit Motiven wie anonymen Gebäuden und deren Oberflächentextur lässt an zeitgleiche Arbeiten von Lewis Baltz denken, der 1975 mit der Serie *The new Industrial Parks near Irvine, California* in der richtungsweisenden Ausstellung *New Topographics* vertreten war.[14] Die Fokussierung auf Zäune und verrammelte Ladeneingänge erinnert stellenweise an Martha Roslers 1974/75 entstandene Foto-Textserie *The Bowery in two inadequate descriptive systems*, die retrospektiv zu einem Meilenstein der Erneuerung kritischer Dokumentarfotografie mit den Mitteln konzeptueller Kunst avancierte;[15] das Interesse an einfachen Geschäften und deren Dekoration weist wiederum Gemeinsamkeiten mit Walker Evans' Archäologie des amerikanischen Alltags auf. Und dennoch unterscheiden sich die *Nite Works* gleichermaßen von allen drei Ansätzen. Ihr zentrales Motiv ist die spezielle Atmosphäre der Nacht, und zwar jenseits eines ‚Nacht-lebens' wie im Rotlichtviertel und in verrauchten Kneipen. Diese Atmosphäre hat bei Berndt nichts Romantisches, sondern ist durch eine besondere Klarheit gekennzeichnet. Sie steht für einen Lebensabschnitt Berndts, in dem er sich nach einer aufreibenden Zeit des politischen Engagements, das ihm schließlich die Verfolgung durch das FBI eingebracht hatte,[16] und der Arbeit für verschiedene Zeitungen in einem heruntergekommenen Haus einrichtete und sich intensiv, auch theoretisch, mit der Fotografie beschäftigte. Nach dem Motto des Ich-Erzählers in Becketts Roman *Molloy*, dass man sich besonders am Morgen verbergen muss – denn „man lyncht nur am Tage, und besonders morgens zwischen Frühstück und Mittagessen“[17] –, machte Berndt die Nacht zum Tag und fand in den menschenleeren Straßen eine selbstgewählte Einsamkeit. Die Anziehungskraft der nächtlichen Stadt begleitet ihn auch noch in den späteren Jahren, so entstehen auf seinen Reisen Aufnahmen wie die einer ausgestorbenen Marktpassage in Jerusalem oder die von dunklen Hauseingängen in Warschau.

Ein berühmter Vorgänger von Berndt, der Fotograf Brassaï, schrieb im Rückblick auf seine Streifzüge durch das „geheime Paris“, dass ihn seine Faszination von der „Schönheit des Düsteren“ dazu trieb, durch „elende und unheimliche Viertel“ zu streunen und in die verborgene Welt der „Bars, Kaschemmen, Nachtclubs, Stundenhotels, Bordelle und Opiumhöhlen“ einzudringen, in die Treffpunkte der „Ausgestoßenen, Schläger, Zuhälter, Huren, der Süchtigen und Homosexuellen“.[18] Jerry Berndts Nächte sind weitaus nüchterner und ohne den Glamour des ‚Anrüchigen', wie auch die Analysen der Aufnahmen aus der „Combat Zone“ und den Bars verdeutlicht haben. Seine Streifzüge sind seine Nachtschicht – neben der Dunkelkammerarbeit, die ohnehin keine Tageszeit kennt –, die er antritt wie die „Watchmen“ in Becketts Roman, während die Mehrheit der Bevölkerung es vorzieht zu schlafen.

Susanne Holschbach

[1] Samuel Beckett, *Molloy. Malone stirbt. Der Namenlose. Drei Romane*, Frankfurt am Main 2005, S. 90 (Original französisch, Erstausgabe 1951–1953).

[2] Diese wurde 1938 zum ersten Mal im Museum of Modern Art gezeigt.

[3] Walker Evans, *Many are Called*, Boston (u.a.) 1966.

[4] Erstveröffentlichung bei Robert Delpire in Paris 1958, ein Jahr später in New York bei Grove Press.

[5] Den Auftakt bildeten *Twenty-Six Gasoline Stations* (1963), es folgten *Some Los Angeles Apartments* (1965), *Every Building on The Sunset Strip* (1966) und andere. Zur Bedeutung der Künstlerbücher für die konzeptuelle Kunst vgl. Jeff Wall, „Zeichen der Indifferenz. Aspekte der Photographie in der, oder als, Konzeptkunst, in: *Jeff Wall. Szenarien im Bildraum der Wirklichkeit. Essays und Interviews*, hrsg. von Gregor Stemmrich, Dresden 1997, S. 375, 434.

[6] Roswell Angier, *„...a kind of life." Conversations in the Combat Zone*, Boston 1976. Vgl. auch *Photography in Boston: 1955–1985*, hrsg. von Rachel Rosenfiled Lafo und Gillian Nagler, Cambridge/Mass., London 2000.

[7] Mit Blaxploitation wird ein in den frühen 1970er Jahren entstehendes Filmgenre bezeichnet, das mit afroamerikanischen Hauptdarstellern arbeitet, sich an ein afroamerikanisches Publikum wendet und das auf positive wie negative Stereotype rekurriert bzw. diese „ausschlachtet“.

[8] Auftraggeber war das Harvard Medical School's Laboratory of Community Psychiatry. Der Verfasserin liegen keine Angaben über die genaue Fragestellung und das Ergebnis der Studie vor. Urban Anthropology ist ein Untersuchungsbereich der Anthropologie, der in den 1960er und 1970er Jahren entwickelt wurde. Vor dem Hintergrund einer Kritik an der Beschränkung der Ethnologie auf „primitive" Gesellschaften wurde versucht, die ethnografische Methodik auf urbane Strukturen zu erweitern.

[9] Die Bezeichnung stammt aus den 1950er Jahren, als Boston ein Marinestützpunkt war und es in der Washington Street nach der Sperrstunde oft zu Kämpfen zwischen verschiedenen Truppen und der Polizei kam.

[10] Weegee, *Täter und Opfer. 85 Photographien*, München 1978.

[11] Die Serie ist eine von mehreren sequenziellen Darstellungen aus der „Combat Zone“. Berndt hat dort auch gefilmt, das Material ist jedoch verloren gegangen.

[12] Siehe Pia Neumann, *Metaphern des Mißlingens. Amerikanische Dokumentarfotografie der sechziger und siebziger Jahre zwischen Konzeptkunst und Gesellschaftskritik*, Frankfurt am Main 1996. Neumann verwendet den Begriff des Misslingens für die absichtsvolle Missachtung der Kriterien einer ‚guten' Fotografie.

[13] Beckett, *Molloy*, S. 92f.

[14] Die von William Jenkins für das George Eastman House in Rochester kuratierte Ausstellung mit Arbeiten von Robert Adams, Lewis Baltz, Nicholas Nixon, Stephen Shore und anderen sollte einer ganzen Richtung dokumentarischer Fotografie den Namen geben, deren Fokus nicht auf den Handlungen und Gesten der Menschen, sondern auf ihrem suburbanen und urbanen Lebensraum lag bzw. liegt und deren Verfahrensweise Überschneidungen mit der konzeptuellen Kunst aufweist (vgl. *New Topographics: Photographs of a Man-Altered Landscape*, hrsg. von William Jenkins, International Museum of Photography at George Eastman House, Rochester 1975.

[15] Roslers Bowery-Arbeit avancierte zu einem exemplarischen Beispiel der Auseinandersetzung mit den ideologischen Kurzschlüssen der Sozialreportage. Statt Obdachlosen und Alkoholikern zeigte sie Ansichten von Haus- und Ladeneingängen, in denen nur Spuren auf deren Anwesenheit verweisen. Vgl. Martha Rosler, „Drinnen, Drumherum und nachträgliche Gedanken (zur Dokumentarfotografie)“, in: *Martha Rosler. Positionen in der Lebenswelt*, hrsg. von Sabine Breitwieser, Köln 1999, S. 105-148, insbesondere 127-130.

[16] Vgl. den Text von Maik Schlüter.

[17] Beckett, *Molloy*, S. 93.

[18] Brassaï, *Das geheime Paris. Bilder der Dreissiger Jahre, Frankfurt am Main, 1976.*

ON JERRY BERNDT'S THE COMBAT ZONE, BAR ROOMS, AND NITE WORKS

"Morning is the time to hide."
–– Samuel Beckett, *Molloy* [1]

There are three extensive groups among Jerry Berndt's works that deal with the nighttime aspect of urban life. The black-and-white photographs lead us into Boston's red-light district, into seamy taverns and bars, and, finally, into deserted streets in front of closed salesrooms and façades bathed in artificial light. The series were produced or initiated in the late 1960s and early 1970s and thus during a period of crucial importance for the establishment of documentary photography as art. Walker Evans was rediscovered in the 1960s: in 1962, the Museum of Modern Art in New York once again presented the exhibition *American Photographs,* [2] and several years later, Evans's now famous *Subway Portraits* was published for the first time.[3] During this same period, Robert Frank's photo essay *The Americans,* which on its publication in the late 1950s triggered off fierce hostilities, proceeded to become a cult book.[4] Frank's aesthetics, which denies the formal conventions of a classic photo story, made him the exemplar of a new photographic avant-garde that emancipated itself from its social-democratic mission, substituting it with contemplating reality from a personal perspective. This was also embraced, for instance, by the street photographer Garry Winogrand, whom John Szarkowski, director of the photography department at the MoMA since 1962, presented in his salient exhibition *New Documents* in 1967 together with Diane Arbus and Lee Friedlander. The photo books by Ed Ruscha, which exercised a definitive influence on Conceptual Art and mark the ultimate breakthrough of photography into the area of art, were also brought out in the 1960s.[5]

Like many photographic works, Berndt's elude explicit classification as they do not incline in one or the other direction—which is anyway frequently nothing more than a theoretical construct. An autodidact, Berndt was not bound to a famous teacher or a particular school, nor did he have to distinguish himself from their influence. His work is nevertheless also part of a photohistorical horizon that I will only roughly sketch here; whereas the subjects, the aesthetics, and the photographic stance of his work allows identifying similarities with contemporaries and predecessors, there are connecting lines to the one and distinctions from the other. Against this horizon, the extraction of the specific features of Berndt's photographs requires a more precise analysis of the series.

Combat Zone

Between 1967 and 1970, Berndt took photographs in Boston's red-light district, the so-called Combat Zone. However, his pictures did not avail themselves of voyeurism, which a "hot" subject like this is capable of inciting. Thus in the striptease bars, his camera is kept at a distance, as in, for example, a photo taken in the club *The Glass Slipper* (1969), which captures the dancer and the men leering at her. Only a small share of the images in the group were taken in nightclubs. Many of the photographs show urban scenes no different than the familiar repertoire of Street Photography: two young women laugh as they pass a coffee shop, young men loiter in front of a pool hall, a woman sitting alone in a brightly lit diner glances out at the street, a man is standing by himself at the entrance to an establishment rolling himself a cigarette. (Ill. 1 and 2) The fact that this is a porno joint can only be ascertained by reading the sign in the display window: it announces the showing of "2 Adult Hit." (Ill. 3) It is interesting to note that there is a picture taken of the same section of the street in a book by Roswell Angier, who also took photos in the Combat Zone several years after Berndt did. (Ill. 2) The subject of Angier's *"...a Kind of Life": Conversations in the Combat Zone*[6] are the showgirls, their faces, their hopes, and their disappointments: both the photographs as well as the texts confirm the common cliché of the gap between the yearning for glamour and the dull reality. This tendency toward the stereotype also manifests itself in the picture, which was taken from the same perspective as that by Berndt. One can identify the correspondence by reading the large letters on the marquee of the building directly adjacent to the porno shop announcing "ROOMS." The motif is similar as well: a man smoking a cigarette standing in an entryway. The differences stand out all the more. The detail in Angier's image is tighter and focuses on the display window, which takes up two thirds of the photograph. One sees a part of the display, presumably porno magazines, whose covers, however, one cannot discern. The man smoking a cigarette is in the foreground in front of the pane of glass at the side; his legs are cut off below the knee by the edge of the picture. His pose—his hat pulled down low over his face, one of his hands in front of his mouth, the other dug deep into his trouser pocket under a long jacket—makes him look dangerous; his clothes suggest that he is a pimp. To his right there is a poster with a pin-up girl: combined with the reference to the hotel that charges by the hour, which dominates the left half of the image, the "red-light district" scenario is complete. In contrast, in Berndt's photograph, this scenario is only incidentally touched on. Its primary motif is the atmosphere of the street at night, along which the viewer's gaze is led into the depth of the (urban) space. One cannot exactly identify the man in the middle ground of Berndt's photograph; however, he looks like he might be black. Black men, and sometimes black women, show up in many of the images taken in the Zone. This in turn invokes the image of a "ghetto," which is associated with the American red-light districts of the 1960s and 1970s. Blaxploitation movies such as *Shaft, Super Fly,* or *Coffy* come to mind,[7] populated by cool black pimps and their black and white hookers, by black drug dealers in flashy road cruisers who are in collusion with corrupt white cops. A youthful black dandy, referred to as a pimp in the title, poses in one of Berndt's photos; another one shows the face of an attractive black woman, described as a prostitute, against the background of a nighttime street. For most of the—untitled—photographs, however, one has to rely on one's own suspicions and prejudices: could the man who so casually makes himself at home at the table in the King of Pizza be a drug dealer? Is the character sitting on the front seat of a battered road cruiser, who is flirting with a young white woman in a miniskirt sitting on the back seat, a pimp, and she one of "his" girls? Or what kind of relationship do these two people have—the woman with the short blonde hair and the man with the Afro who is wearing a turtleneck and talking insistently at her?

Berndt's photographs—so much can be said—practice neither sexploitation nor blaxploitation. Rather, they describe everyday

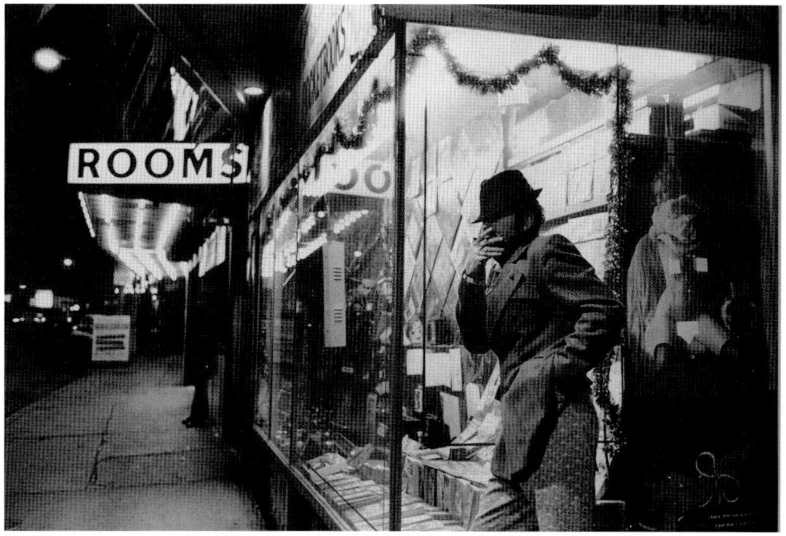

Roswell Angier, Boston, 1976 2

life in the Zone, record the interaction between their various protagonists. Berndt was commissioned to go there by a scientific institute that wanted to conduct a study of the district's mechanisms and wanted photographs to fall back on as one of many different sources for their Urban Anthropology project.[8] What use the scientists ultimately made of them can no longer be verified, at least not within this scope. But what do they allow *us* to see? They show, for example, how three young women, possibly prostitutes, and two police officers in uniform sit relaxed next to each other during their breaks at the counter of a restaurant. But they also show how a naked woman is led away by plainclothes police during a raid, or how three policemen subdue a man. Even if the name Combat Zone dates from the 1950s and stems from another context,[9] it appears to be an apt description for a district in which conflicting interests collide and disputes are frequently slugged out. However, for outsiders—in this case the people viewing the photographs—it is often difficult to see where the individual conflict zones run. Berndt does not present "perpetrators and victims," as the title of a Weegee catalogue suggests,[10] but the state of a melee. Nowhere does this become more obvious than in a sequence of six photographs that follow the development of a palpable argument. We first see a rain-soaked shopping street from which an obviously upset woman wearing a coat and a rain hood flees to the sidewalk. In an abrupt change of perspective, the camera follows the women, whose arm is now being held by a man, while another man angrily clenches his fists. The woman falls to the ground; the men run to the other side of the street. The camera changes to a full shot in order to gain a view of what is happening there. The subsequent close-up focuses on a struggle between two men into which several others intervene. After another abrupt change of perspective, one now sees those involved and some of the onlookers standing on the street: the whole thing appears to have come to an end. The sequence has the effect of a fragment out of a film whose plot we will never know.[11] More so than the store owners, the fast-food vendors, and the passers-by, who, like the photographer, have followed the occurrences as participant observers, we are left out and reliant on filling the gaps with our own images.

Blotto

In the 1970s, Berndt began taking a series of photographs in bars, which he continued to do for more than twenty years. His Bar Rooms are more reminiscent of the gloomy dives in New York's Lower East Side Jacob Riis lit using blasts of magnesium flash powder at the end of the nineteenth century than the mirror-clad dance halls with groups of spruced up young men and women, whose network of relationships Brassaï artfully presented in the 1930s with his plate camera. In Berndt's bars, the only light emitted is from the counter itself; a striking assembly of bottles of hard liquor diffuse a certain sheen. The rooms themselves are gloomy and cramped. The patrons, older men and women, are sitting alone at tables or next to each other, yet all on their own, on a row of barstools. It was not the pursuit of pleasure, company, or eroticism that brought them here, but the escape from loneliness, from miserable everyday life, which is only prolonged here. They pursue one goal with almost determined wholeheartedness: to get drunk. They cling to their glasses and cigarettes; lost in thought, they rest their heads on their hands or simply stare into space. Submersed in themselves, they are reminiscent of the subway passengers Walker Evans secretly took photographs of in New York. Berndt evidently also took his pictures of the guests at the bar without being noticed. The style of the images is attributable to the prevailing circumstances—they have all the features of "failed photography,"[12] which also characterize works by Robert Frank and Garry Winogrand: spatial distortions, frames tilted from a horizontal position, motifs that have been cropped and forced to the edges, graininess and blurring. These features not only testify to authenticity, they also create the appropriate atmosphere for the subject of the images—"getting blotto" in a smoke-filled bar. One example for this

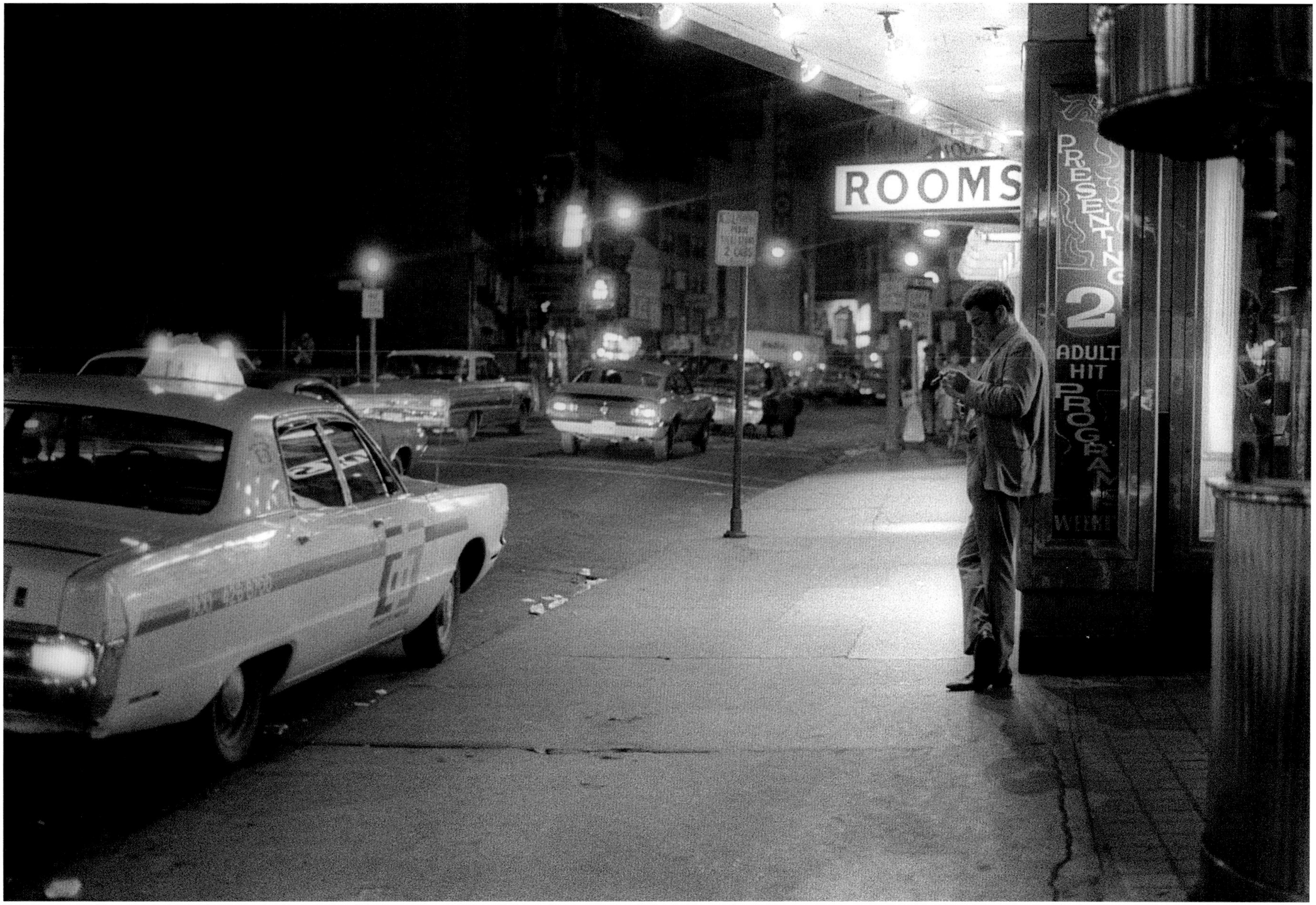

3

Jerry Berndt, Washington Street, Boston, c. 1967, 40,6 x 50,8 cm coincidence of motif and aesthetics is the picture of a drinker sitting on a barstool at the edge of the counter. The camera angle causes the counter and the barroom ceiling to collapse in diagonal lines onto the man and at the same time force him out of the image. Another photograph shows a woman on its left-hand side, and on its right-hand side a bottle. The dark space between them gives the impression of being a black hole. Most notably, however, the style creates a gap between the camera's lens and the subjects, regardless of how close it moves toward them. In some of the images, the tabletops move into the foreground; a bottle hovers in front of the bartender's face like a membrane. Even when these kinds of barriers are absent, the coarse grain of the blurring acts like fog. Berndt is not concerned with illuminating mental chasms, as did his contemporary Weegee with his photoflash camera. Rather, he maintains a certain distance to those he is taking photographs of; one could also say that he leaves them alone in their misery.

Night Shift

> "Then the true night, perilous too but sweet to him who knows it, who can open to it like the flower to the sun, who himself is night, day and night."[13]
>
> Samuel Beckett, *Molloy*

Entry into the world of the barroom is marked by a close-up shot of the neon letters spelling out "BAR." The front view of a brick building with barred windows, in which a small door also leads to a bar, is to some extent its counterpart. This is at least suggested by three letters made of metal that reflect light from somewhere. The door, however, is locked, and the whole building gives the impression of being repulsive and inaccessible. We are outside at night on a deserted street. The photograph is part of a series Berndt begins in 1973 after returning to Boston after a long absence. It shows corners in downtown Boston, closed salesrooms, illuminated store window displays. Unlike the pictures from the Combat Zone and the barrooms, these photos are true to detail, despite the difficult lighting situation, and have a large depth of field. Berndt worked with a middle-format camera with long exposure times for this series. This working method in combination with motifs such as anonymous buildings and their surface texture brings to mind contemporaneous works by Lewis Baltz, whose series *The New Industrial Parks near Irvine, California* was shown at the trend-setting exhibition *New Topographics* in 1975.[14] The focus on fences and barricaded store entrances is in places reminiscent of Martha Rosler's photo and text series *The Bowery in Two Inadequate Descriptive Systems* from 1974/75, which in retrospect proceeded to become a milestone in the renewal of critical documentary photography using the instruments of Conceptual Art.[15] The interest in simple stores and their decoration in turn exhibits similarities with Walker Evans's archeology of vernacular America. And yet the *Nite Works* differ from all three approaches. Their central motif is the special atmosphere of night, beyond the 'night life' in the red-light districts and smoke-filled bars. There is nothing romantic about this atmosphere in Berndt's photographs; rather, it is marked by a specific clarity. It stands for a stage in his life in which, following an exhausting period of political commitment that resulted in his being gone after by the FBI[16] and working for various newspapers, he moved into a derelict house and immersed himself in photography, including photographic theory. Like the motto of the first-person narrator in Beckett's novel *Molloy*, according to which one has to hide oneself in particular in the morning, because "Day is the time for lynching, for sleep is sacred, and especially the morning, between breakfast and lunch."[17] Berndt turned night into day and found self-imposed solitude in the deserted streets. The appeal of the city at night also accompanied him in later years—on his journeys, he took pictures, for example, of an empty market arcade in Jerusalem or of dark entrances to buildings in Warsaw.

Looking back on his forays through "secret Paris," one of Berndt's famous predecessors, the photographer Brassaï, wrote that he was fascinated with the "beauty of sinister things," which drove him to roam through "this other world, this fringe world" and penetrate its "bars, dives, night clubs, one-night hotels, bordellos, opium dens," the meeting places of its "outcasts, toughs, pimps, whores, addicts, inverts."[18] Jerry Berndt's nights are far more solemn and lack the glamour of the 'seediness,' which the analyses of the photographs from the Combat Zone and the bars demonstrated. His forays are a night shift—in addition to the work in the darkroom, which anyway knows no time of day–that he begins like the watchmen in Beckett's novel, while the majority of the population chooses to sleep.

Susanne Holschbach

[1] Samuel Beckett, *Molloy* (New York, 1994), p. 90.

[2] This exhibition took place at the Museum of Modern Art for the first time in 1938.

[3] Walker Evans, *Many Are Called* (Boston et al., 1966).

[4] First published by Robert Delpire in Paris in 1958. It was published one year later by Grove Press, New York.

[5] *Twenty-Six Gasoline Stations* (1963) was the first, followed by *Some Los Angeles Apartments* (1965), *Every Building on the Sunset Strip* (1966), and others. On the importance of artist's books for Conceptual Art. Cf. Jeff Wall, "'Marks of Indifference': Aspects of Photography in, or as, Conceptual Art," in *Reconsidering the Object of Art: 1965–1975,* ed. Ann Goldstein and Anne Rorimer, eds., exh. cat. The Museum of Contemporary Art (Los Angeles, 1995), pp. 247–267.

[6] Roswell Angier, *"...a Kind of Life": Conversations in the Combat Zone* (Boston, 1976). Cf. also Rachel Rosenfield Lafo and Gillian Nagler, eds., *Photography in Boston: 1955–1985* (Cambridge, MA, 2000).

[7] The term blaxploitation refers to a film genre that emerged in the 1970s and works with Afro-American leading actors. It appeals to an Afro-American audience and resorts to and/or exploits both positive and negative stereotypes.

[8] Berndt was commissioned by the Harvard Medical School's Laboratory of Community Psychiatry. There are no details available to the author on the questionnaire or any of the findings. Urban Anthropology is an area of research that was developed in the 1960s and 1970s. Against the background of the criticism of restricting ethnology to "primitive" societies, it was attempted to extend ethnographic methods to urban structures.

[9] The term stems from the 1950s when Boston was a navy base and fights often broke out between various troops and the police after the bars on Washington Street closed.

[10] Weegee, *Täter und Opfer: 85 Photographien* (Munich, 1978).

[11] The series is one of several sequential accounts from the Combat Zone. Berndt's also shot film footage there; however, the material has been lost.

[12] See Pia Neumann, *Metaphern des Mißlingens. Amerikanische Dokumentarfotografie der sechziger und siebziger Jahre zwischen Konzeptkunst und Gesellschaftskritik* (Frankfurt am Main, 1996). Neumann uses the term failure for the deliberate disregard for the criteria of "good" photography.

[13] Beckett 1994 (see note 1), p. 90.

[14] This exhibition, curated by William Jenkins, at the George Eastman House in Rochester, which included works by Robert Adams, Lewis Baltz, Nicholas Nixon, Stephen Shore, and others, gave its name to a completely different trend in documentary photography. The focus was or is not on people's actions and gestures, but on their suburban and urban living environments. Its method features parallels with Conceptual Art. Cf. *New Topographics: Photographs of a Man-Altered Landscape,* ed. William Jenkins, exh. cat. International Museum of Photography at George Eastman House (Rochester, 1975).

[15] Roslers *The Bowery* proceeded to become exemplary for the examination of the ideological short circuits of social reportage. Instead of the homeless and alcoholics, she shows views of building and store entrances that only bear traces of their having been there. Cf. Martha Rosler, "Drinnen, Drumherum und nachträgliche Gedanken (zur Dokumentarfotografie)," in *Martha Rosler: Positionen in der Lebenswelt,* ed. Sabine Breitwieser (Cologne, 1999), pp. 105–148, esp. 127–130.

[16] Cf. the contribution by Maik Schlüter.

[17] Beckett 1994 (see note 1), p. 90.

[18] Brassaï, *The Secret Paris of the 30's (New York 1976).*

BAR ROOMS

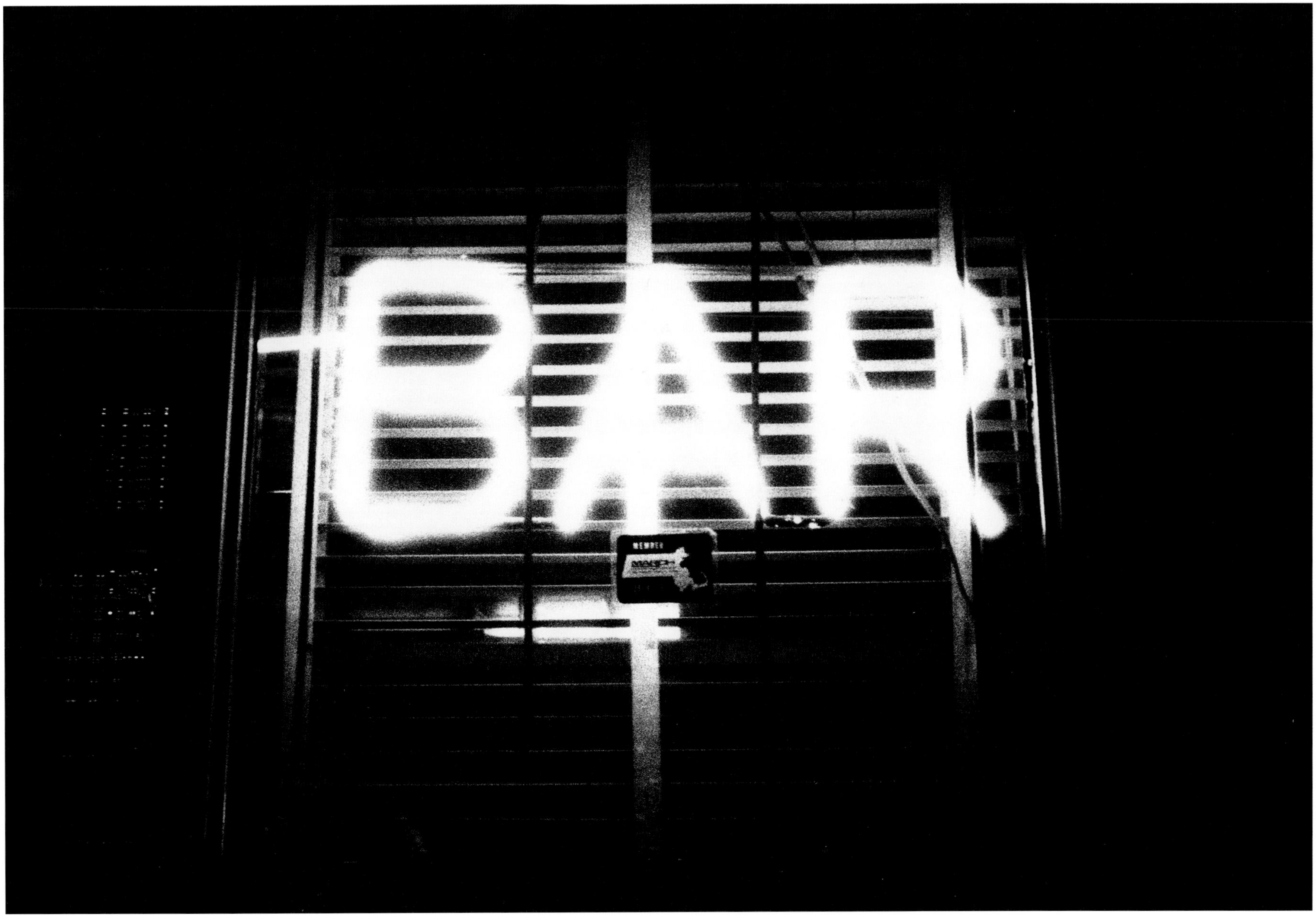
BAR

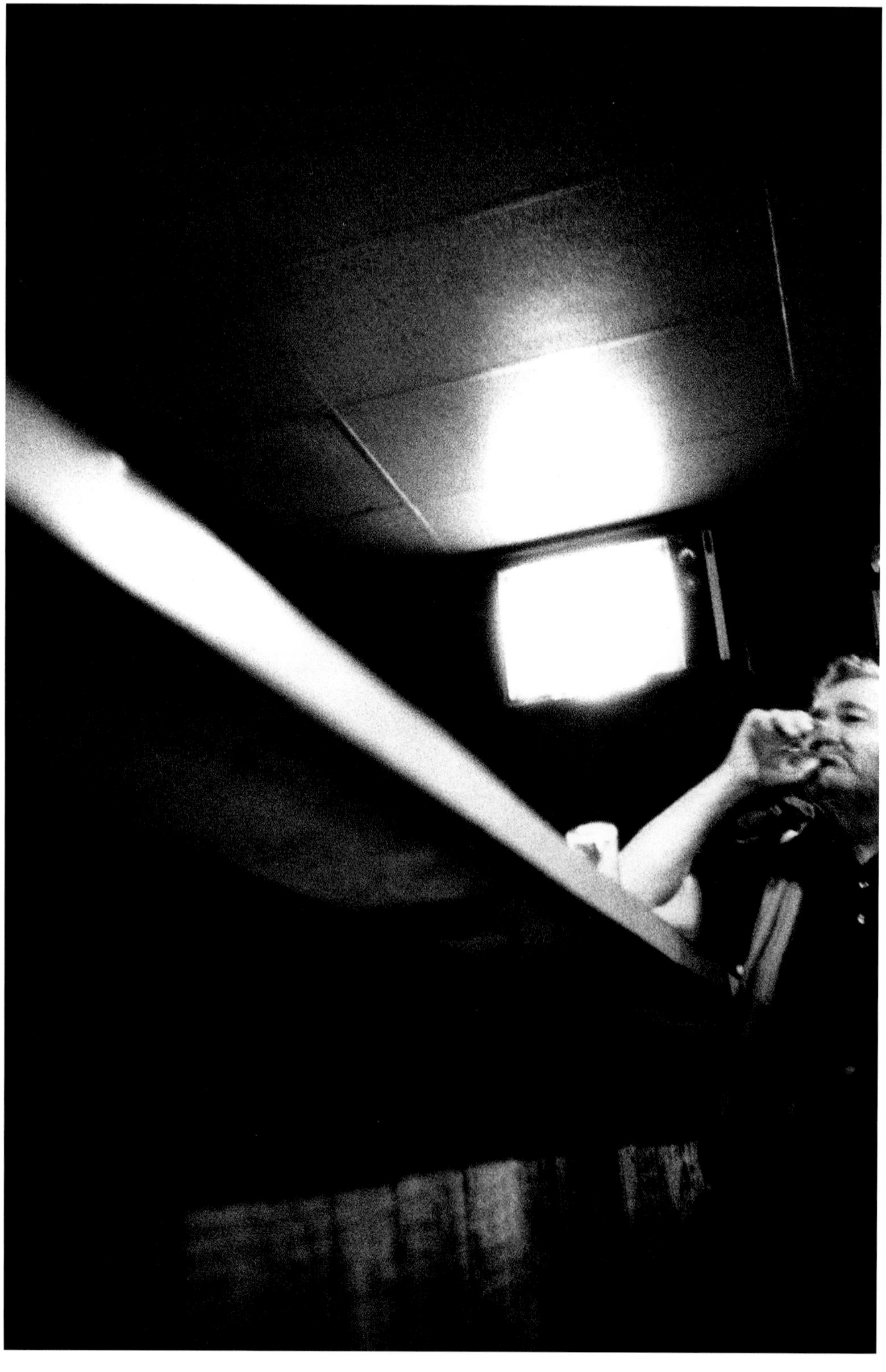

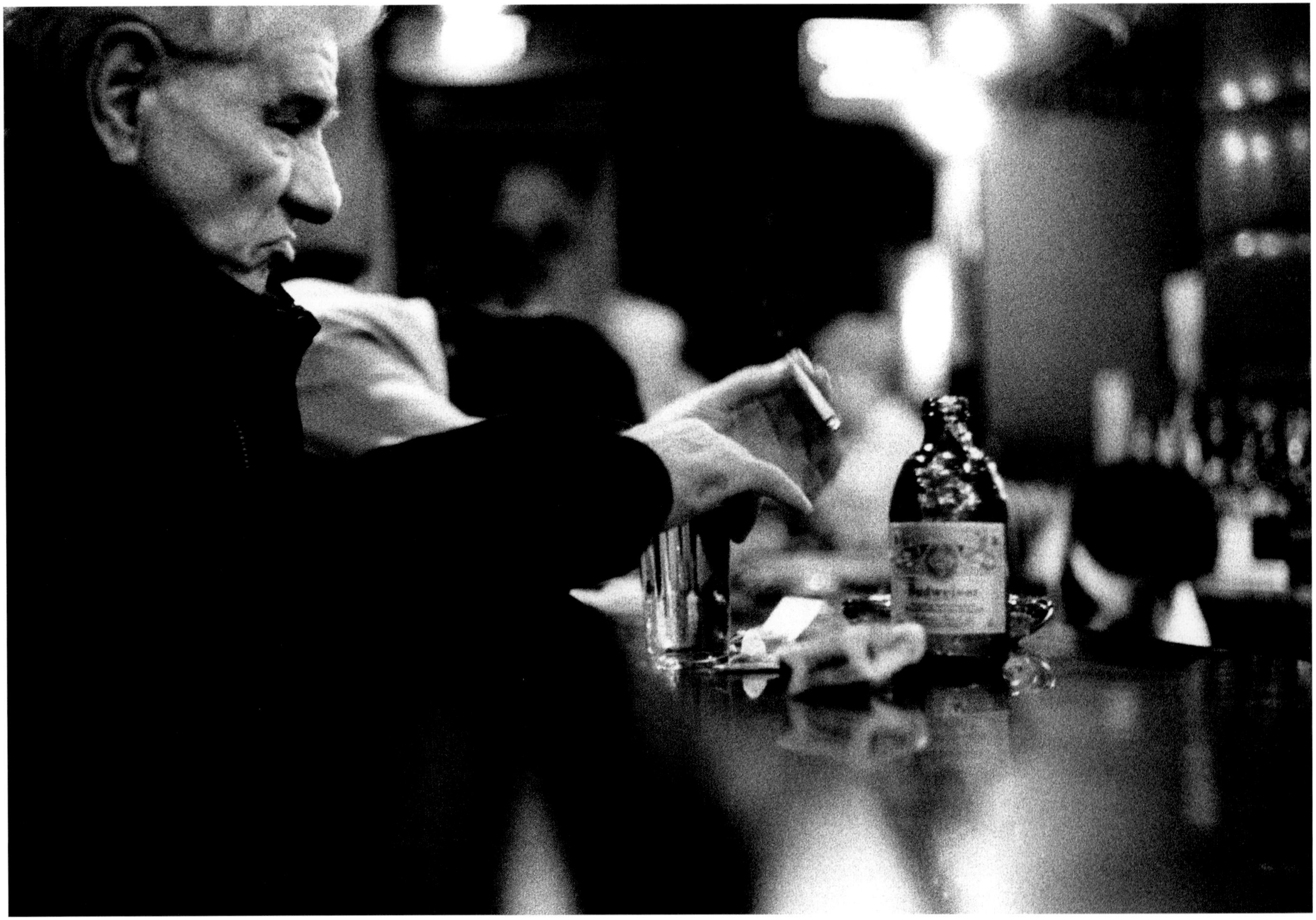

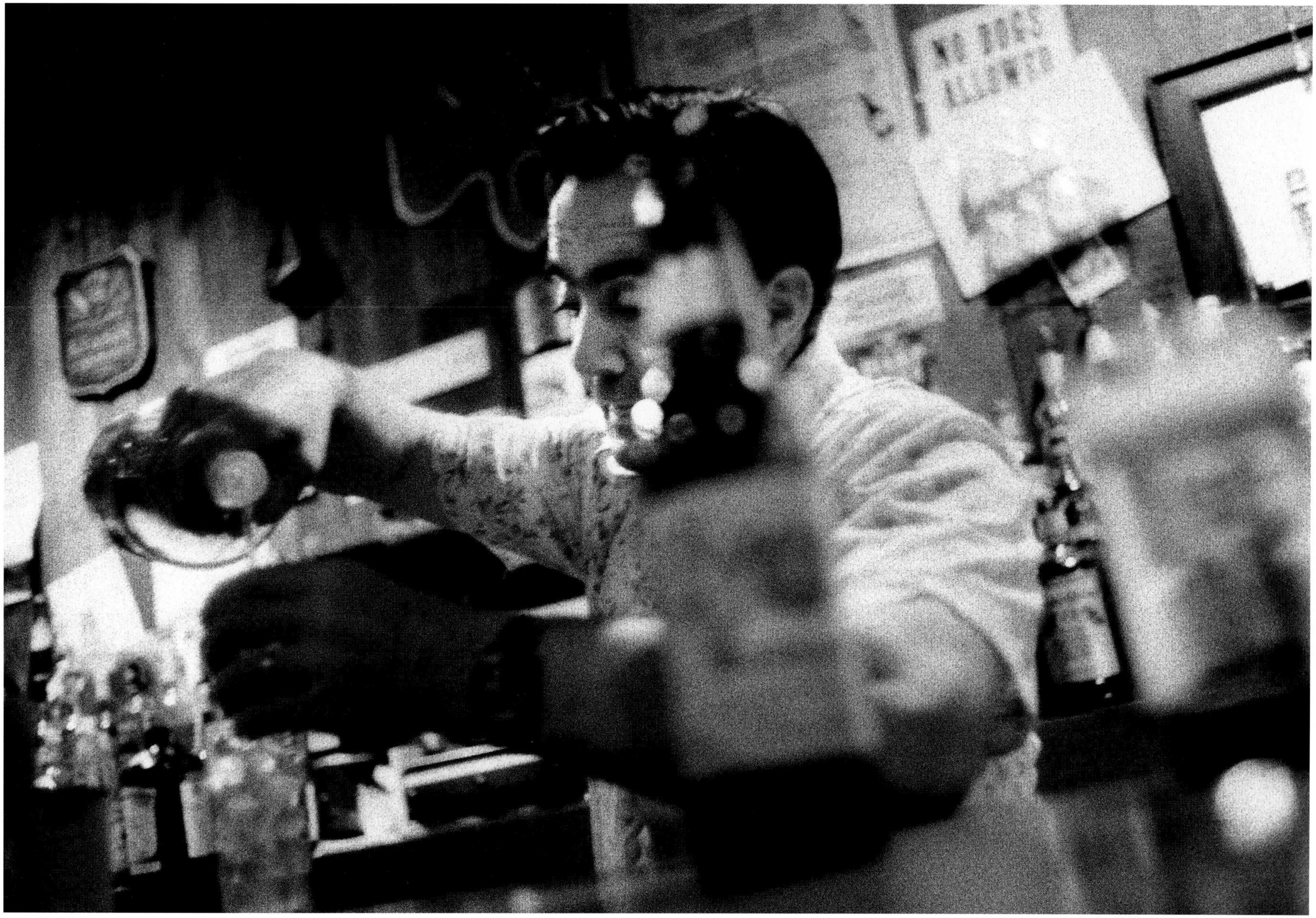

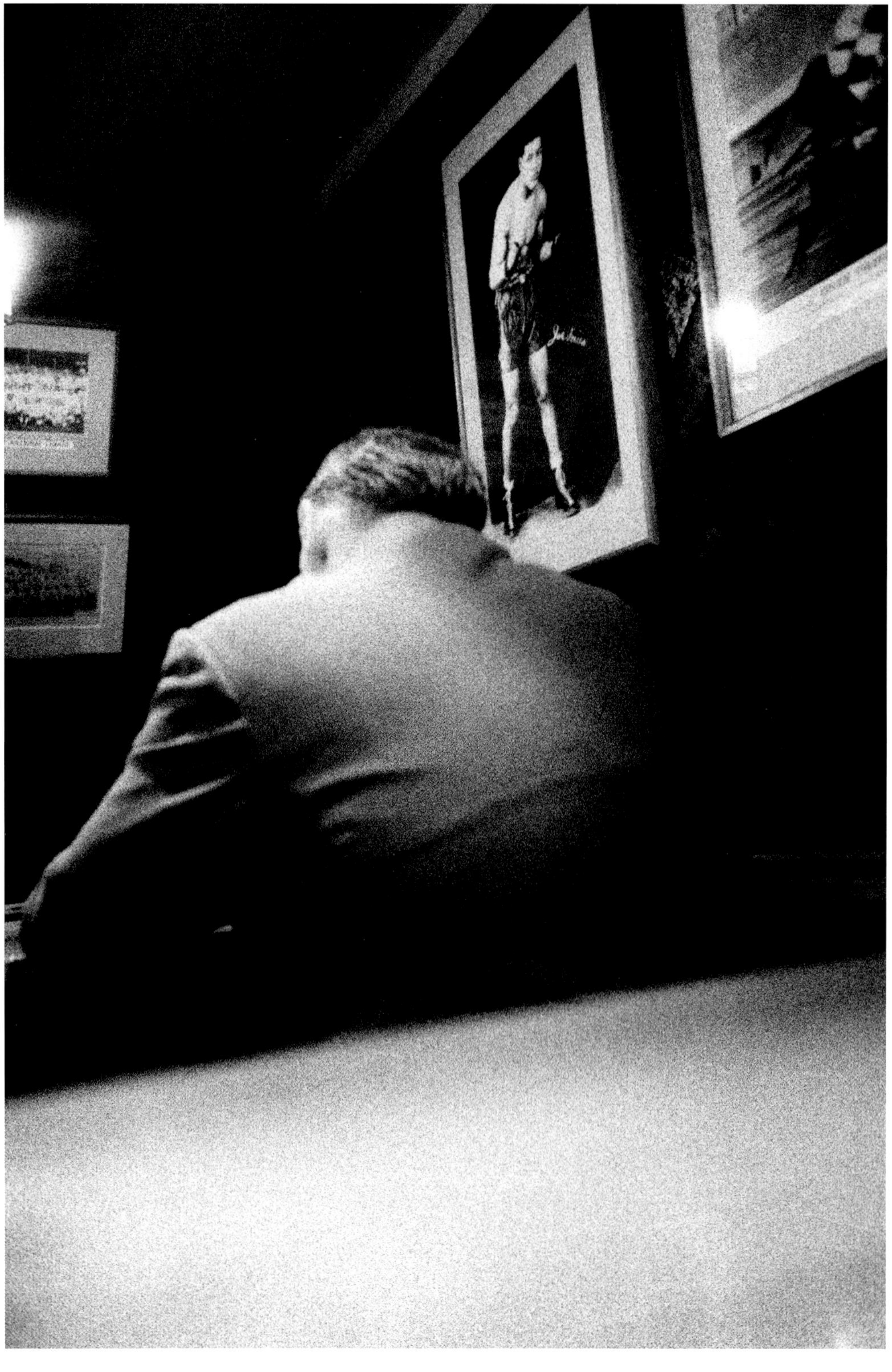

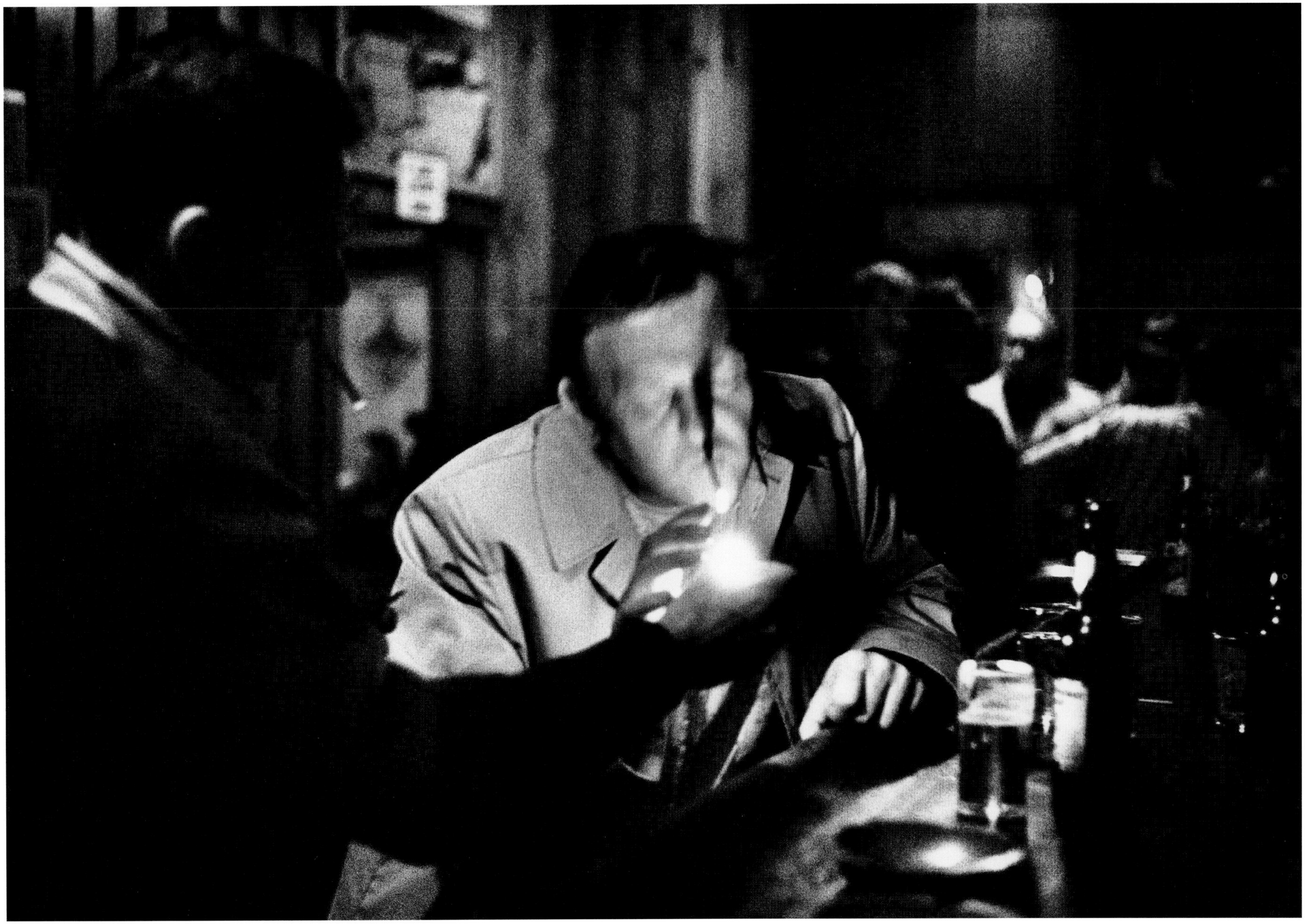

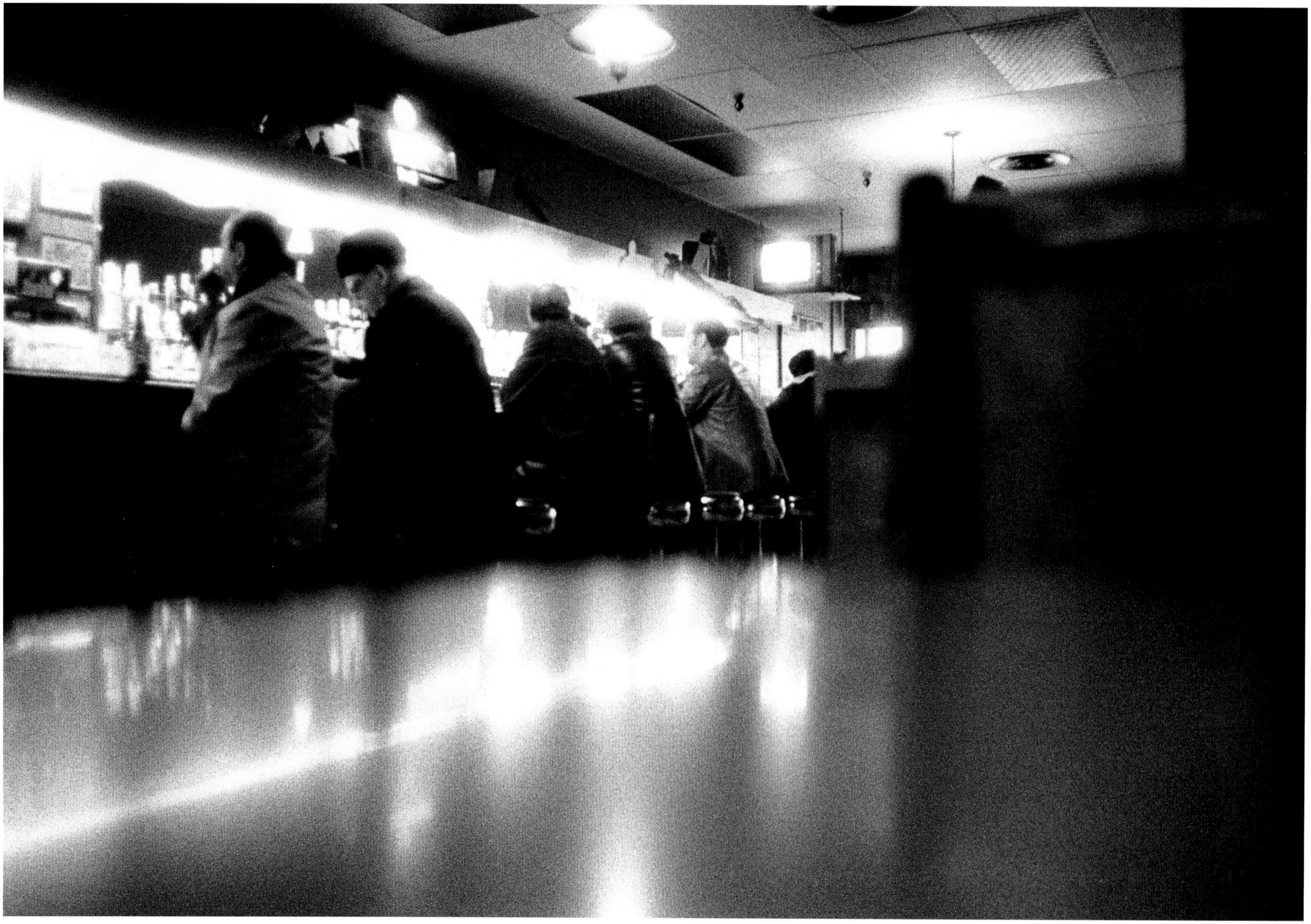

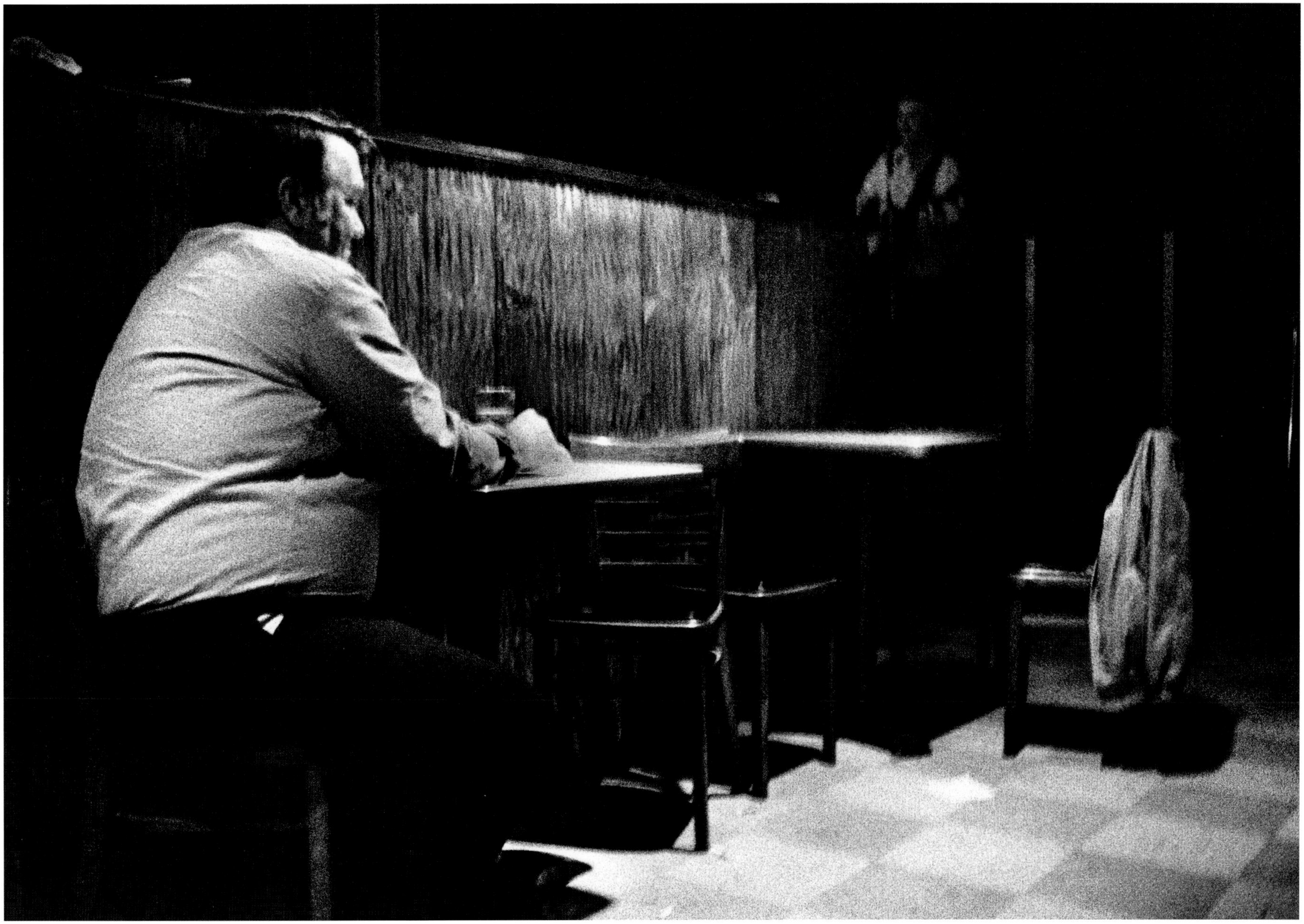

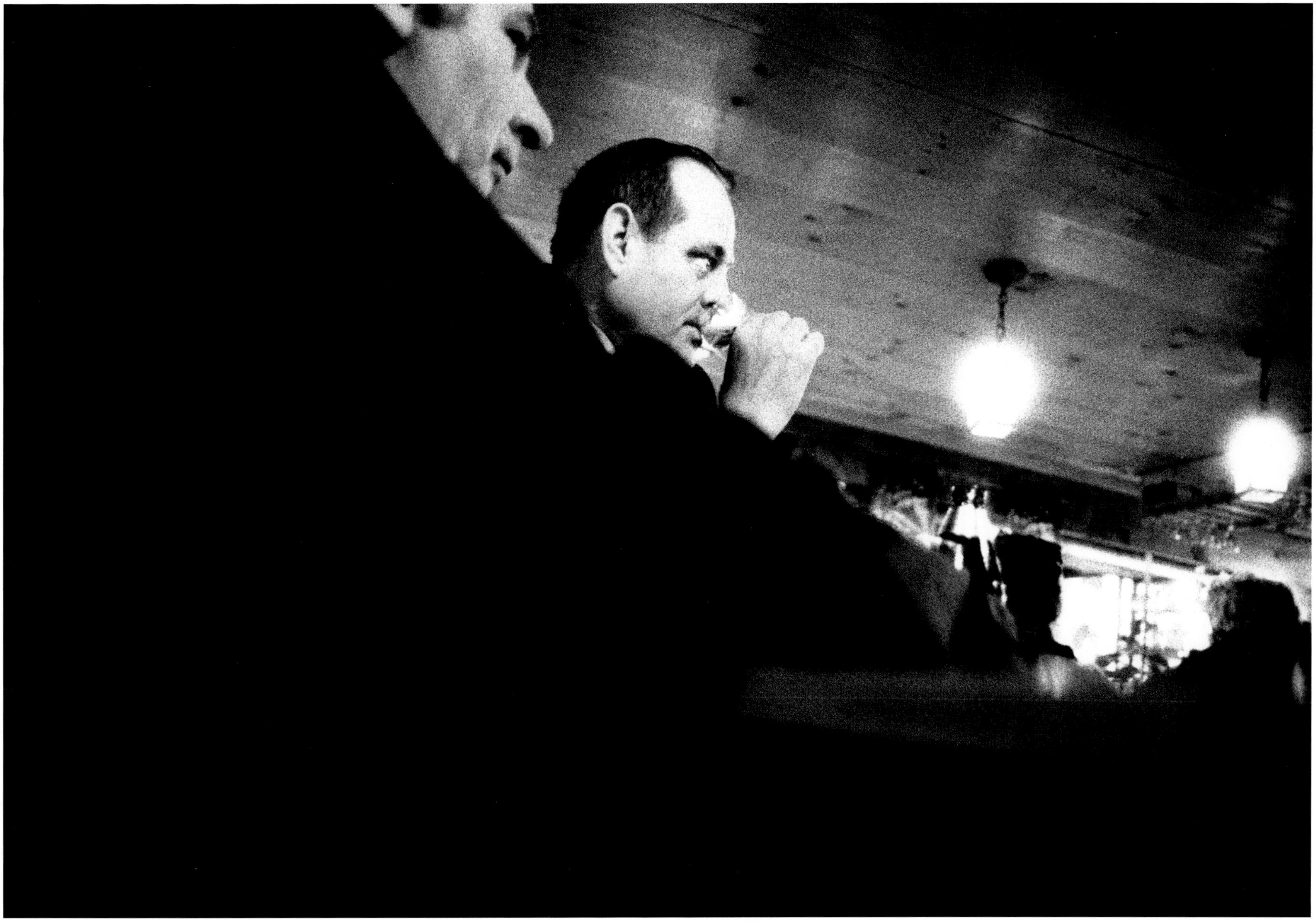

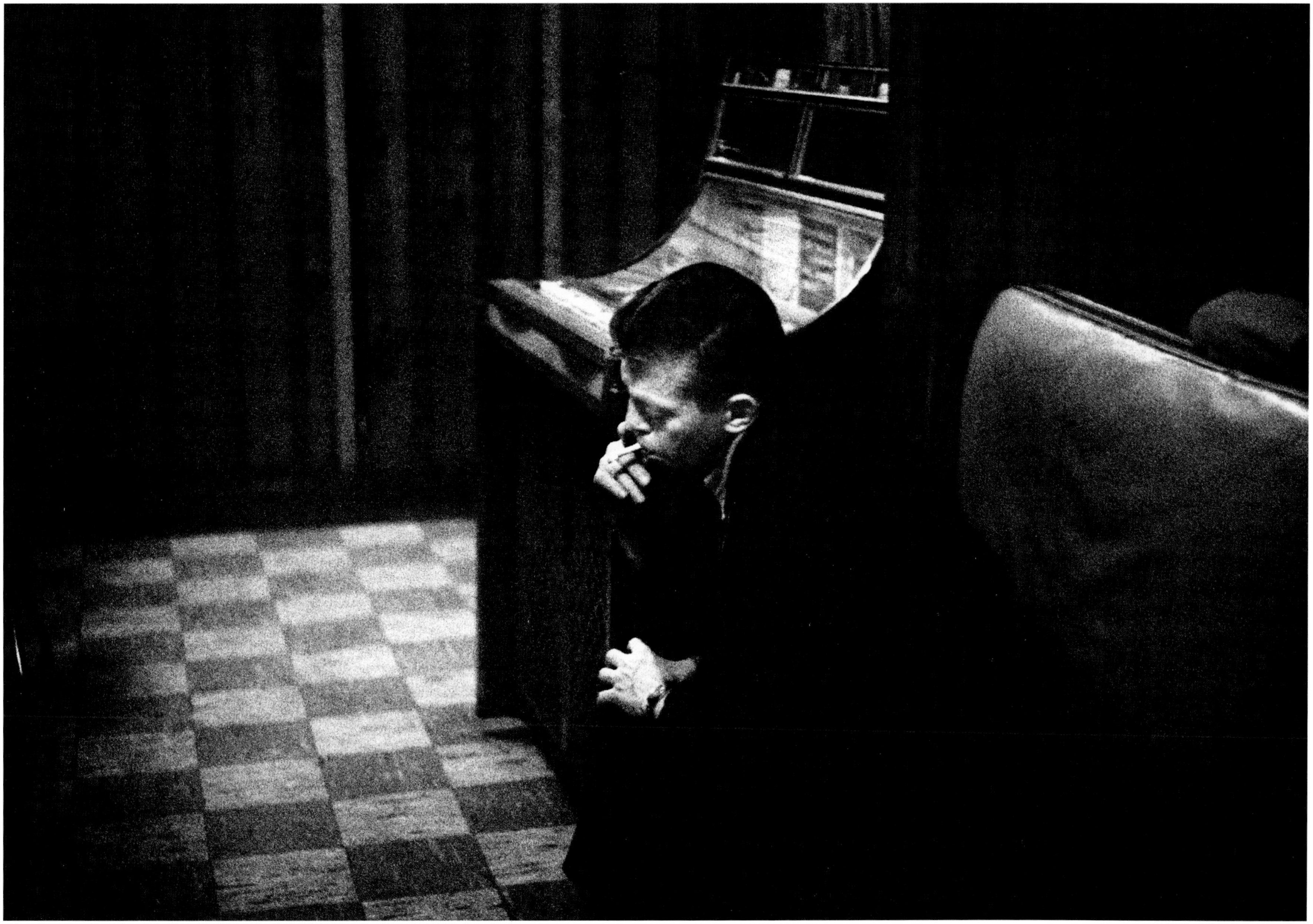

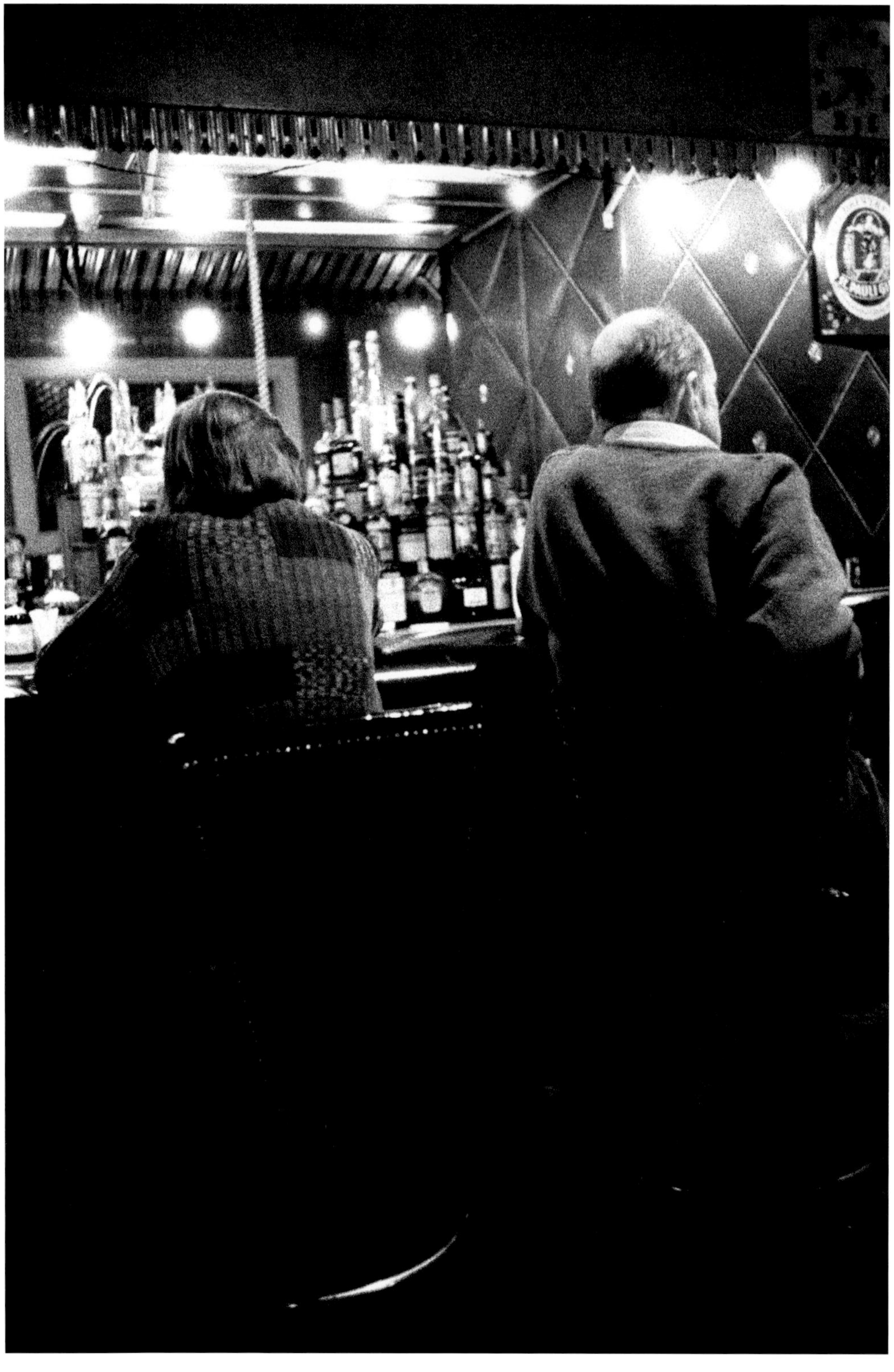

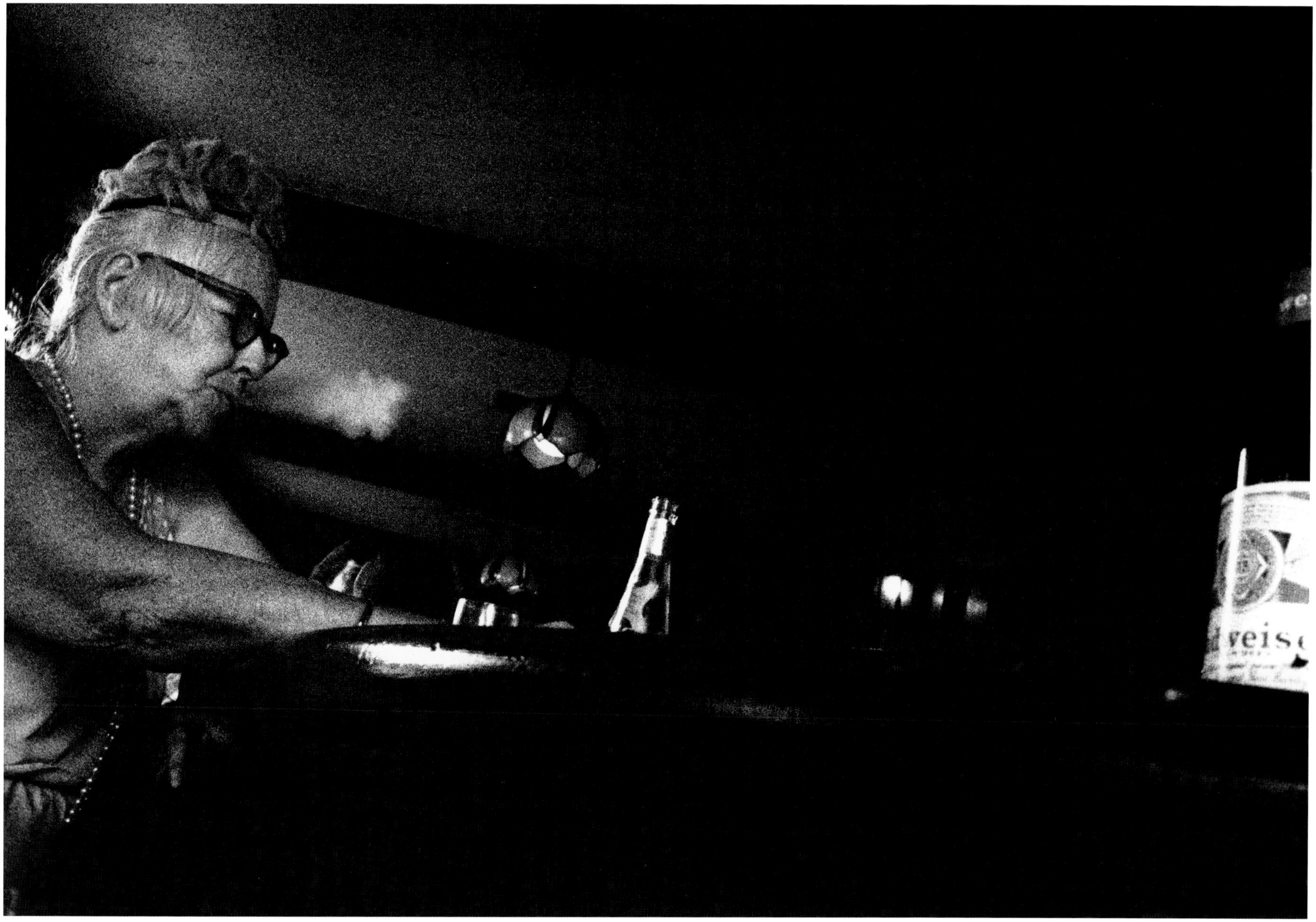

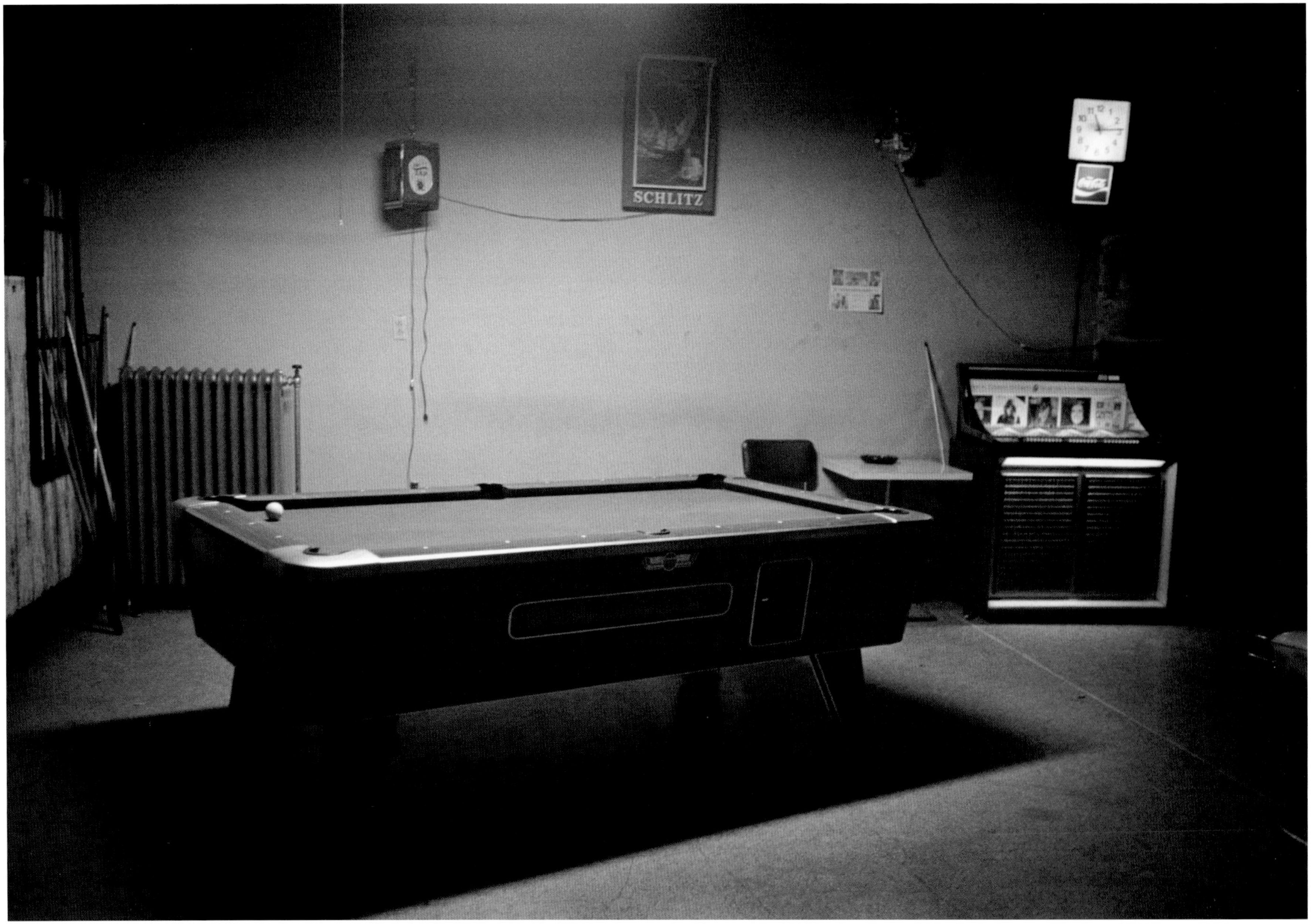
SCHLITZ

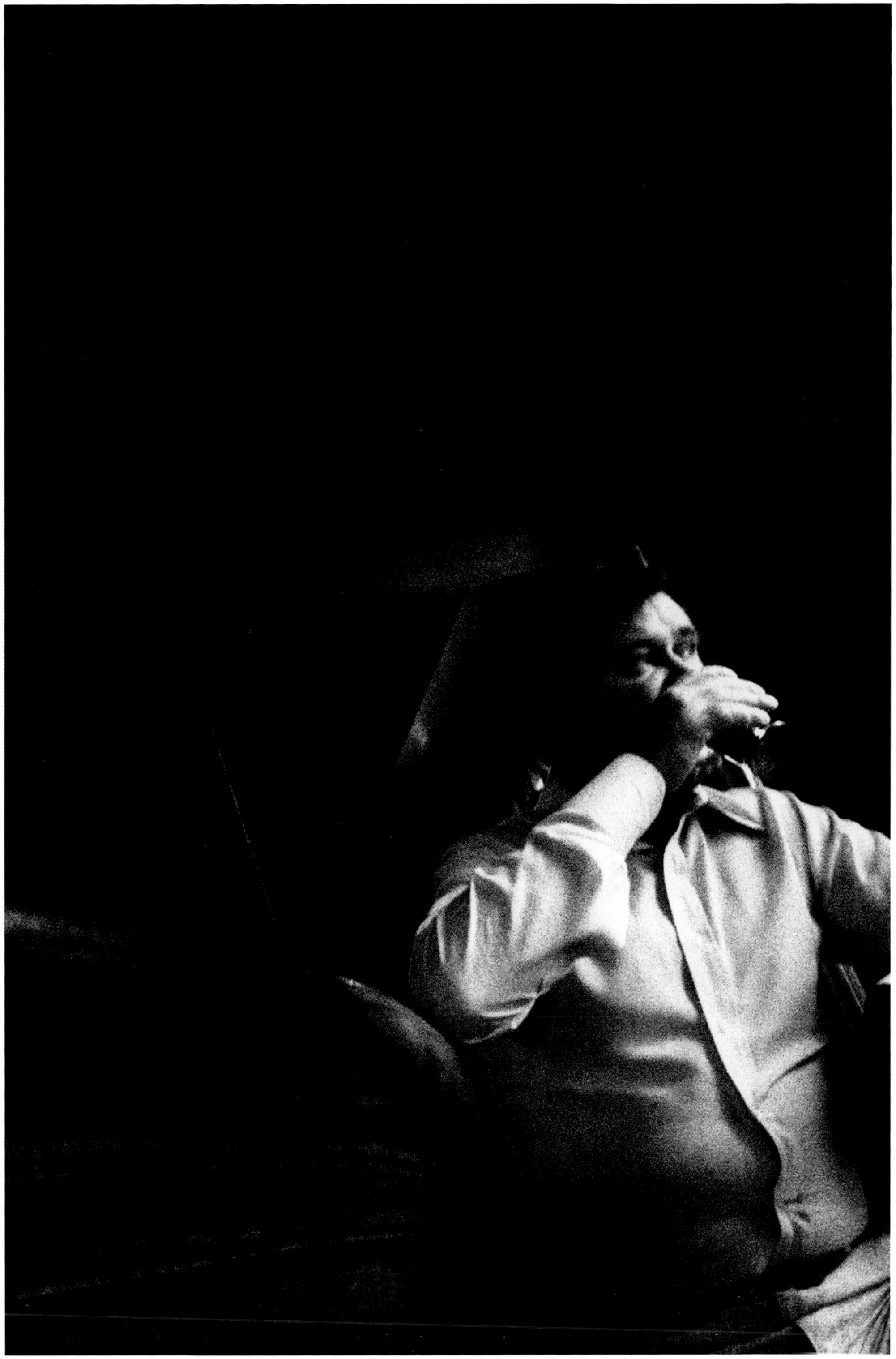

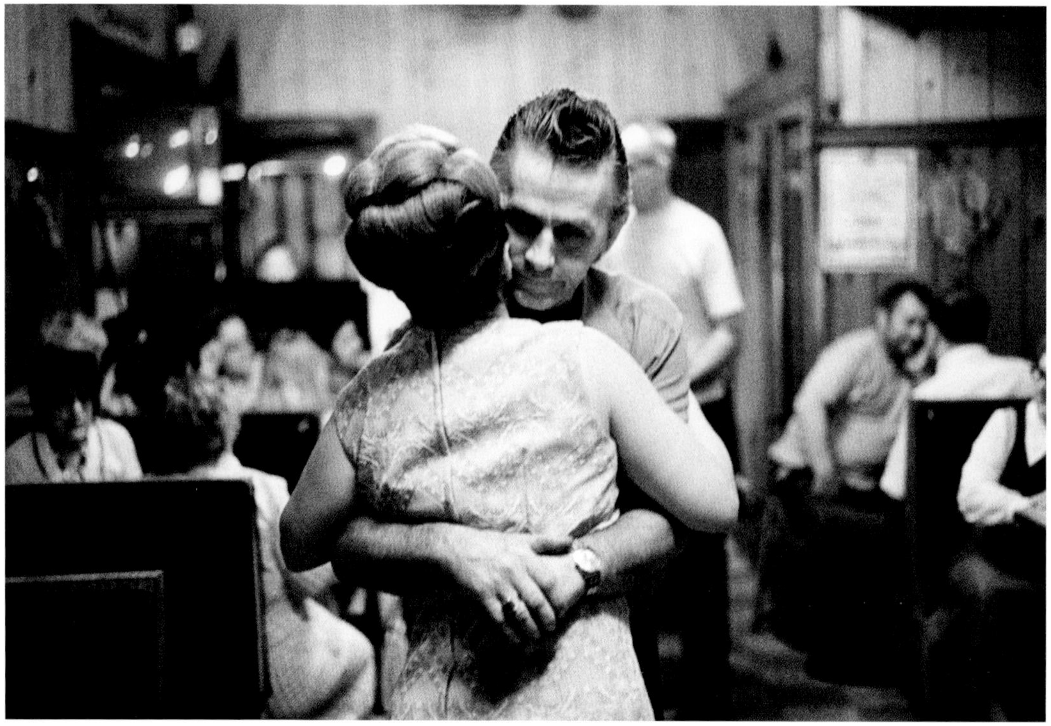

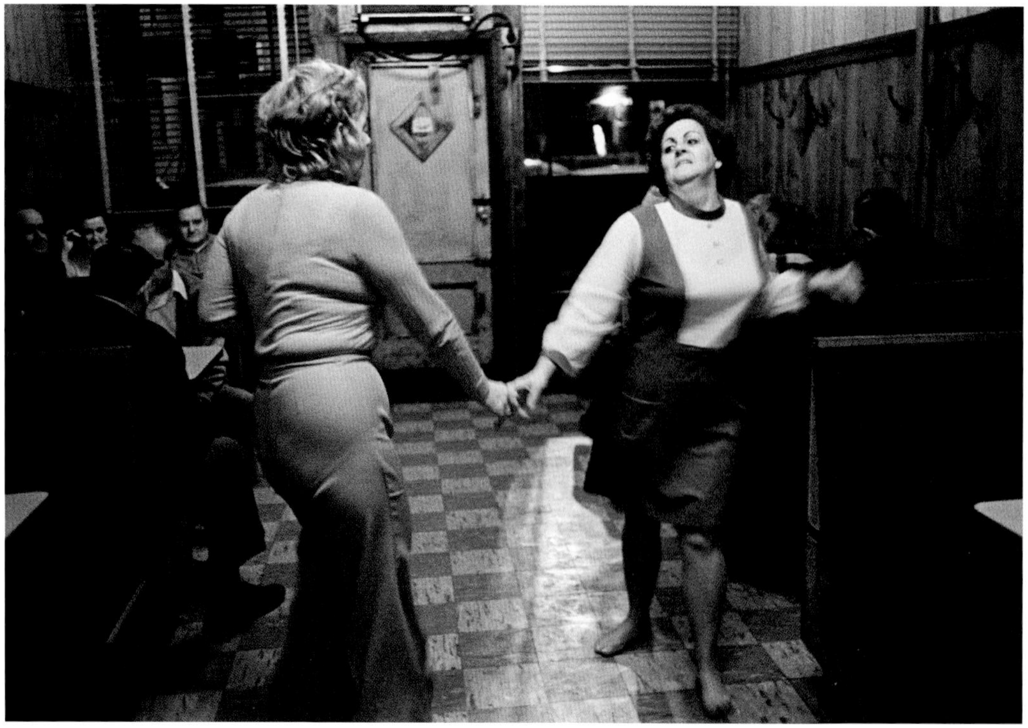

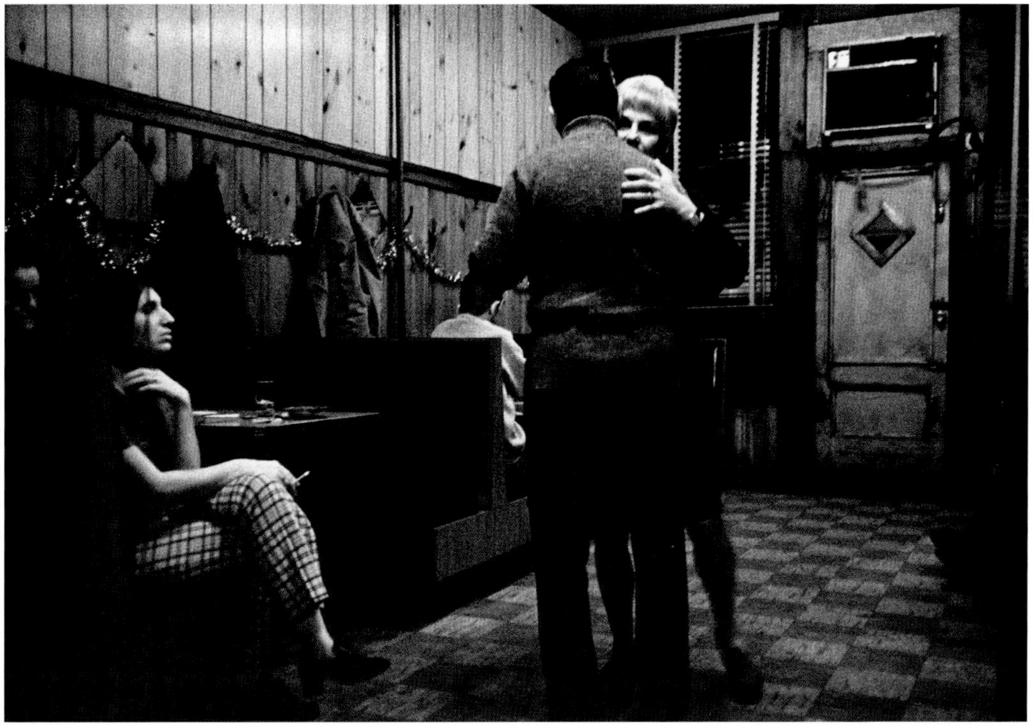

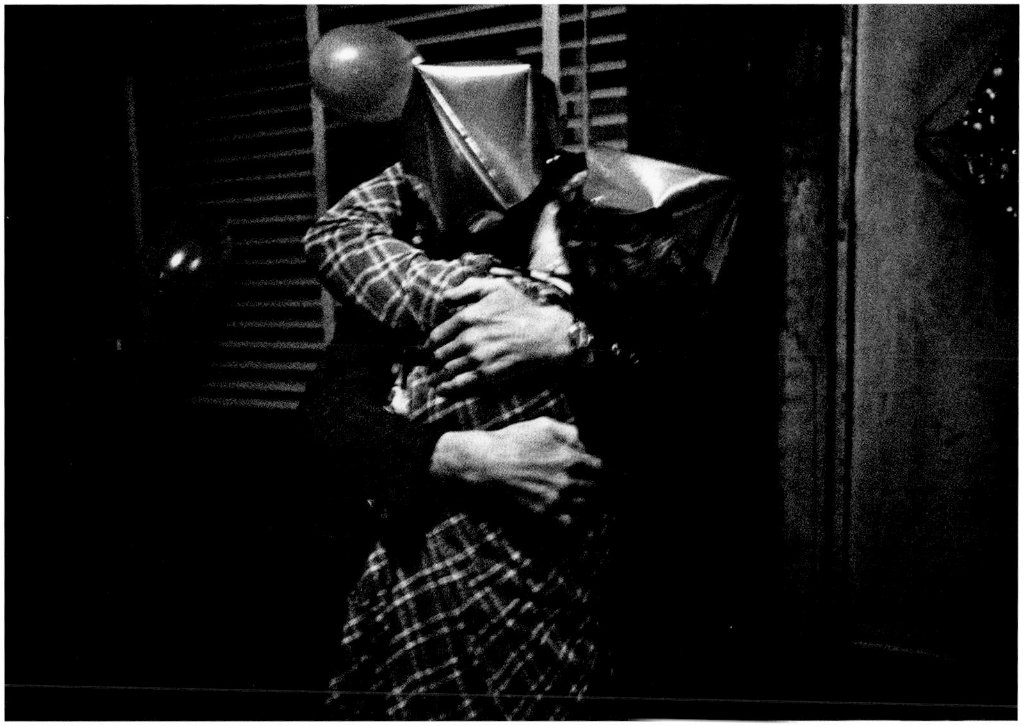

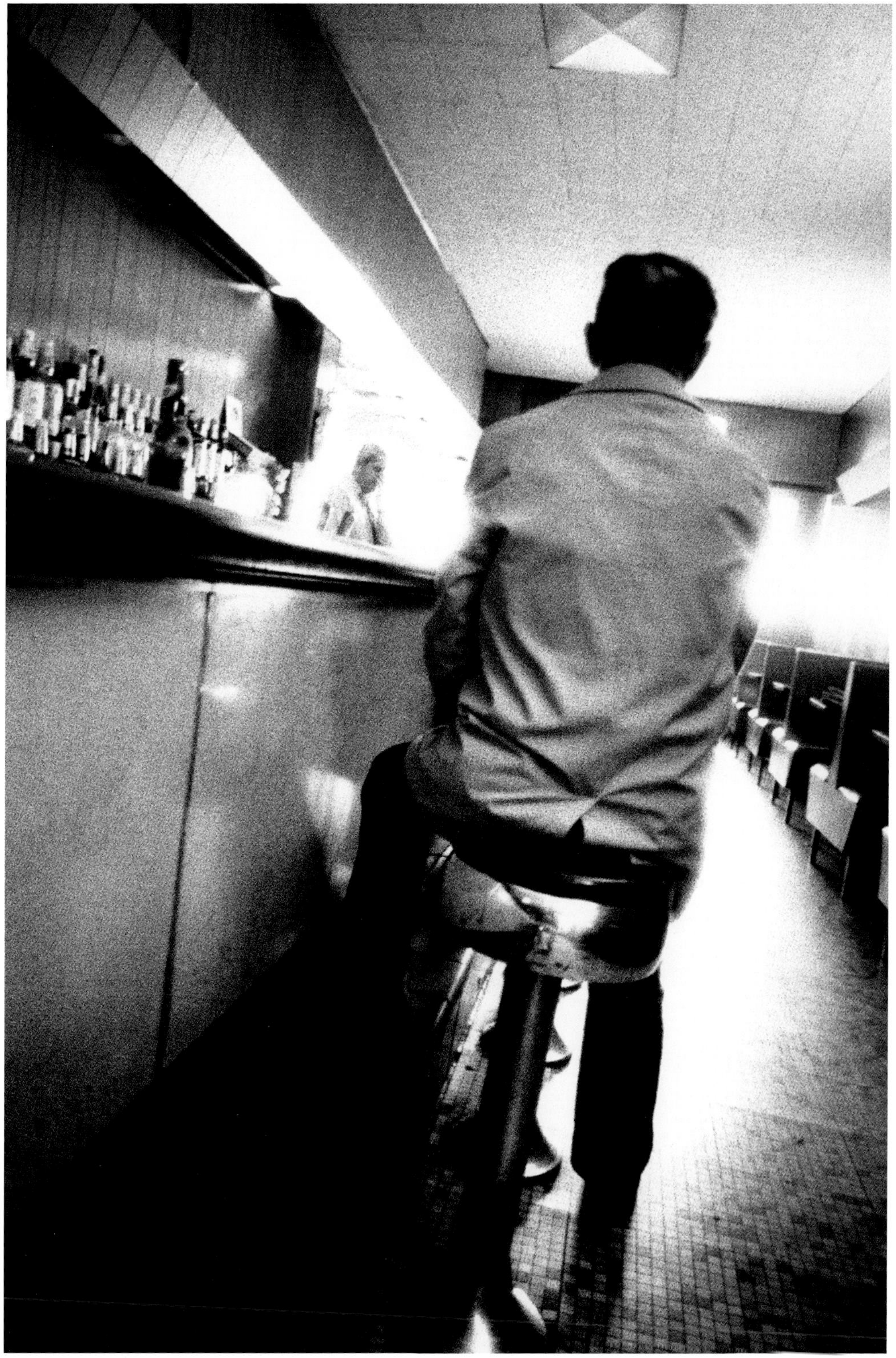

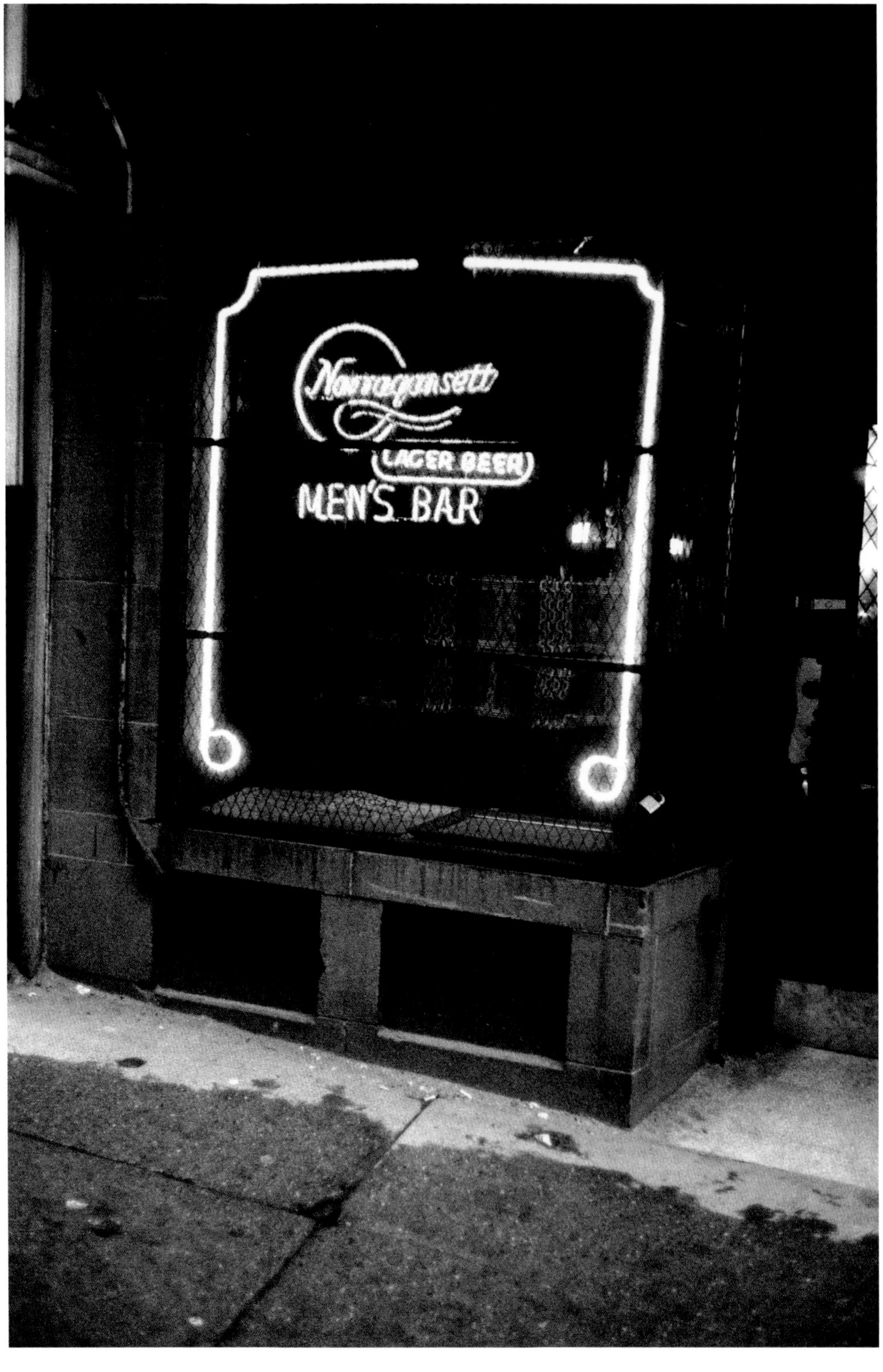
Narragansett
LAGER BEER
MEN'S BAR

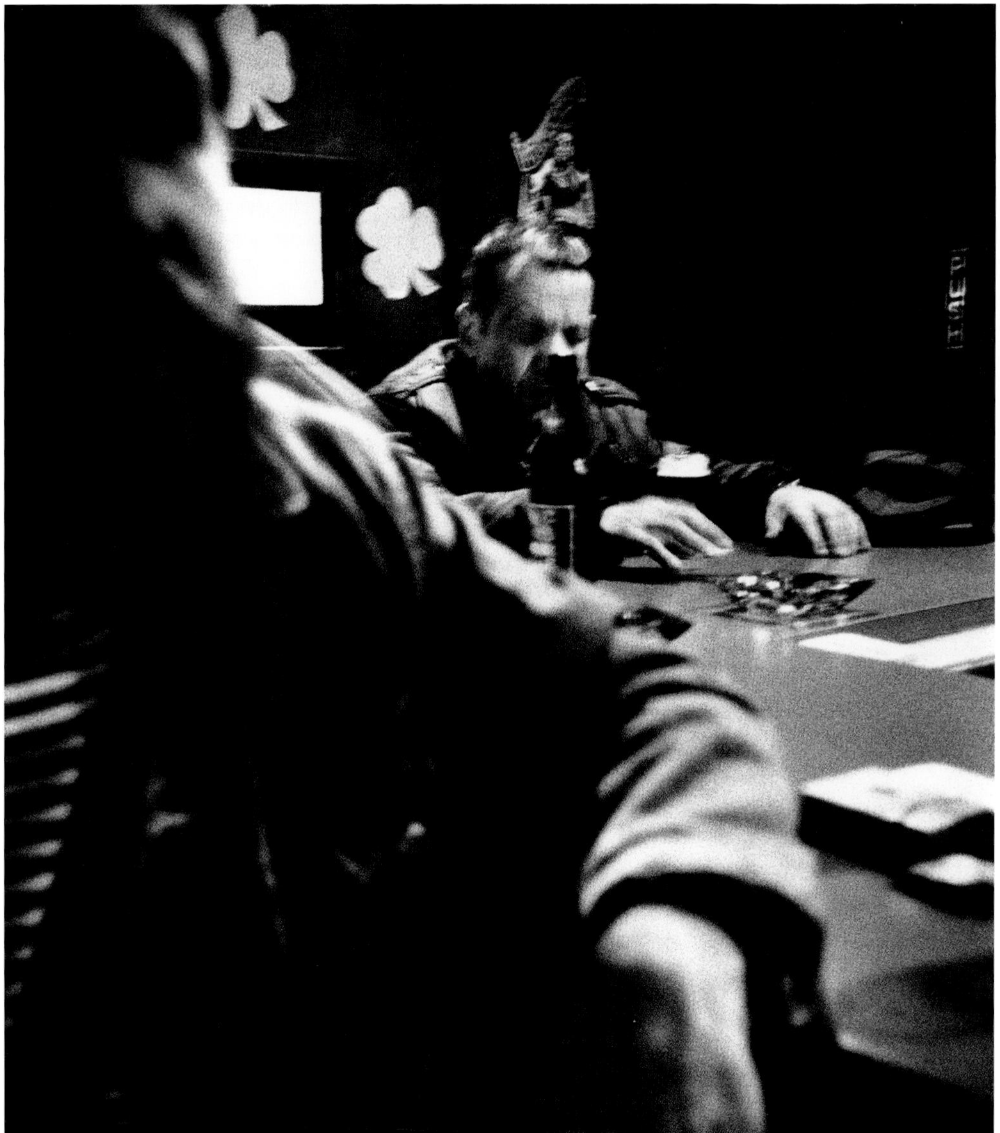

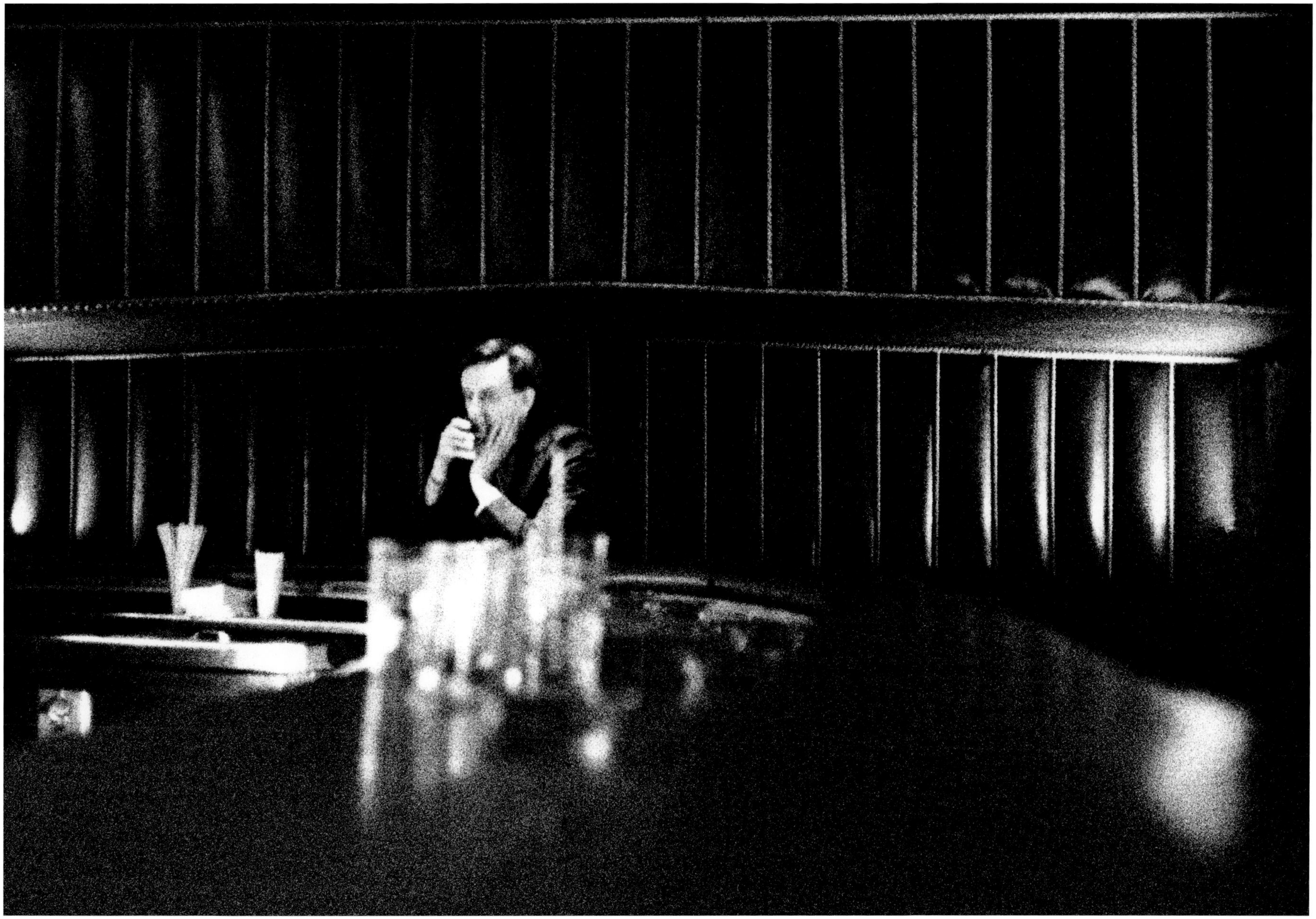

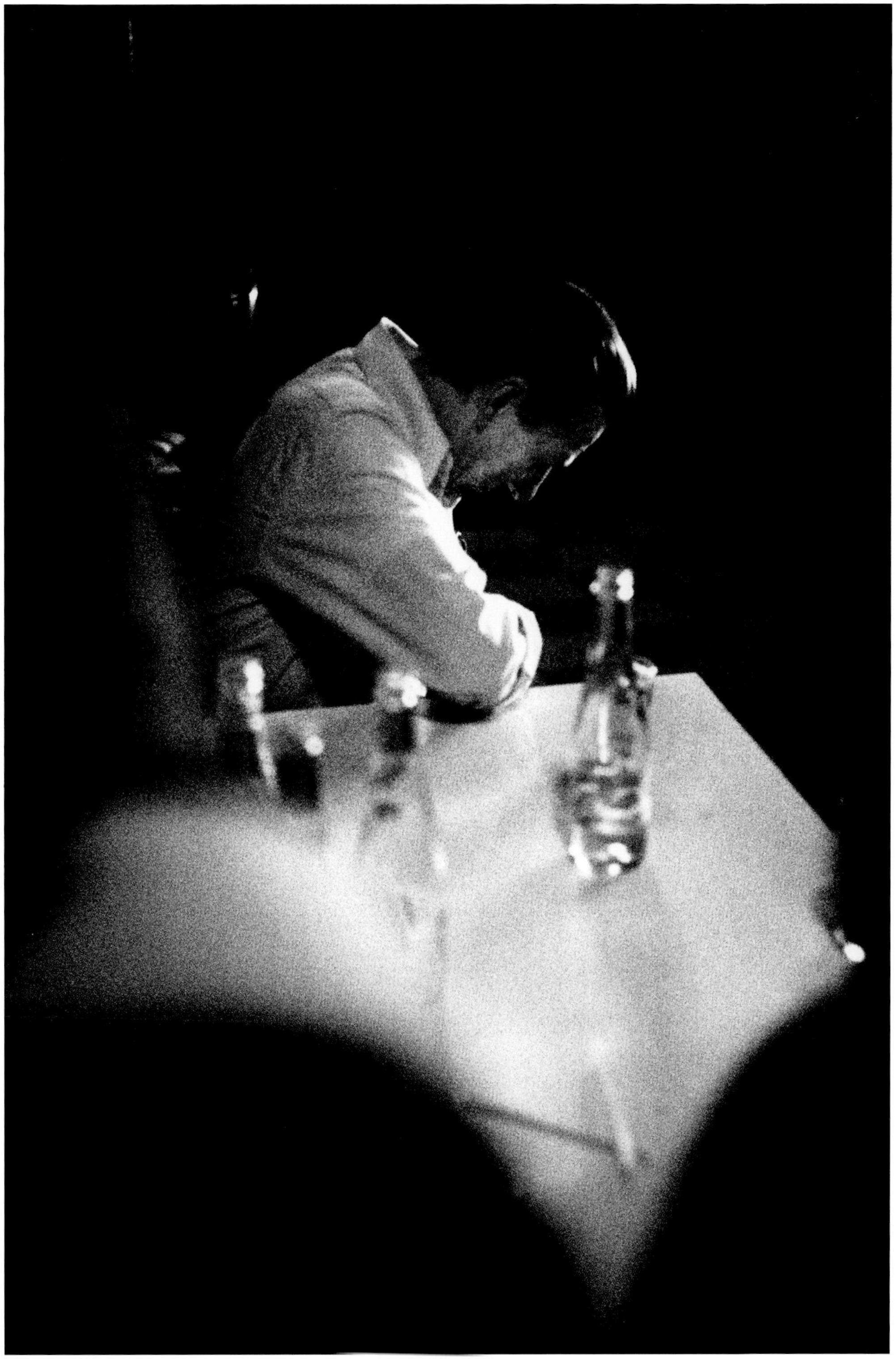

INSIGHT, ON SITE – ZUR ARBEITSWEISE JERRY BERNDTS

Zeit

Mit Erfindung der Fotografie war die Dauer der Produktion eines Abbildes erstmals nicht mehr unmittelbar an die Geschicklichkeit, das heißt auch Schnelligkeit einer zeichnenden, malenden, stechenden Hand gebunden. Trotzdem brauchte und braucht die Aufnahme ihre Zeit – anfänglich Stunden oder Minuten, später Sekunden, schließlich deren Bruchteile. Dass so kurze Belichtungen technisch möglich wurden, heißt allerdings nicht, dass sie auch immer zum erwünschten Ergebnis führen. Beim selben Objekt, im selben Raum können je nach Blendenöffnung und Belichtungsdauer verschiedene Qualitäten und Schichtungen sichtbar werden. Innerhalb vor allem technisch bestimmter Parameter ist bei gleichbleibenden äußeren Bedingungen die Zeit für die fotografische Aufnahme entscheidend. In der Geschichte der Fotografie geht es also gar nicht unbedingt um eine *Verkürzung* der Belichtungszeit als vielmehr um die Möglichkeit ihrer *Erweiterung*. Dass die frühen Fotografien von Städten Menschen nur ausnahmsweise und allenfalls schemenhaft bevölkerte Straßen zeigen, macht deutlich, wie klein dieser Spielraum war: Der Schuhputzer und sein Kunde auf Daguerres Aufnahme des „Boulevard du Temple" von 1838/39 sind das wohl bekannteste Beispiel (Abb. 1): Die erste fotografische Erfassung eines Menschen[1] „plein air" stellt bis heute virulente Fragen nach Inszenierung und Zufall.[2]

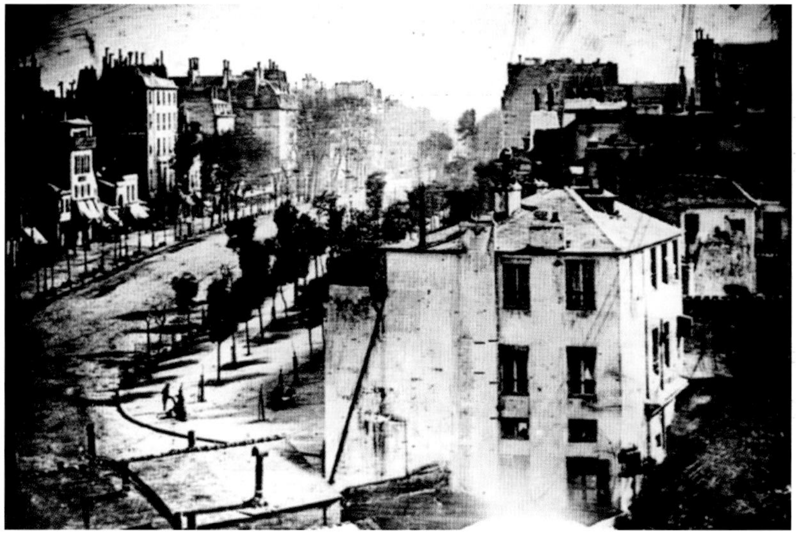

1

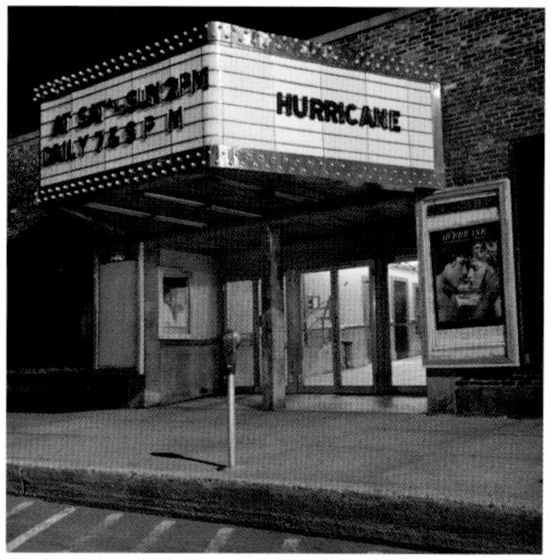

2

Als Jerry Berndt Ende 1973 begann, die ersten Straßenszenen für seine Serie *Nite Works*[3] aufzunehmen, standen Emulsionen zur Verfügung, die bei Tag kürzeste Belichtungszeiten möglich gemacht hätten; er fotografierte allerdings nachts. Doch auch die Nacht hätte sich mit Scheinwerfern und Blitzlicht zum Tag machen lassen, oder Berndt hätte besonders empfindliche Filme verwenden können. Statt dessen setzte er darauf, weniger empfindliches Filmmaterial lange zu belichten und sich damit dem Aufnahmemodus anzunähern, den die technischen Bedingungen der frühen Fotografie diktiert hatten. Dementsprechend finden sich auf seinen Bildern keine Menschen, sondern Ladenzeilen, Gehsteigpflasterungen, Hauseingänge und andere Beiläufigkeiten. Berndts Fotografien sind weniger malerisch als bildhauerisch angelegt: Als sei es gerade das nächtlich fehlende Licht, in dem sich die Stadt von belebter Fläche in einen tief ge-

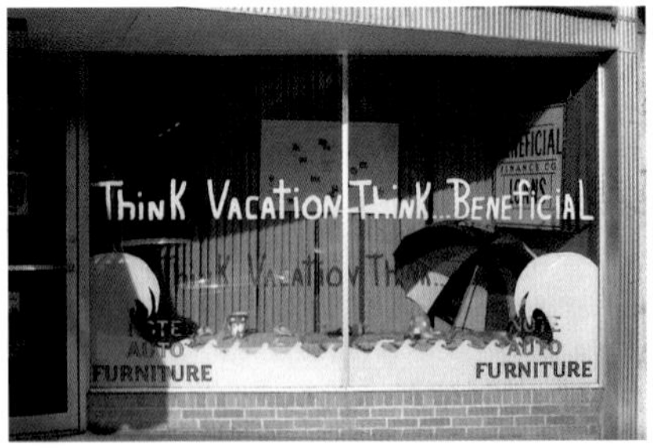

3

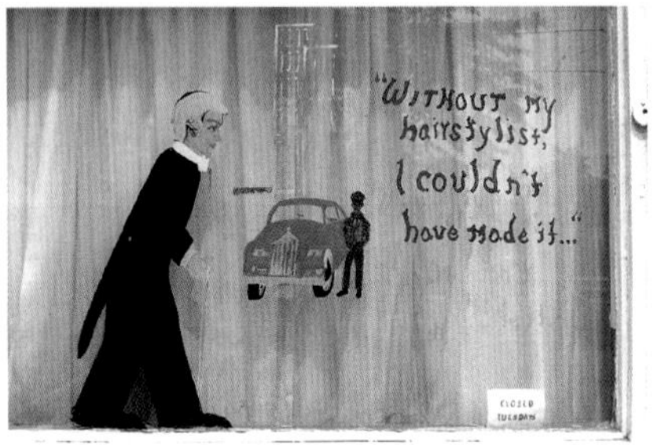

4

staffelten, detailreich konturierten Raum verwandelt. So zum Bild geworden, kann sie Gegenstand einer Aufmerksamkeit werden, die ihr tags kaum je zuteil würde.

Wie eine modernistische Skulptur steht eine Parkuhr im Vordergrund von „Newport", New Hampshire, ca. 1982, (Abb. 2), einem der Bilder aus *Nite Works*. Die Parkuhr bildet mit dem Knick des Kinovordachs, das die obere Bildhälfte füllt und auf dessen einer Seite der Film „Hurricane" angekündigt wird, eine genau kalkulierte Linie. Doch deren Dominanz führt nicht dazu, dass die anderen Teile des Bildes in Bedeutungsarmut verflachen. Die Linie fungiert vielmehr als ein Gerüst, an dem Berndt mit seiner Aufnahmetechnik jeden noch so kleinen materiellen Aspekt der Szene festmacht: die Unebenheiten des betonierten Trottoirs, den Glanz der Chromleisten und Glühbirnen am weißen Vordach vor einer Klinkerfassade oder den Schaukasten, in dem das Plakat den Film bewirbt. Doch der Reichtum an Details führt weder zu Verwirrung noch zu zwanghafter Ordnung: Jedes einzelne Element hat seinen Raum neben den anderen.

Ende der 1960er und in den frühen 1970er Jahren haben sich zahlreiche Fotografen und Fotografinnen mit dem urbanen Raum in Amerika beschäftigt wie Robert Frank, Garry Winogrand oder Diane Arbus – jeder auf unterschiedliche Art und Weise; Materialität und Architektur bilden den Ausgangspunkt von Berndts Auseinandersetzung, wobei auch mit Blick auf andere seiner Serien zu fragen ist, ob Berndt dies mit erzählerischem Gestus tut oder ob er konzeptuellen Fragen nach Typologie, Serialität und Ästhetik folgt.

Mit stark konzeptuellem Anspruch produzierte der amerikanische Künstler Ed Ruscha in den 1960er Jahren Fotoserien über Architekturen. Sie haben ihre Wurzeln in der frühen Konzeptkunst und weisen stark typologisierende Elemente auf, etwa wenn Ruscha 34 großflächige Parkplätze aus der Vogelperspektive fotografiert (1967), bei denen ihn die Gitterstrukturen der Parkraummarkierungen mit ihren abstrakten Formen besonders zu interessieren scheinen. Anders als Berndt legte Ruscha, der in die handwerkliche Ausführung keinen besonderen Ehrgeiz legte, seine Serien als Buch oder Leporello an.

Weniger konzeptuell als erzählend motiviert entstand 1972/73 die Serie *American Surface* von Stephen Shore. Wie in Filmstills aus Road Movies tauchen hier, anders als bei Ruscha, Fassaden nur gelegentlich auf. Sie verbinden sich mit Porträts und Stillleben zu einer Erzählung über Lebensformen im Amerika der frühen 1970er Jahre. Die tagebuchartigen Einzelelemente, die in ihrer starken Farbigkeit auf die Malerei der späten 1960er Jahre verweisen, fügen sich zu einer immer wieder anderen Erzählung. In Maryland fotografiert Shore im Juni 1972 Fassaden und Schaufenster von Geschäftshäusern mit besonderem Blick für die skurrilen Werbemaßnahmen kleiner Ladenbesitzer (Abb. 3 und 4, Stephen Shore, *Columbia*).

Im Interesse für Nebensächlichkeiten, die den Alltag prägen und beeinflussen, scheinen sich Shore und Berndt zu berühren. Ist es bei Shore ein flüchtiger Blick, bei dem die Schatten der Umgebung oder der Bildausschnitt manchmal beiläufig scheinen, so wählt Berndt ein präzises Setting:[4] Der Abstand vom Mülleimer (der an den aus „Krieg der Sterne" bekannten Roboter R2D2 erinnert) zum Schaufenster im Verhältnis zur Parkuhr ist so kalkuliert, dass das Brautkleid in „White Plains" das Zentrum einnehmen kann (Abb. 7). Die Belichtungszeit ist auf das Optimum kalkuliert, wodurch die Materialität von Parkuhr und Mülleimer im Gegenlicht des Schaufensters gerade noch erkennbar bleibt und die Objekte nicht als schwarze Silhouetten im Schatten versinken. Die nächtlichen Lichtquellen sind entscheidende dramaturgische Elemente, die die Gegenstände auf der Straße erst zum Leben erwecken.

Ort

Schon vor den *Nite Works* arbeitete Berndt nachts, wenn auch unter gänzlich anderen Prämissen. Mitte der 1960er Jahre setzt er sich im Auftrag des Harvard University Laboratory of Community Psychiatry mit der „Combat Zone" in Boston auseinander, einem Rotlichtviertel, in dem Gewalt, Prostitution und Kriminalität an der Tagesordnung sind. Berndt fotografiert zwar auch tagsüber das Geschehen auf den Straßen, jedoch liegt sein Fokus wie in der Serie *Bar Rooms*, die er schon vorher begonnen hatte, auf dem nächtlichen Leben. Ein Mann und eine Frau sitzen im Zwielicht einer Bar (Abb. 8). Er hält ein Glas in seiner Rechten, sie spricht ihn von der Seite an – eine alltägliche, leicht romantische Situation. Verfolgt man jedoch seinen Blick, der auf ihren Oberkörper gerichtet scheint, und bemerkt, dass die Frau schwarz ist, lässt sich über den Inhalt des Gesprächs auch anders spekulieren: Eine Prostituierte verhandelt mit ihrem Freier. Die Nacht und das schwache Licht bieten Schutz und isolieren das Paar von den anderen, wohl ähnlichen Gästen der Bar. Berndt geht es weniger um entscheidende Momente im Sinne Cartier-Bressons als um Situationen, in denen sich die Atmosphäre eines Ortes als Gefüge aus verschiedenen Momenten bis zur Greifbarkeit verdichtet. Seine fotojournalistische Herangehensweise erweitert Berndt später mit den *Nite Works* in Richtung Konzeptkunst. Erstaunlicherweise beschäftigt er sich zwar wie Shore mit den Menschen scheinbar nur flüchtig, jedoch treffen sich Berndt und Shore an jenem Punkt, an dem deutlich wird, dass sie nur dadurch die Qualität der Orte erfassen und charakterisieren können. Es geht Berndt in *The Combat Zone* eben nicht um einen journalistischen, narrativen Blick auf das Geschehen des Ortes, vielmehr versucht er in der von Alkohol und Prostitution geprägten Einsamkeit der Menschen wie in ihrem Miteinander die Spezifik des Ortes herauszufiltern und den Ort zu kennzeichnen.[5] Mit der jeweiligen Besonderheit der Orte visualisiert Berndt deren Geschehen (insight) und rückt gleichzeitig deren Qualität in den Vordergrund – eine Form der „site specificity" mit konzeptuellem Ursprung wie bei Ed Ruscha. Während jedoch Ruscha und Shore zu Ruhm gelangten, blieben Jerry Berndts Arbeiten völlig unbekannt, wurden weder publiziert noch ausgestellt.

Nacht

Die Qualität des Ortes, die bei Berndt am deutlichsten in den *Nite Works* zu sehen ist, beschreibt Walter Benjamin anhand der menschenleeren Straßenaufnahmen von Eugène Atget, der um 1900 das „alte Paris" mit seinen Menschen, Fassaden und Passagen festgehalten hat.[6] 1912 fotografierte er die „Gasse zum Pfarrhaus Saint-Séverin" (Abb. 5), eine enge, kopfsteingepflasterte Gasse, deren Ende durch eine Biegung nicht auszumachen ist .[7] Benjamin beschreibt diese Fotos als Tatorte, als Beweisstücke eines historischen Prozesses.[8] Die menschenleeren Fotografien Atgets charakterisiert er auf eine Weise, die auch auf Berndts Bilder zutreffen könnte: Sie erfassen einen Ort, an dem die Dinge zur Ruhe kommen und das Leben der Stadt stillsteht.

Sich durch die Nacht zu bewegen, war Berndt schon in seiner Kindheit selbstverständlich: Er wuchs in der Bar seines Vaters auf. Später zog er sich fast gänzlich in die Nacht zurück. Nach einer Reportage über eine Kuba-Reise 1969/70 wurde er vom FBI verfolgt und zog deshalb 1973 in ein besetztes Haus in Boston, das er bevorzugt nur in der Dunkelheit verließ, um den Observationen zu entkommen.[9] Das tägliche Leben wird ein Leben der Nacht. In dieser Zeit kommt es nicht nur zum Bruch mit seinem sozialen Umfeld, indem Freundschaften nahezu unmöglich

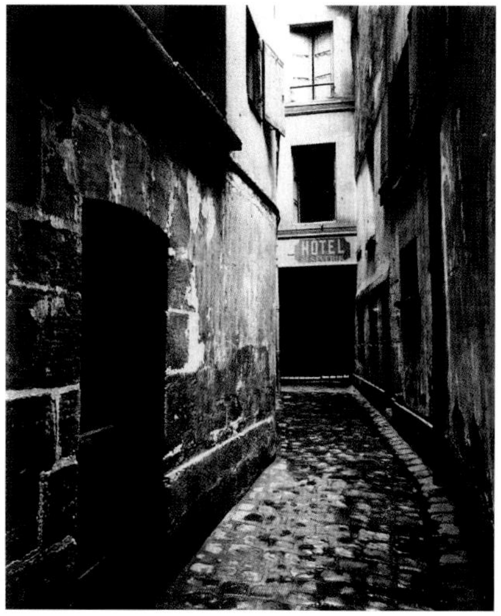

Eugène Atget, 1912 5

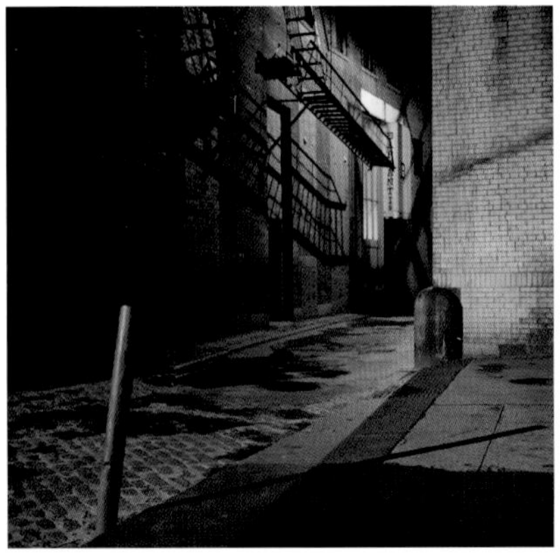

6

werden und zerbrechen, es wird auch mit der *Nite Works* Serie ein fotografischer Neuanfang und Höhepunkt gekennzeichnet.

Berndt führte die Arbeit später auch in anderen Städten fort. Auf seinen Wanderungen über menschenleere Straßen in Boston, Warschau und Kuba suchte er nach gewöhnlichen Architekturen und auf Funktionalität reduzierte Stadtmöblierungen: „Boston, MA" (ca. 1972) zeigt das Ende einer Gasse. Auf der Straße schimmern Pfützen, ein Pfosten unterhalb eines Bordsteins wirft seinen Schatten links ins Bild (Abb. 6). Die langen Schatten auf den Fassaden unterstreichen ihre perspektivische Flucht, und dort, wo sich ein Ausweg erwarten ließe, ist die Feuertreppe hochgezogen, und der Blick verfängt sich in einer unleserlichen Leuchtreklame.[10] Ein Weg ins Nirgendwo also, ähnlich der Gasse zum Pfarrhaus Saint-Séverin Atgets: ein Weg in ein Irgendwo, eine Passage ähnlich jenen, von denen Benjamin spricht: „Man zeigte im alten Griechenland Stellen, an denen es in die Unterwelt hinabging. Auch unser waches Dasein ist ein Land, an dem es an verborgenen Stellen in die Unterwelt hinabgeht, voll unscheinbarer Örter, wo die Träume münden. Am Tag gehen wir nichtsahnend an ihnen vorüber, kaum aber kommt der Schlaf, so tasten wir mit geschwinden Griffen zu ihnen zurück und verlieren uns in dunklen Gängen. Das Häuserlabyrinth gleicht am hellen Tag dem Bewußtsein; die Passagen (die in ihr vergangenes Dasein führen) münden Tagsüber unbemerkt in die Straßen. Nachts unter den dunklen Häusermassen aber springt ihr kompakteres Dunkel erschreckend heraus und der späte Passant hastet an ihnen vorüber, es sei denn, daß wir ihn zur Reise durch die schmale Gasse ermuntert haben."[11]

Jerry Berndts Fotografien zeigen Ansichten aus diesen Labyrinthen mit ihren Häusern, Plätzen und Gängen, die deren Bewohner im Wachen kaum nachvollziehbaren, im Schlaf aber zwingenden Logiken folgen. Wie mit „schwarzem Licht" aufgenommen, erscheinen die Bilder der Nacht als Negativ des Tages. Sie gestalten ein urbanes Unbewusstes, für das jedes Detail wichtig sein kann und also sichtbar werden muss. Weil die Aufnahmen bar jeder Bewegung sind, treten die vielen Objekte als Einzelheiten hervor; in der Nacht funktionslos geworden – wen adressiert eine Schaufensterpuppe? welche Zeit soll die Parkuhr messen? –, beginnen sie selbstbezüglich zu werden. Heterogen und eigensinnig entwickeln sie einen Sog, der den Blick immer tiefer in den Bildraum ziehen kann. So kann sich die Produktionsdauer der Fotografien ein zweites Mal entfalten: Die Langzeitbelichtung bringt Bilder hervor, die einer Betrachtung so lange standhalten, wie es für die Reise in die schmalen Gassen nötig ist.

Felix Hoffmann

[1] Diese Zuschreibung als erste fotografische Darstellung eines Menschen wurde immer wieder in Frage gestellt. Die Qualität als Zeit-Bild bleibt davon aber völlig unbetroffen.

[2] Vgl. Florian Ebner, "The Man of the Crowd and the Medium of the Masses. Frank Bergers fotografische Projektionen der äußeren Wirklichkeit", in: Felix Hoffmann (Hg.), *National Portrait Gallery* (Ausst.-Kat.), Berlin 2006.

[3] Es entstehen nahezu 200 Aufnahmen, von denen aber über 100 verworfen werden. Ca. 80 Fotografien bilden die Serie.

[4] Was sich natürlich auch an der Wahl der Technik zeigt. So verwenden Shore und Ruscha Kleinbildkameras, Berndt in diesem Fall dagegen eine Mittelformatkamera mit Stativ.

[5] Jene Qualität haben auch die Land Art Künstler der 1970er und 80er Jahre zu einer Grundlage ihrer Arbeitsweise erklärt, da nur an einem bestimmten (geografischen) Ort ein „site specific work" entstehen konnte. Man denke an den „Roden Crater" von James Turrell oder das „Lightning Field" (1977) von Walther De Maria.

[6] Vgl. Walter Benjamin, *Das Kunstwerk im Zeitalter seiner technischen Reproduzierbarkeit.* Dritte Fassung, hg. v. Rolf Tiedemann & Hermann Schweppenhäuser, Frankfurt am Main 1991, Band I, 2, S. 485.

[7] Mit Atget gibt es einige andere formale und inhaltliche Berührungen. So tauchen bei Berndt auch immer wieder Häusereingänge auf, die auch bei Atget als Formensammlung im Kapitel „Verzierungen" vorkommen. Vgl. *Eugène Atget*, Bibliothèque National de France (Hg.) Berlin 2007, S. 183.

[8] Walter Benjamin, *Das Kunstwerk im Zeitalter seiner technischen Reproduzierbarkeit.* Dritte Fassung, hg. v. Rolf Tiedemann & Hermann Schweppenhäuser, Frankfurt am Main 1991, Band I, 2, S. 485.

[9] Vgl. den Text von Maik Schlüter. Berndt spricht immer wieder von der Qualität des „Squat" wozu es auch Bilder gibt, die denen der *Nite Works* durchaus nahe kommen.

[10] Natürlich gibt es in den Arbeiten von Berndt auch einen starken cinematografischen Bezug. Man denke an den „Film Noir" des französischen Kinos oder auch an Filme von Fritz Lang.

[11] Walter Benjamin, *Das Passagenwerk*, hg. v. Rolf Tiedemann & Hermann Schweppenhäuser, Band V, 1, Frankfurt am Main 1991, S. 135.

INSIGHT, ON SITE –
THE WORKING METHODS OF JERRY BERNDT

Time

With the advent of photography, the length of time required to produce a picture was, for the first time, loosed from the question of skill, that is, from the speed of the artist's hand in drawing, painting, or etching an image. Nevertheless, the photographic image still took time, and it still does today—in the beginning it required hours or minutes, then seconds, and now mere fractions of a second. The fact that these short exposure times were technically possible, however, did not mean they always produced the desired result. Indeed, by varying the aperture and the length of the exposure, very different qualities and stratifications can be visually evoked with the same object and in the same space. To put it differently: within certain parameters—which are mainly technically determined—and with constant external conditions, time has become the decisive variable for the photographic representation of a given object. In the technological history of photography, this represents not so much a *reduction* of the exposure time as it does the possibility for its *expansion*. The early photographs of cities, whose streets were populated only by the hazy outlines of figures, make it clear just how narrow this range of exposure latitude initially was: perhaps the best-known example is the shoe polisher and his customer in Daguerre's 1838/39 photograph of the "Boulevard du Temple" (Ill. 1). This image not only represents the first "plein air" photograph of a human being;[1] it also formulates questions about staged representation and aspects of the contingent and the accidental that remain potent issues to this day.[2]

When Jerry Berndt began to photograph his first street scenes for the series *Nite Works*[3] at the end of 1973, emulsions were available that would have made it possible to use extremely short exposure times in daylight. Berndt, however, took his pictures at night. By this point, even nighttime could have been turned to day by using artificial illumination such as spotlights and flashes, or Berndt could have used films with high-sensitivity emulsions. Instead, however, he chose to use a less sensitive film and expose it for a longer period of time, and thus to approach a mode of photography very similar to the one dictated by the technical conditions of early photography. Accordingly, his photographs contain no people; but rather shopping strips, sidewalk paving, entryways to houses, and other random elements. In this sense, Berndt's photographs are conceived more in sculptural than in painterly terms: as if the lack of light had transformed the nocturnal city from a user interface into a space of staggered depths and detailed contours. By coming into being in this way, the scene represented in the image commands a kind of attention that it never would otherwise have been accorded.

A parking meter stands like a modernist sculpture in the foreground of "Newport," New Hampshire, c. 1982 (ill. 2), one of the photographs from *Nite Works*. It is precisely aligned to form a continuous line with the corner of the movie theater marquee, which fills nearly the entire upper half of the image and advertises the film "Hurricane" on its right-hand side. Yet the dominance of this element does not flatten the other parts of the image, or reduce them to insignificance. Instead, the line functions as a scaffold on which Berndt captures, with his exposure technique, even the most minute material aspect of the scene before him—the irregularities of the concrete sidewalk, the brilliance of the chrome trim and light bulbs on the white marquee against the brick façade, and the glass display case where the film poster hangs. But the wealth of detail leads neither to confusion nor to an imposed sense of order: each individual element occupies its own space alongside the others.

In the late 1960s and early 1970s, numerous photographers, such as Robert Frank, Garry Winogrand, and Diane Arbus, began to occupy themselves with urban space in America—each in different ways. For Jerry Berndt, materiality and architecture formed the point of departure for his photographic explorations. At the same time, when looking at this work in the context of his other series, the question arises as to whether this approach reveals a narrative gesture, or whether he had adopted it to pursue conceptual questions of typology, seriality, and aesthetics.

Employing a distinctly conceptual language and for a relatively brief period of time in the 1960s, American artist Ed Ruscha produced photographic series exploring architectural structures. These works have their roots in early concept art, and show strong typologizing elements: for example, in his 34 photographs of large-scale parking lots taken from a bird's-eye perspective (1967), Ruscha appears particularly interested in the gridlike structures of the lines indicating the parking spaces, which create abstract forms in the juxtaposition and interplay of their fishbone-like patterns. Unlike Berndt, Ruscha planned each of his series from the outset as a book or leporello, having no major ambitions regarding the details of their technical execution.

Less from a conceptual approach than from a narrative perspective, Stephen Shore's series *American Surface* was produced in 1972–1973. Like in film stills from road movies, and in contrast to Ruscha, façades crop up here only occasionally, mingling with portraits and still lifes to form a larger narrative about lifestyles in the United States of the early 1970s. In diary-like form, the individual elements fit together to create ever-changing stories whose vibrant color palette reflects that of late-1960s painting. In Maryland in June 1972, Shore photographed numerous façades of businesses, in some cases just their display windows, with an eye for the absurd marketing strategies of small shop owners—whether in advertising for beach holidays with the slogan, "Think Vacation—Think Beneficial" or in a hairdresser's ad, "Without my hairstylist I couldn't have made it" (ill. 3 and 4 Stephen Shore, *Columbia*).

It is precisely in their shared interest in the incidental and peripheral factors that shape and affect our everyday lives that Shore and Berndt appear to overlap. Whereas Shore casts a fleeting glance, in which the the shadows cast by nearby objects or the framing of the shots sometimes appear random, Berndt chooses his settings precisely:[4] the distance between a garbage can (which strongly calls to mind the robot R2D2 from the 1977 film "Star Wars") and a parking meter in relation to a display window façade is carefully calculated to allow the wedding dress displayed in the window in "White Plains" to occupy the precise center of the image (ill. 7). The exposure time is calculated for the optimal effect, allowing the material qualities of the parking meter and garbage can to remain visible in the reflected light from the shop windows and not to fade away into dark silhouette. The nocturnal light sources are decisive dramaturgical elements: it is through them that everyday objects on the street come to life.

Place

Even before *Nite Works*, Berndt worked nights—although under much different circumstances. In the mid-1960s he was asked by the Laboratory of Community Psychiatry at Harvard University to deal with the subject of Boston's "Combat Zone," a red-light district in which violence, prostitution, and criminal activity were the order of the day. While Berndt also photographed street life during the day, his real focus here—as in the series "*Bar Rooms*," which he had begun previously—was on nightlife. A man and a woman sit in the half-light of a bar. He holds a glass in his right hand; she speaks to him from the side—a common, somewhat romantic situation (ill. 8). But when we follow his gaze, which seems directed at her upper body, and notice that she is black, we begin to speculate differently about the content of their conversation as one between prostitute and potential customer. The night and the dim lighting offer protection and isolate this pair from the other, presumably similar, guests at the bar. Berndt is dealing here not so much with "decisive moments" in the sense of Cartier–Bresson as with situations in which the atmosphere of a place—as a structure comprised of many different moments—condenses to the point of becoming tangible. Berndt's later work expands this photojournalistic working method in a conceptual direction with the *Nite Works*. Surprisingly, Berndt, like Shore, seems to have only a cursory interest in the people in his work; yet the two artists come together at the point where it becomes clear that this is the only way for them to grasp and describe the quality of a place. Thus, for Berndt, the object of *The Combat Zone* is not to present a journalistic narrative perspective on the happenings of a place; rather, in the community and simultaneous isolation of his subjects, defined by their attributes of alcohol and prostitution, he seeks to filter out what is specific to that place and thereby to reveal its essential character.[5] Berndt visualizes the events of these places (insight) through their unique characteristics and specific details, while at the same time bringing their innate character into the foreground, a form of "site-specific" work with conceptual origins, as in the work of Ruscha. But while Ruscha and Shore attained fame, Jerry Berndt's work remained almost completely unknown, and was neither published nor exhibited.

Night

The character of the place that in Berndt's work can be seen most vividly in the *Nite Works* is described by Walter Benjamin in his essay on the artwork, using the example of photographs taken of deserted streets by Eugène Atget, who around 1900 recorded the "old" Paris through its people, façades, and shopping arcades.[6] In 1912, Atget photographed the "Rue des Prêtres Saint-Séverin," (ill. 5) a narrow cobblestone alley whose endpoint is obscured by a bend in the road.[7] Benjamin described these photographs as crime scenes, evidence of a historical process.[8] His characterization of Atget's photographs, devoid of all human presence, applies also to Berndt's images: they apprehend a place in which everything comes to rest, where the life of the city has come to a standstill.

To move about in the night was something that came naturally to Berndt already in his childhood, growing up in his father's bar. After reporting about a trip to Cuba in 1969–1970, he was placed under investigation by the FBI. As a result, he moved in 1973 into a squatted house in Boston that he preferred to leave only under cover of darkness to avoid observation.[9] Everyday life was transformed into night life. This period of time was not only one of a rupture with his social environment, in which friendships became nearly impossible and began to deteriorate, but—with the *Nite Works* series—it also marked a new photographic beginning and a culmination of his previous work.

Berndt continued his work later in other cities. On nomadic wanderings through deserted streets in Boston, Warsaw, and Cuba, he sought neighborhoods with relatively commonplace architecture and urban furnishings reduced to pure functionality: "Boston, MA" (c. 1972) shows an alley or, rather, its terminus. The street glitters icily with puddles; a metal post at

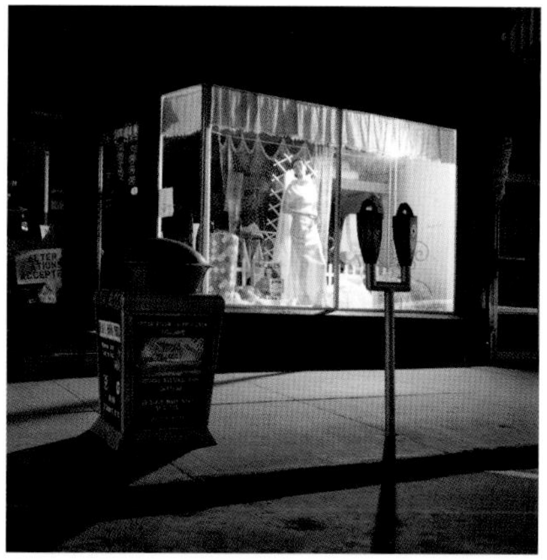
7

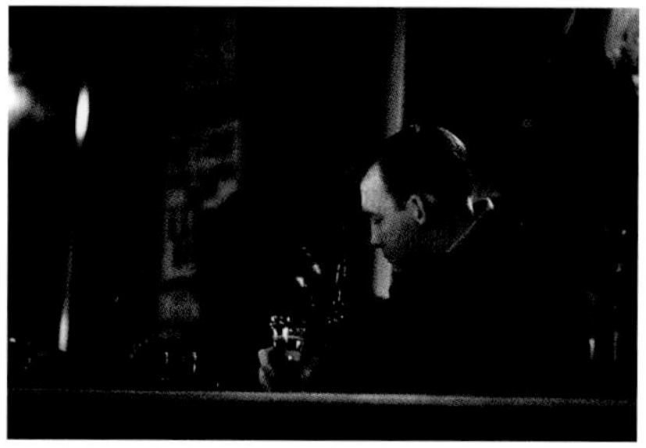
8

Above: White Plains, c. 1985
Lower: Boston, 1969

the bottom of a curbstone casts a long shadow up into the picture from the left (ill. 6). The elongated shadows on the facades emphasize their foreshortened perspective, and there, where one might hope for an outlet, the fire escape has been pulled up out of reach. The gaze becomes entangled in the indecipherable writing on an illuminated sign.[10] A road to nowhere—much like Atget's "Rue des Prêtres Saint-Séverin" and that also means: a road to anywhere, a passage like any other, of which Benjamin said: "One knew of places in ancient Greece where the way led down into the underworld. Our waking existence likewise is a land which, at certain hidden points, leads down into the underworld—a land full of inconspicuous places from which dreams arise. All day long, suspecting nothing, we pass them by, but no sooner has sleep come than we are groping our way back to lose ourselves in the dark corridors. By day, the labyrinth of urban dwelling resembles consciousness; the arcades (which are galleries leading into the city's past) issue unremarked on to the streets. At night, however, under the tenebrous mass of the houses, their denser darkness protrudes like a threat, and the nocturnal pedestrian hurries past—unless, that is, we have emboldened him to turn into a narrow lane." [11]

Jerry Berndt's photographs show views from these labyrinths, with their houses, squares, and alleys, whose rationales the inhabitants can hardly comprehend upon waking, but in sleep are compelled to follow. The pictures of the night appear as if they were shot with "black light," like negatives of the day. They give shape to an urban unconscious, for which each detail can be significant and therefore must be made visible. Because the photographs are devoid of all movement, their numerous objects come into view as individual details. Having become functionless in the night—Who is the manequin in the shop window addressing? What time can the parking meter possibly measure?—they start to become self-referential. Heterogeneous and intractable, they develop an undertow that can draw the gaze ever deeper into the sharply contoured space of the image. Here, the duration of the photographs' production can unfold a second time: the prolonged exposure produces pictures that withstand contemplation for as long as it takes to journey into their narrow alleys.

Felix Hoffmann

[1] This attribution as the first photographic representation of a human being has been repeatedly called into question. In no way, however, does this affect it's quality as a portrait of the age.

[2] See Florian Ebner, *The Man of the Crowd and the Medium of the Masses. Frank Bergers fotografische Projektionen der äußeren Wirklichkeit* [exhibition catalog], ed. Felix Hoffmann and National Portrait Gallery (Berlin, 2006).

[3] Almost 200 photographs were created, of which over 100 were discarded. The series comprises about 80 photographs.

[4] Which is reflected, of course, in the choice of technique. Shore and Ruscha use small-format cameras, while in this case Berndt uses a medium-format camera with a tripod.

[5] Artists of the 1970s and 1980s associated with Land Art also declared that quality to be a foundational element of their practice, since a "site-specific work" could only arise in a specific (geographical) place. One might think in this context of of James Turrell's "Roden Crater" or the "Lightning Field" (1977) by Walter De Maria.

[6] See Walter Benjamin, "The Work of Art in the Age of Mechanical Reproduction," (Third version) in *Illuminations,* trans. Harry Zohn (New York: Schocken Books, 1968), p. 226.

[7] There are several other formal and thematic points of overlap with Atget. House entrances, for example, surface repeatedly in Berndt's work and are found in Atget's work as well. See the collection of forms in the chapter on "Verzierungen" in *Eugène Atget: Retrospektiv*, ed. Bibliothèque National de France (Berlin: Nikolai, 2007), p. 183.

[8] Benjamin, "Work of Art," p. 226.

[9] See text by Maik Schlüter. Berndt speaks over and over again about the character of the squat, of which there also exist photographs that are similar to those in *Nite Works*.

[10] Naturally, there is also a strong cinematographic aspect to Berndt's work, one might think here of French *film noir* or the films of Fritz Lang.

[11] Benjamin, *The Arcades Project*, ed. Rolf Tiedemann, trans. Howard Eiland and Kevin McLaughlin (Cambridge, Mass: Harvard UP/Belknap Press, 1999), p. 84.

NITE WORKS

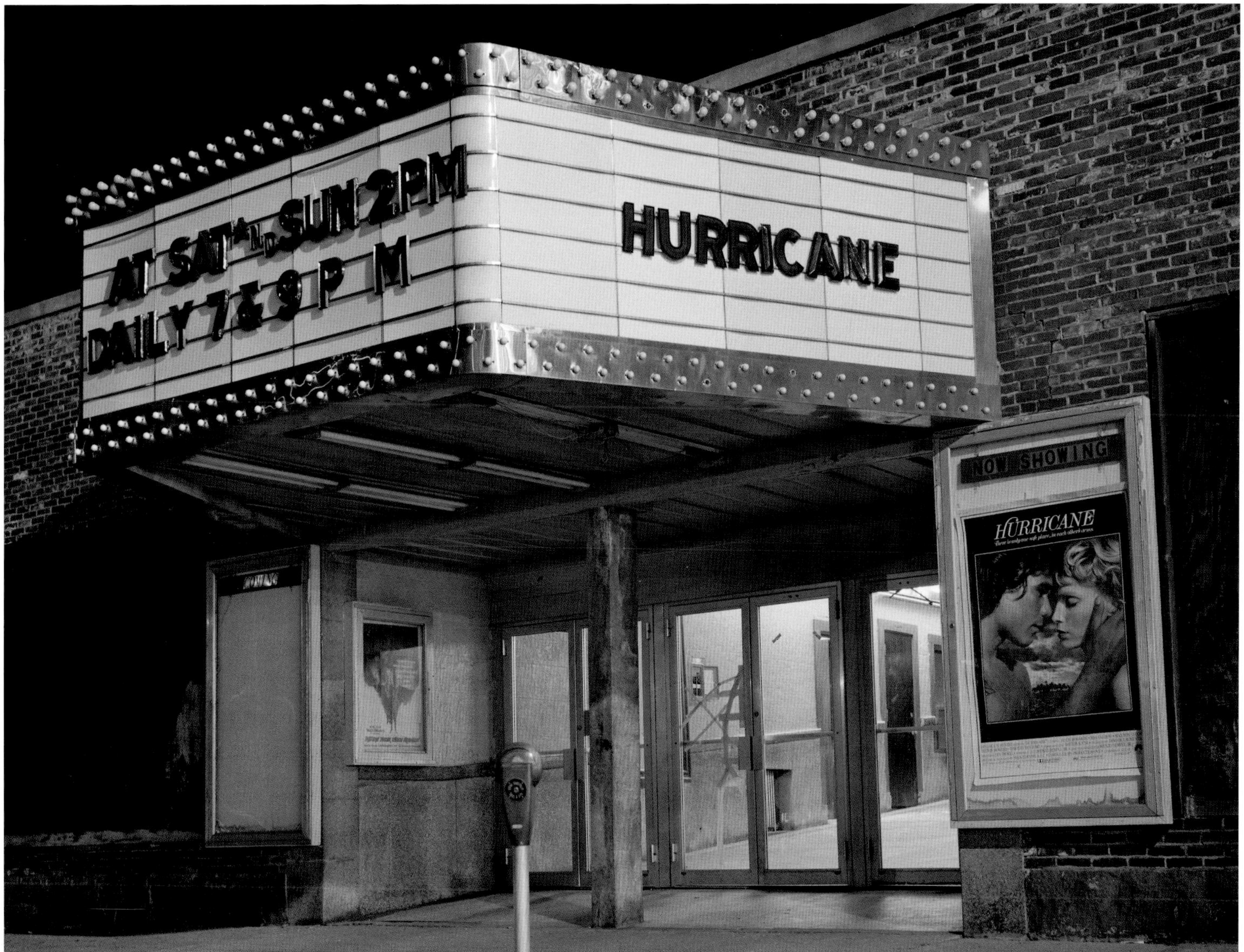
AT SAT AND SUN 2PM
DAILY 7&9 P M
HURRICANE
NOW SHOWING
HURRICANE

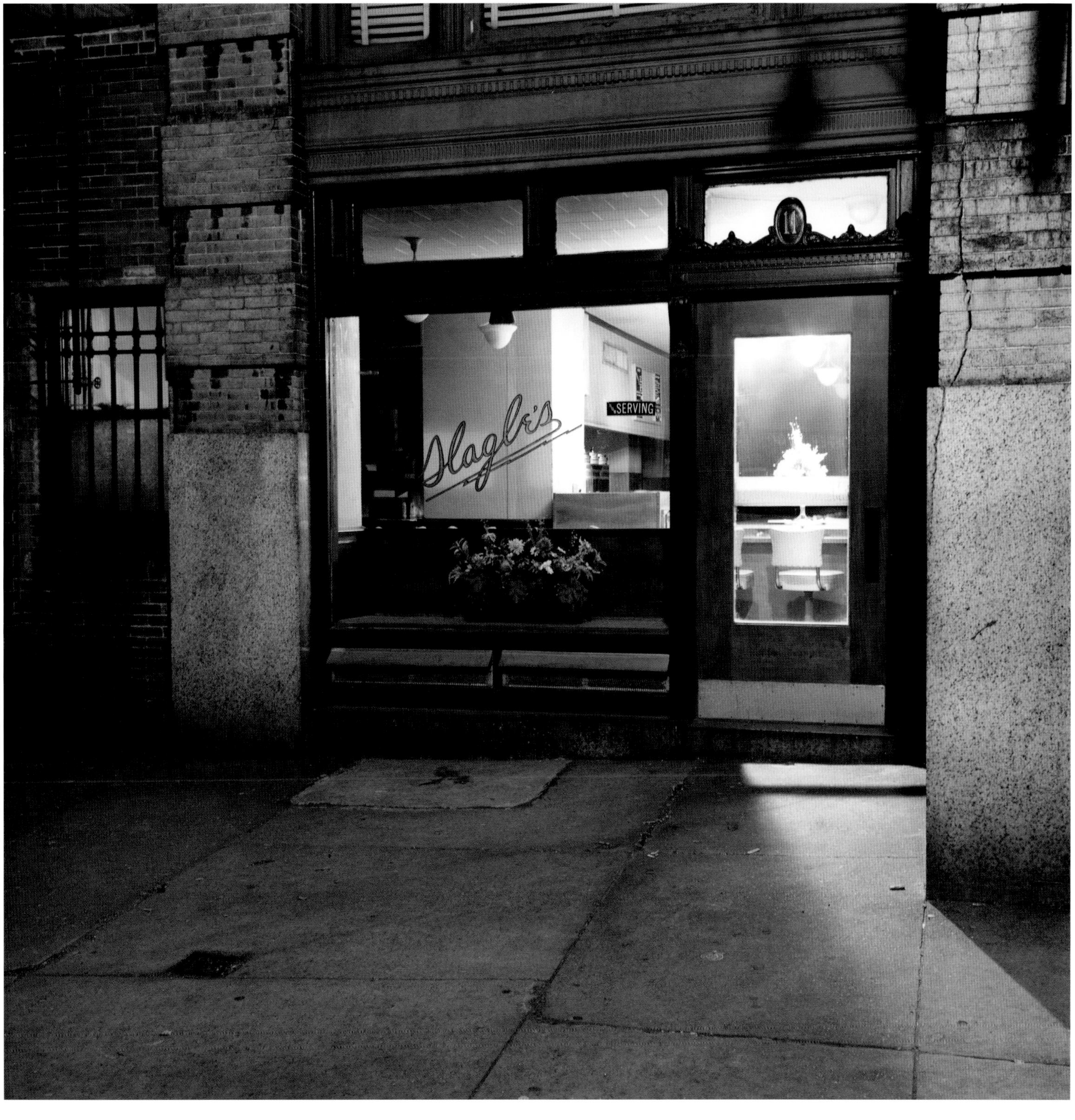
11
Slagle's
SERVING

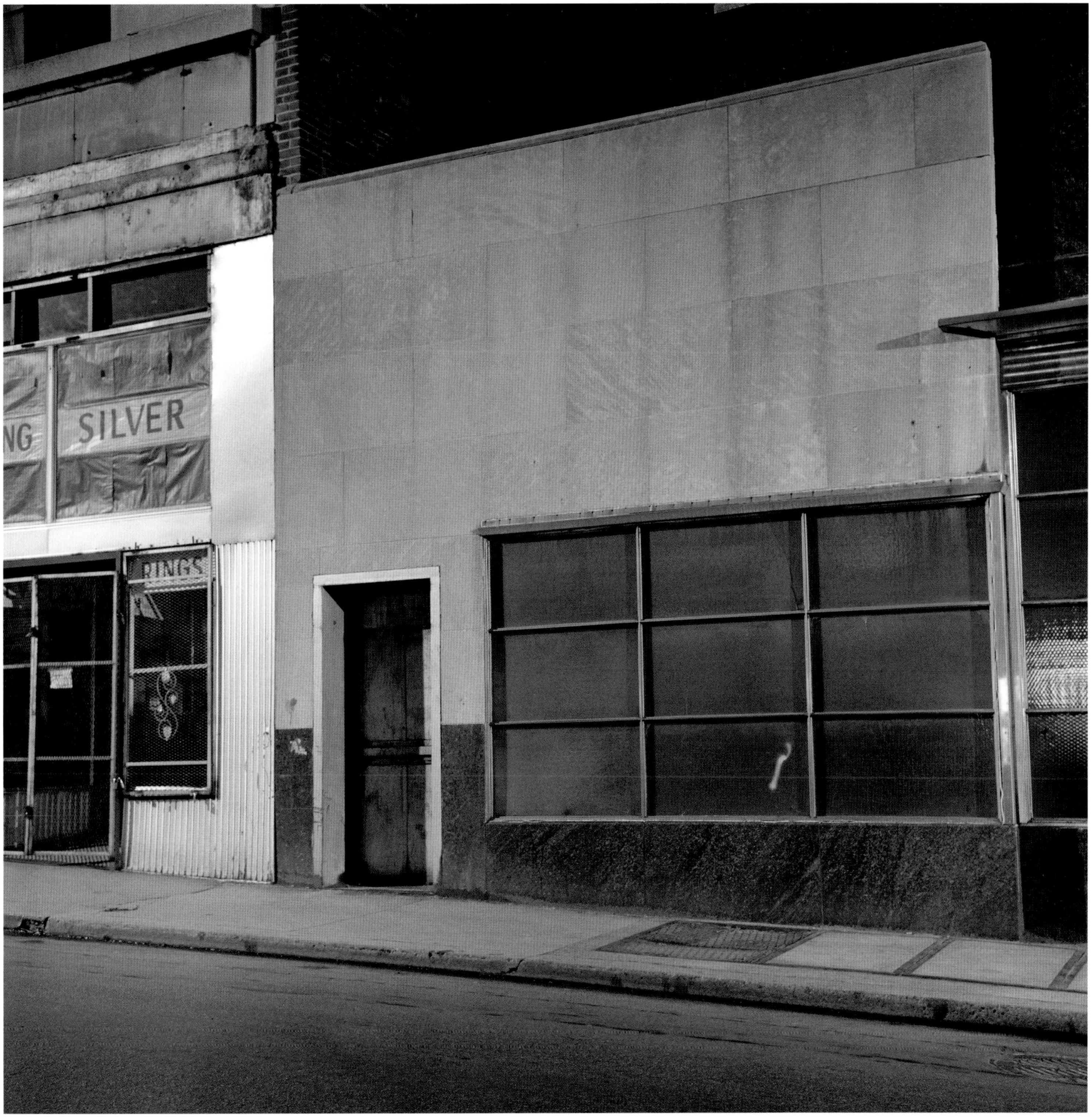
NG SILVER
RINGS

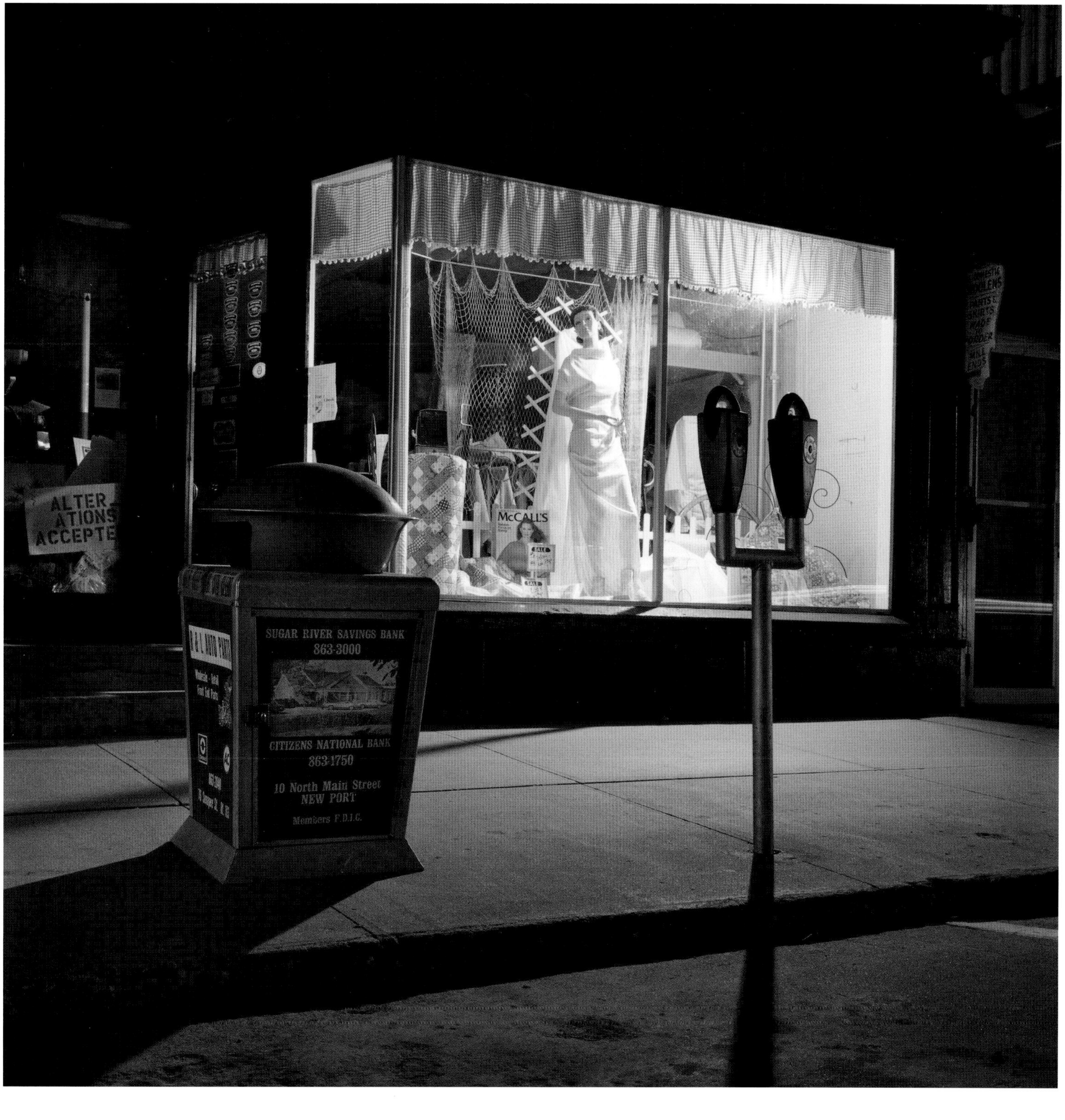
ALTER
ATIONS
ACCEPTE
McCALL'S
SUGAR RIVER SAVINGS BANK
863-3000
CITIZENS NATIONAL BANK
863-1750
10 North Main Street
NEW PORT
Members F.D.I.C.

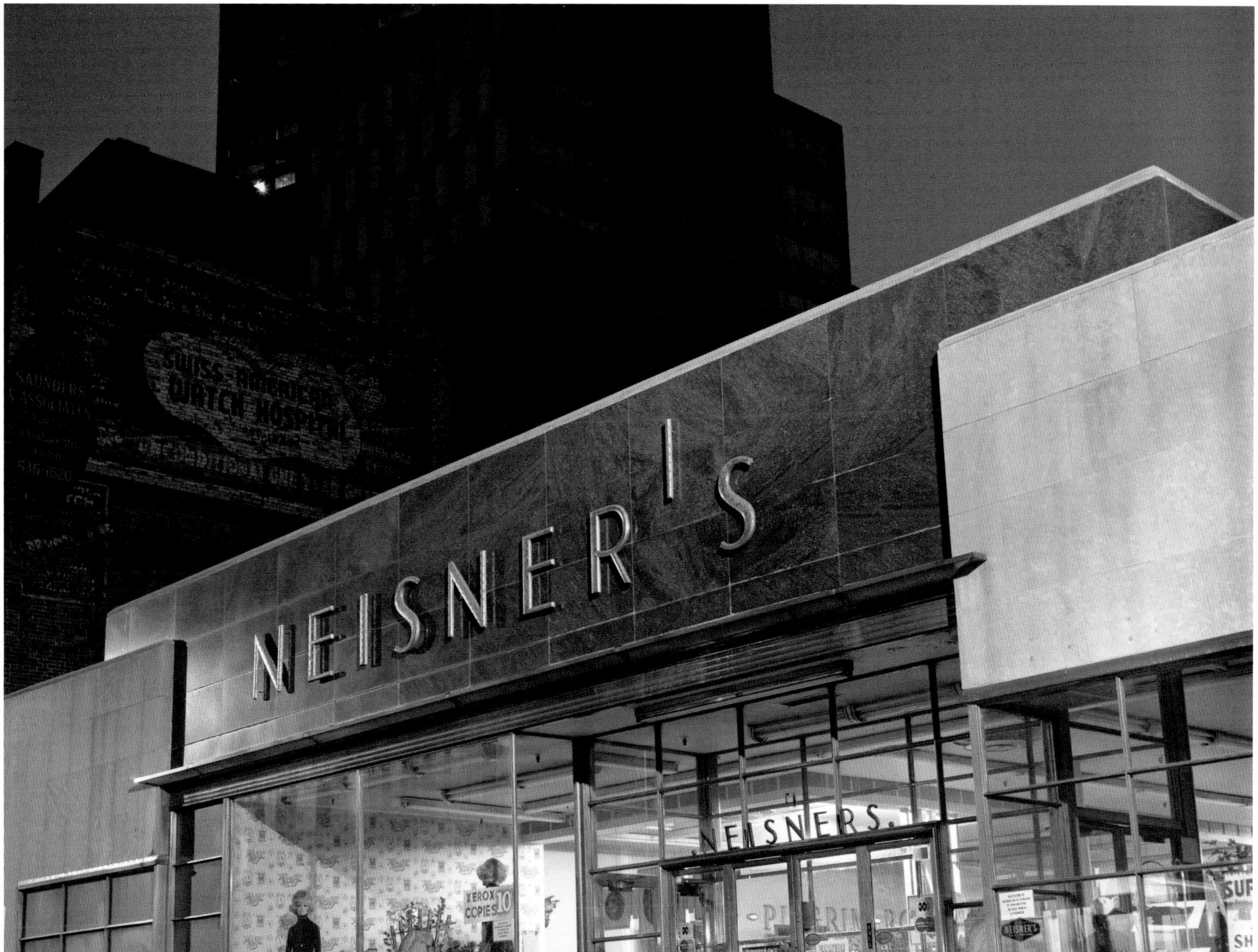
NEISNER'S
NEISNERS.
XEROX
COPIES 10

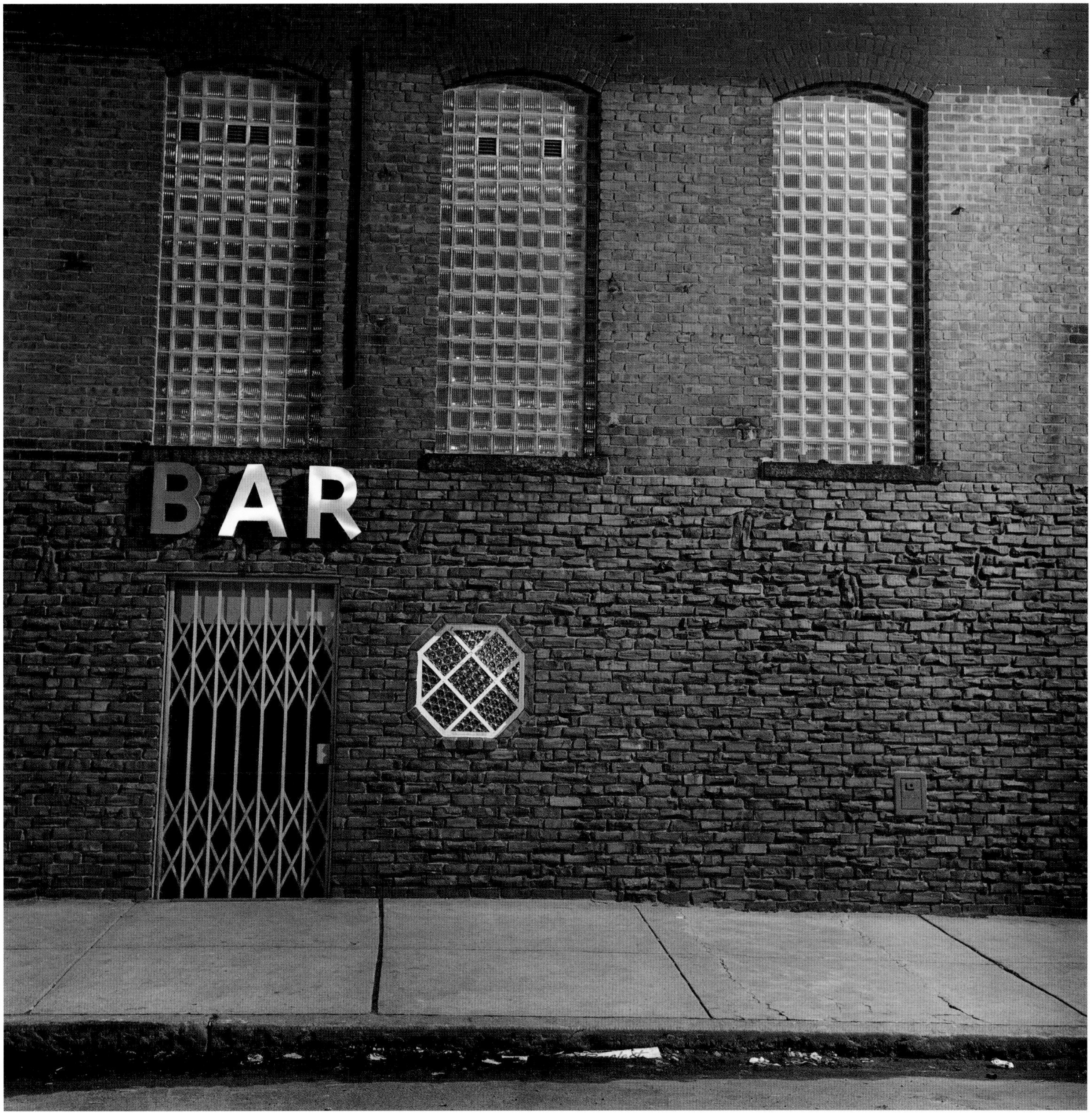
BAR

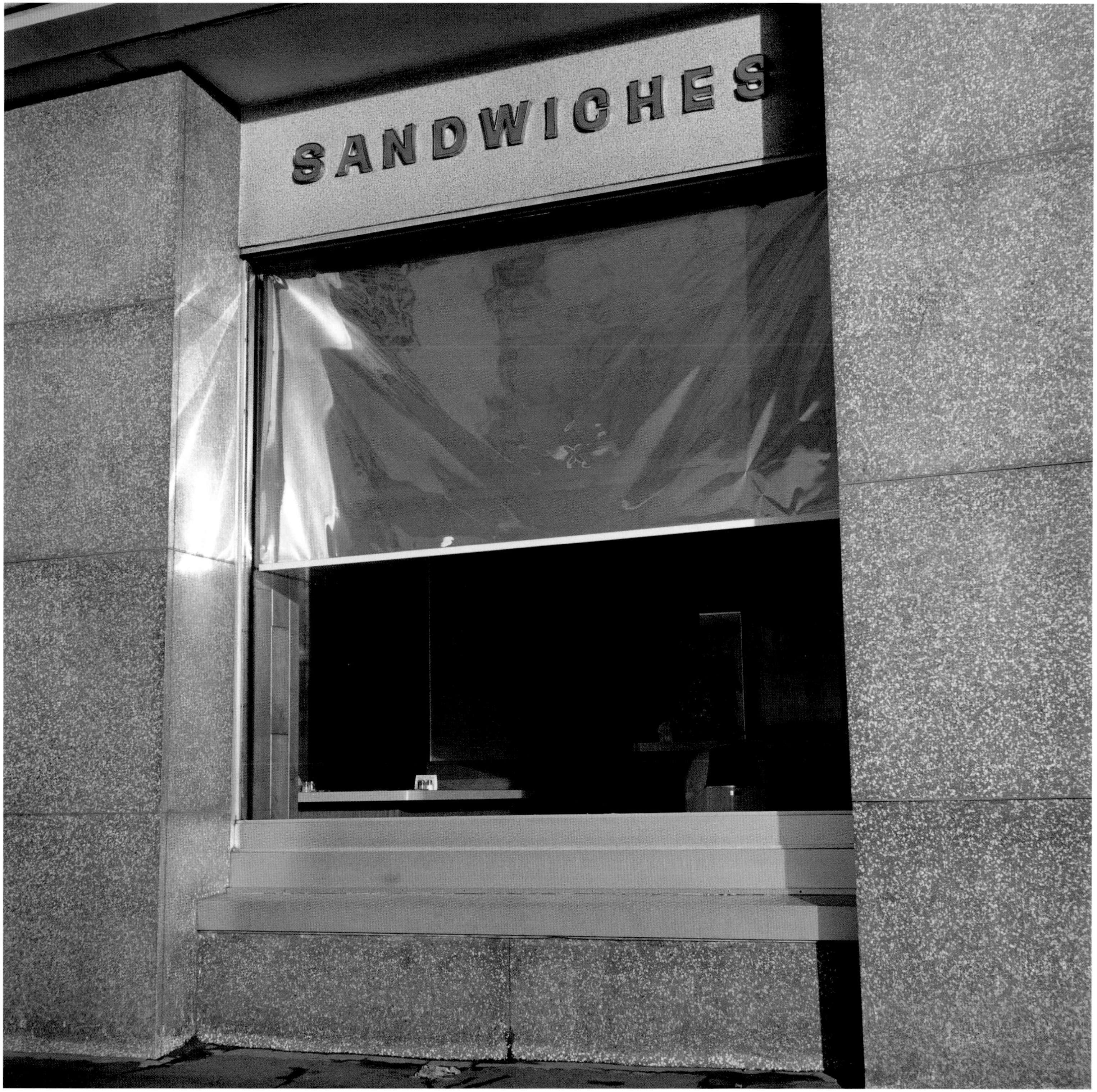
SANDWICHES

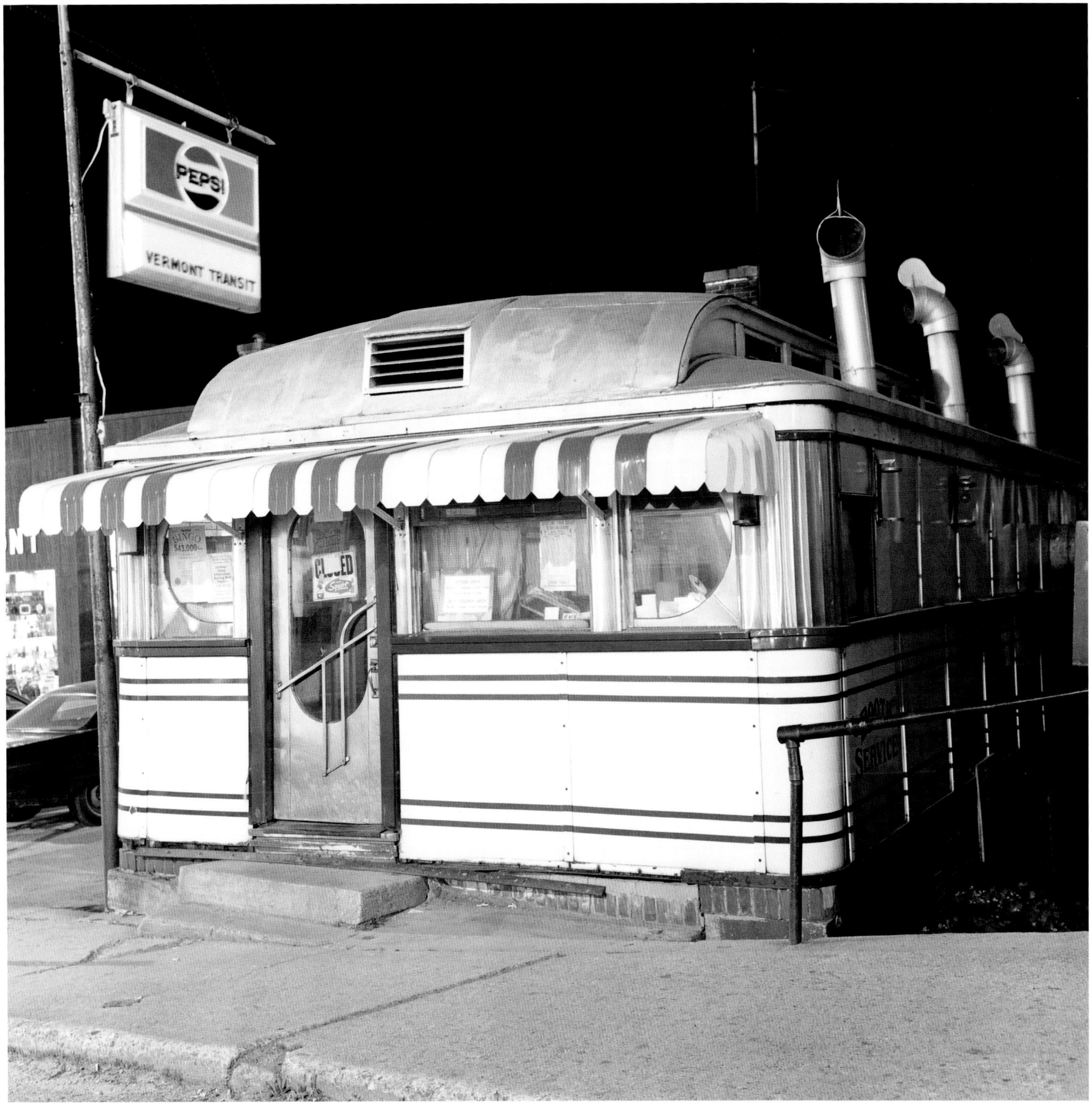
PEPSI
VERMONT TRANSIT
CLOSED

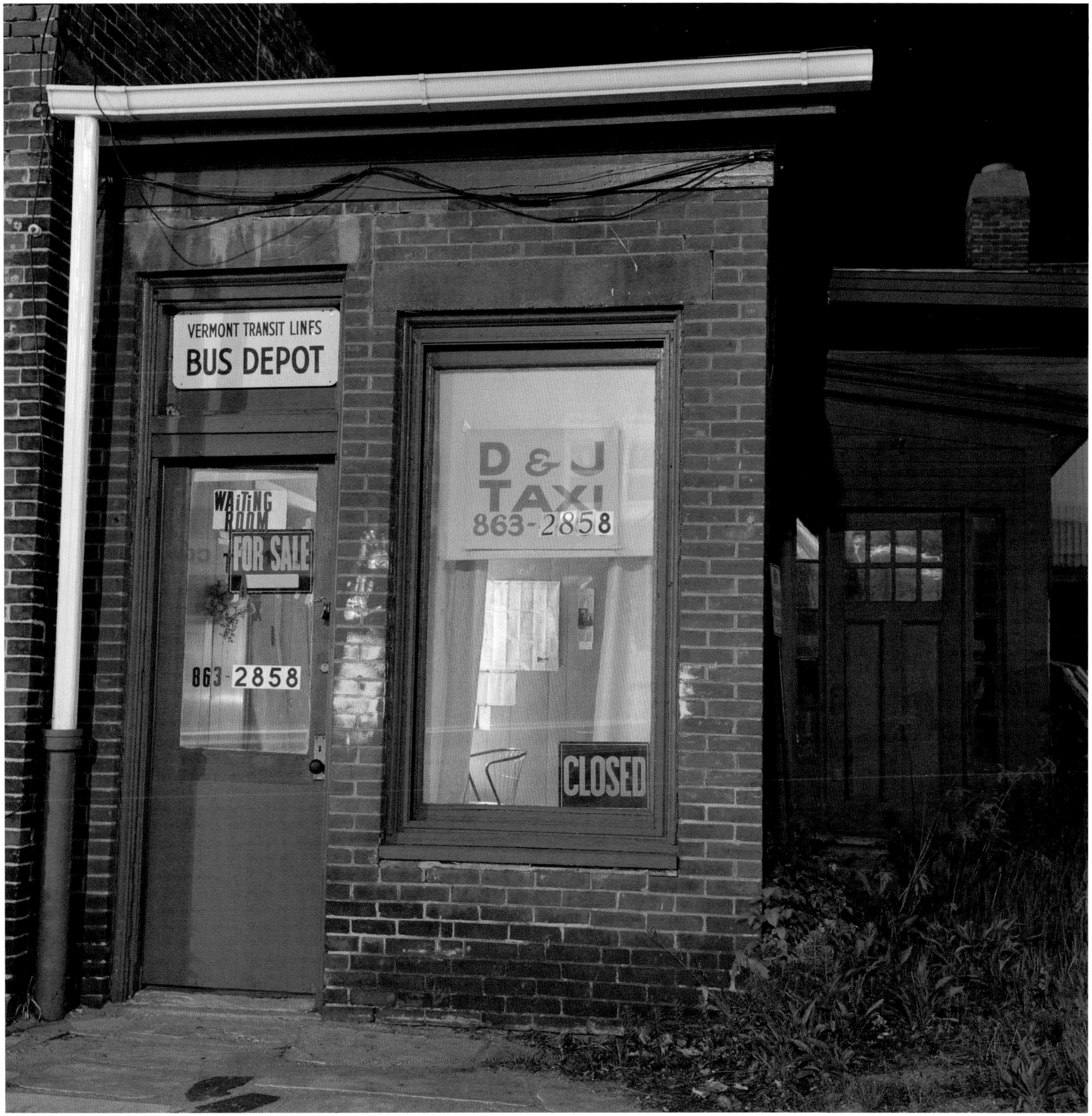
VERMONT TRANSIT LINFS
BUS DEPOT
WAITING ROOM
FOR SALE
863-2858
D & J
TAXI
863-2858
CLOSED

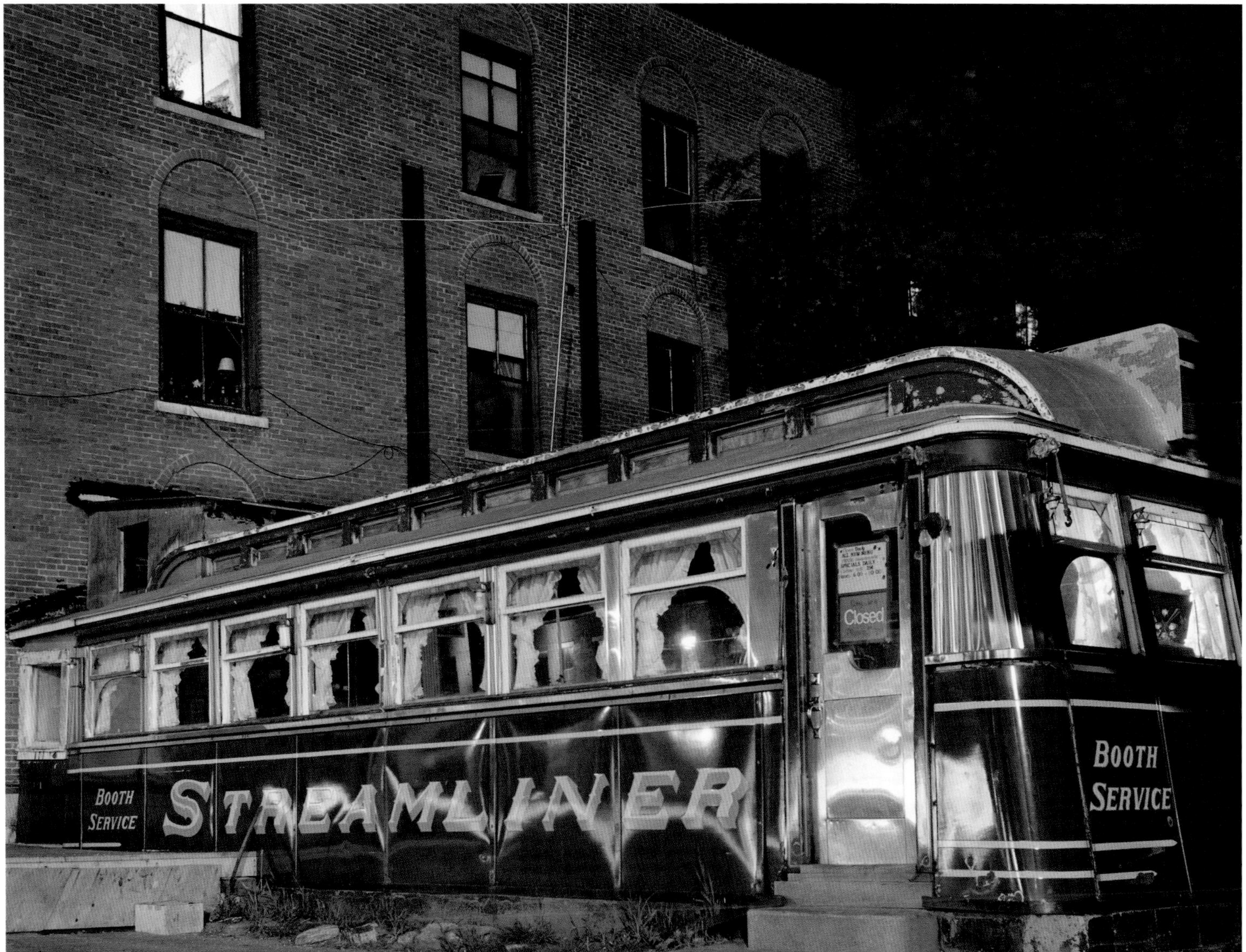
BOOTH
SERVICE
STREAMLINER
Closed
BOOTH
SERVICE

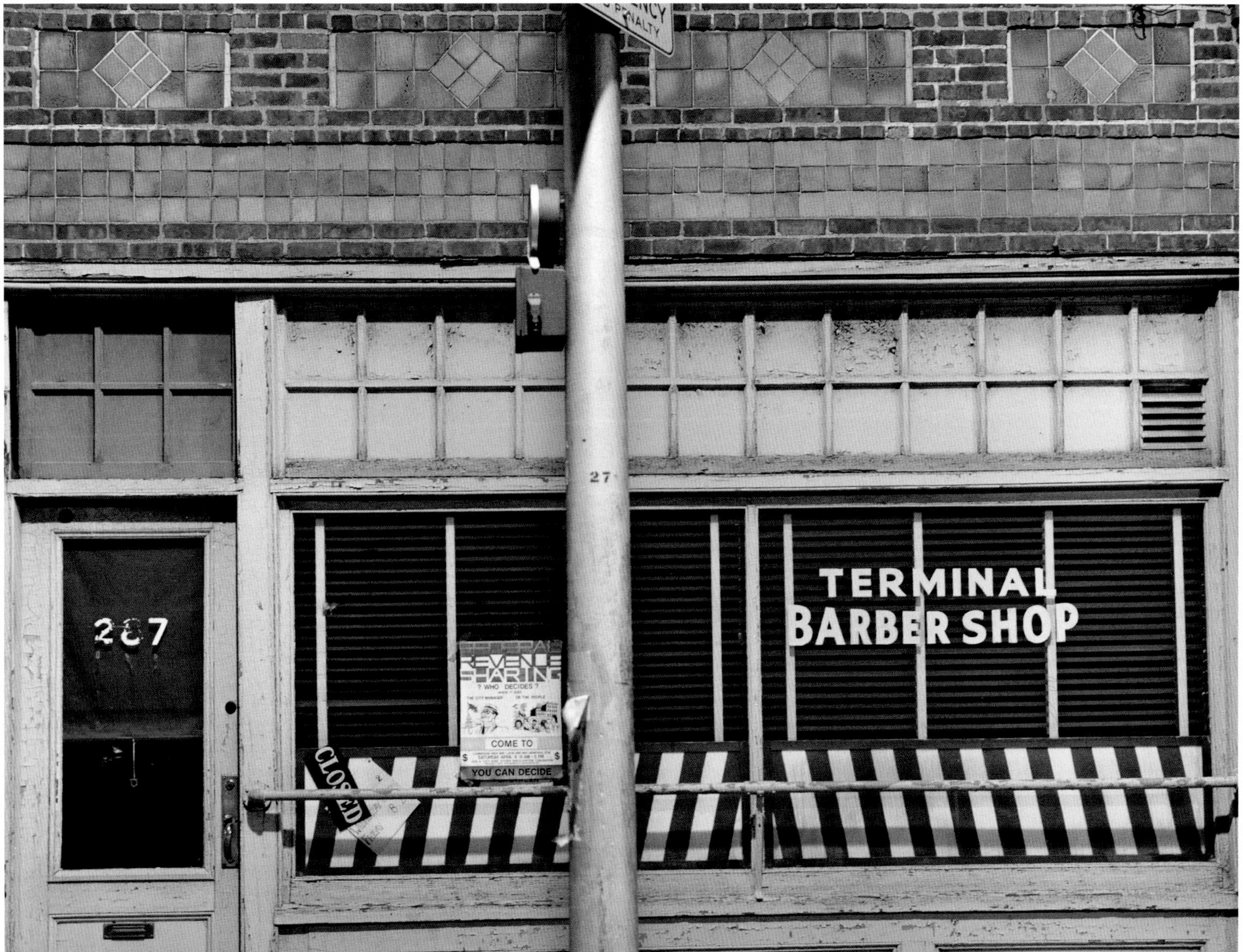
TERMINAL
BARBER SHOP
CLOSED
? WHO DECIDES ?
COME TO
YOU CAN DECIDE

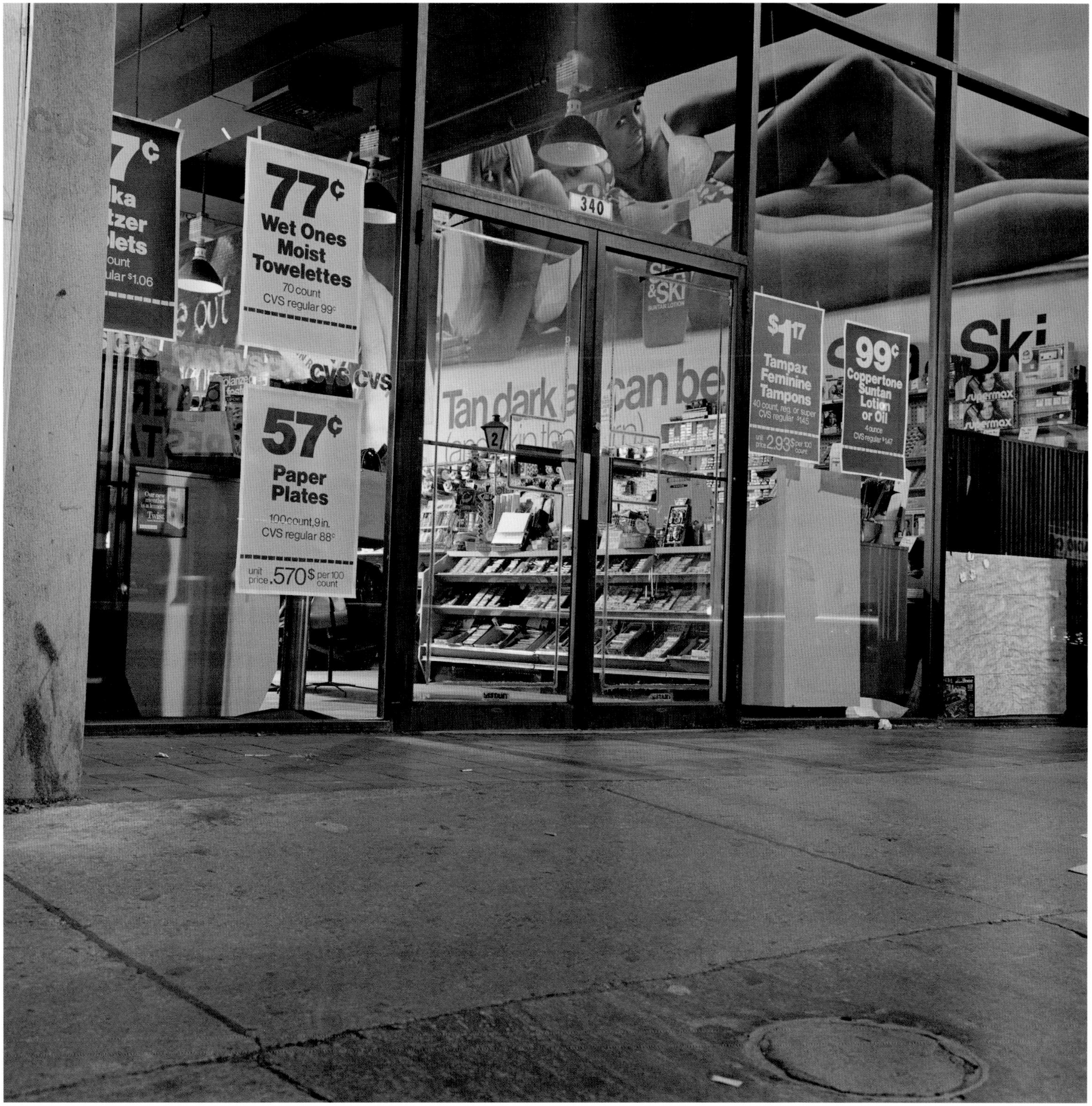
77¢
Wet Ones Moist Towelettes
70 count
CVS regular 99¢
57¢
Paper Plates
100 count, 9 in.
CVS regular 88¢
unit price .570$ per 100 count
340
$1.17
Tampax Feminine Tampons
CVS regular $1.45
99¢
Coppertone Suntan Lotion or Oil
4 ounce
CVS regular $1.47
CVS CVS

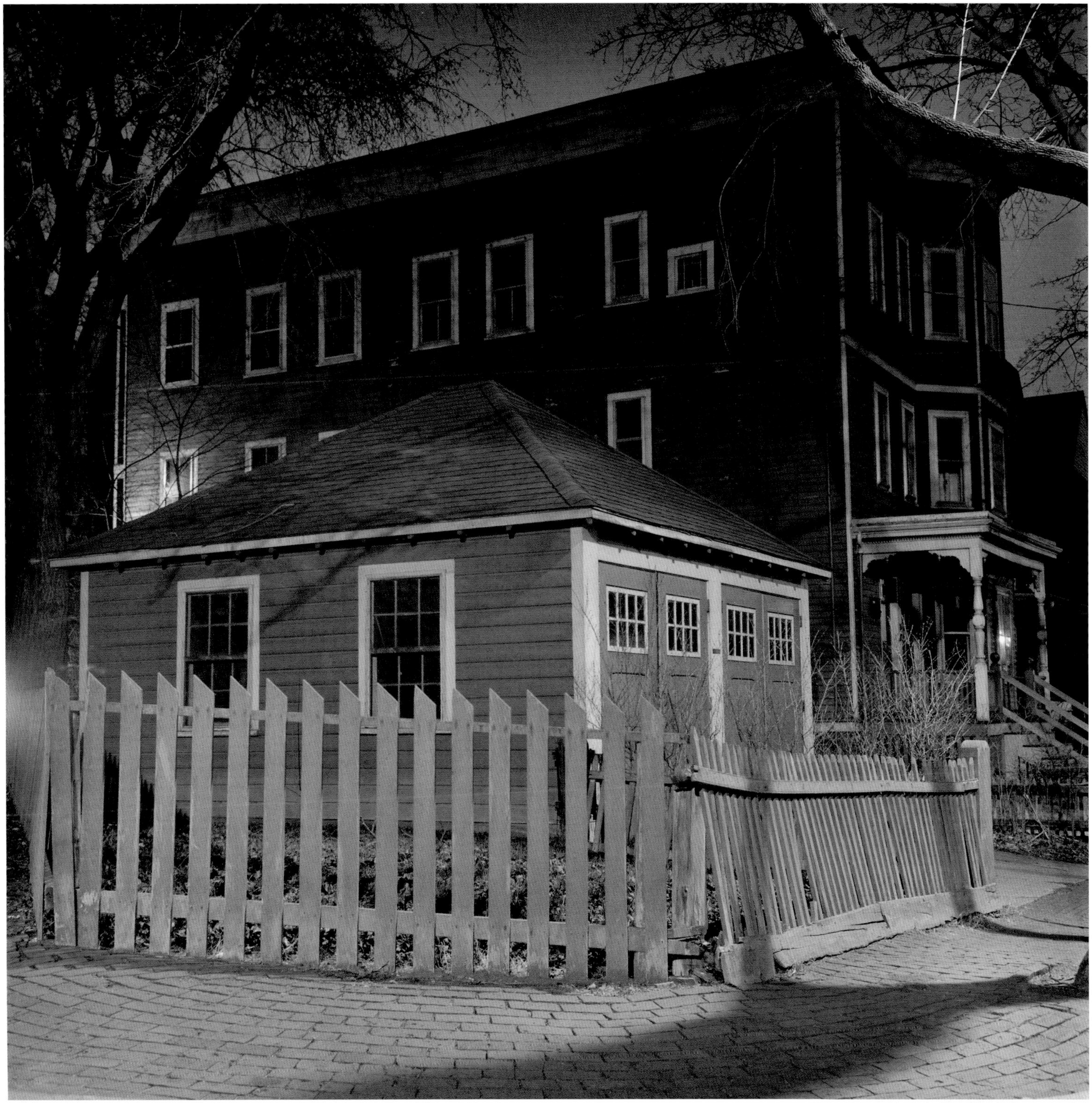

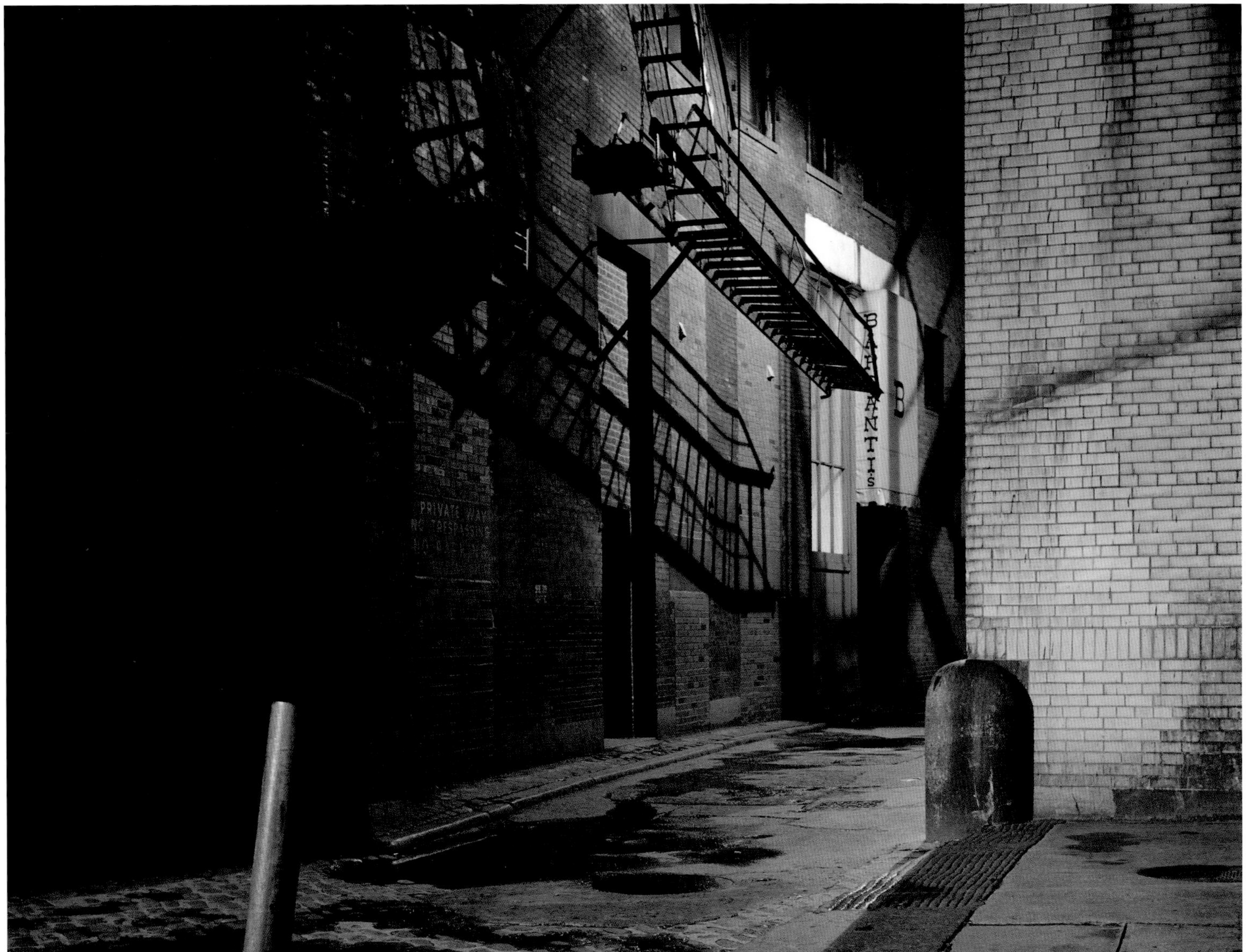
PRIVATE WAY

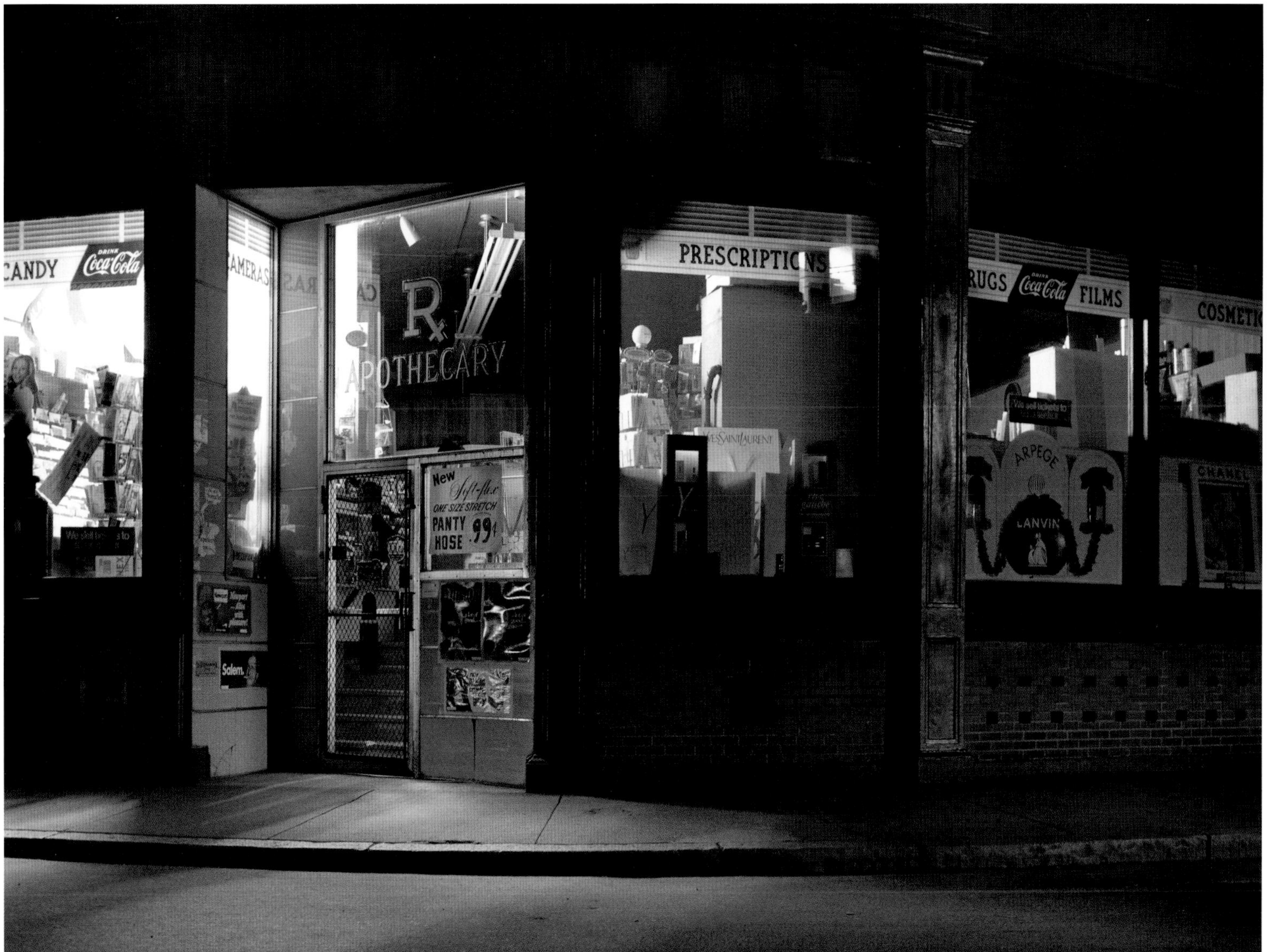
CANDY
Coca-Cola
APOTHECARY
New
ONE SIZE STRETCH
PANTY HOSE 99¢
Salem
PRESCRIPTIONS
Coca-Cola
FILMS
ARPEGE
LANVIN

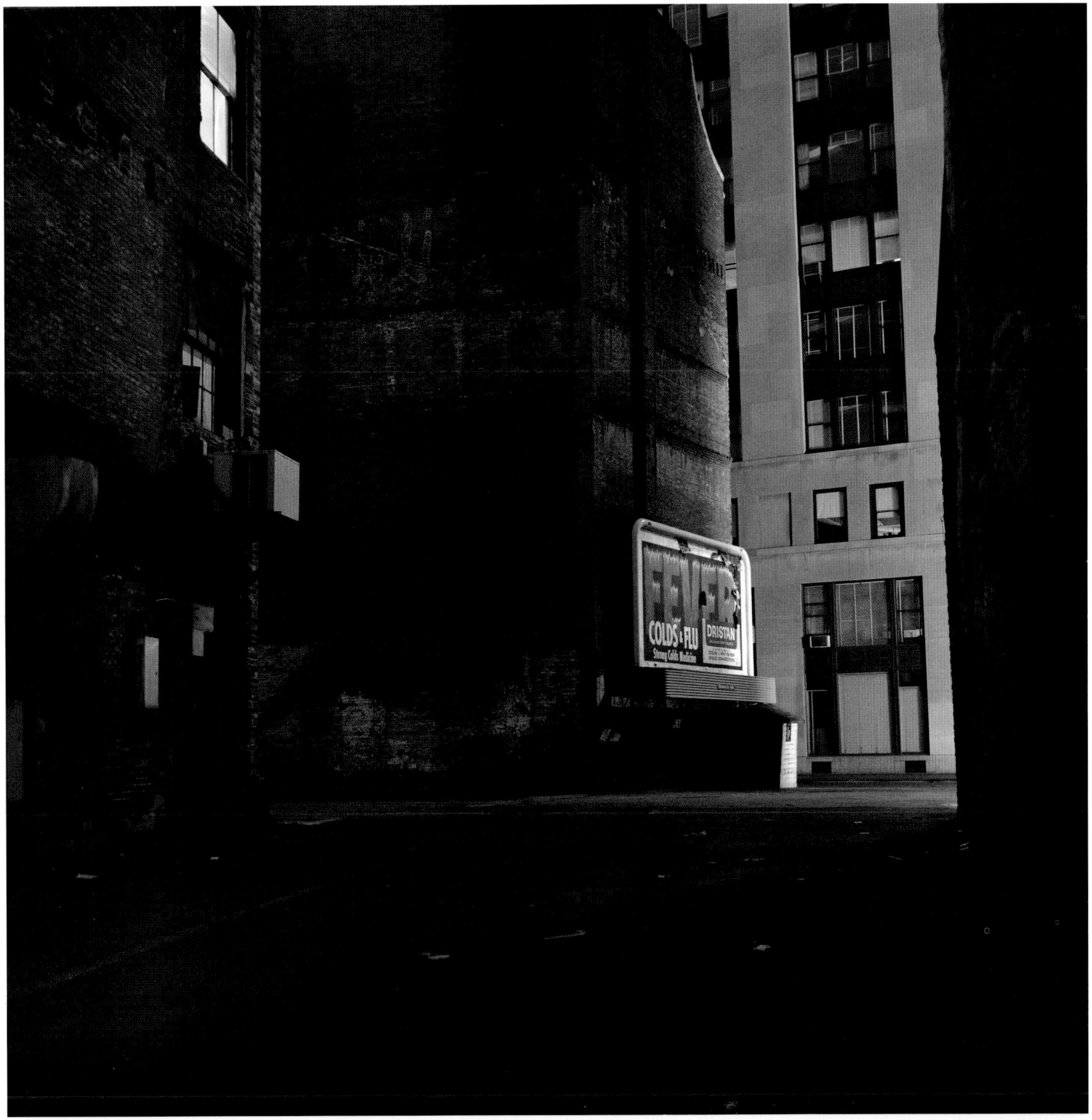

Boston · 1973

J. Berndt

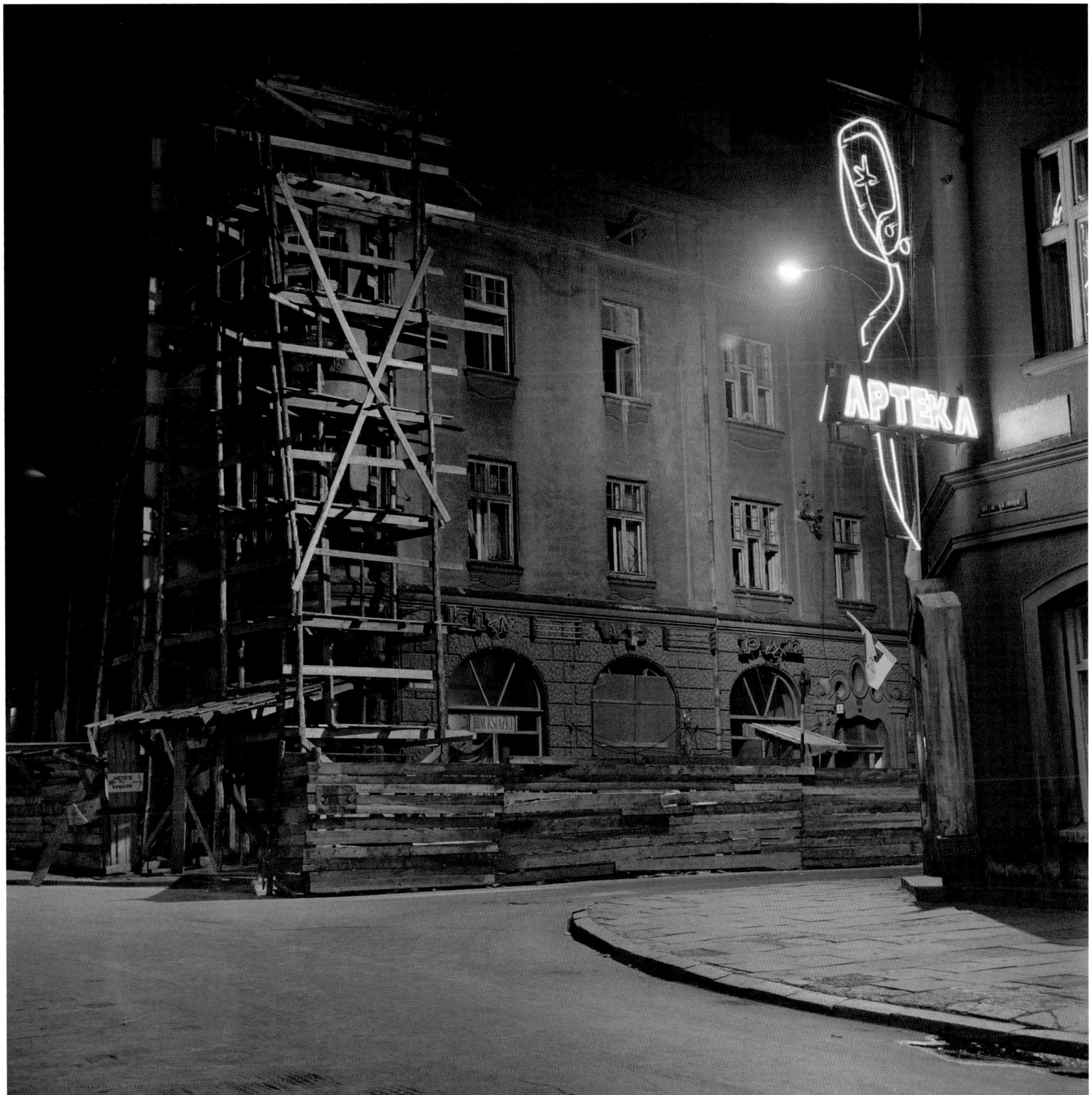
APTEKA

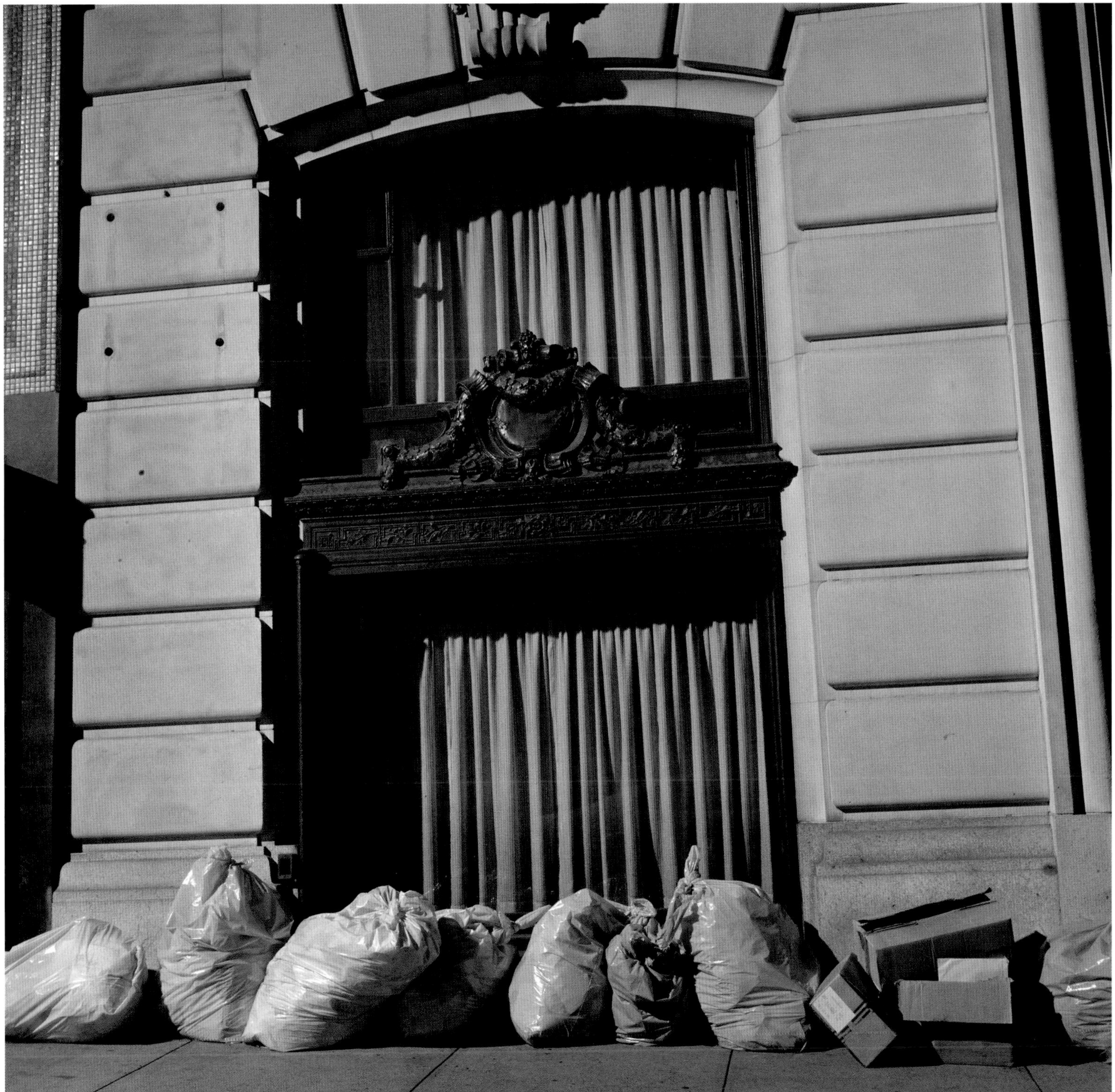

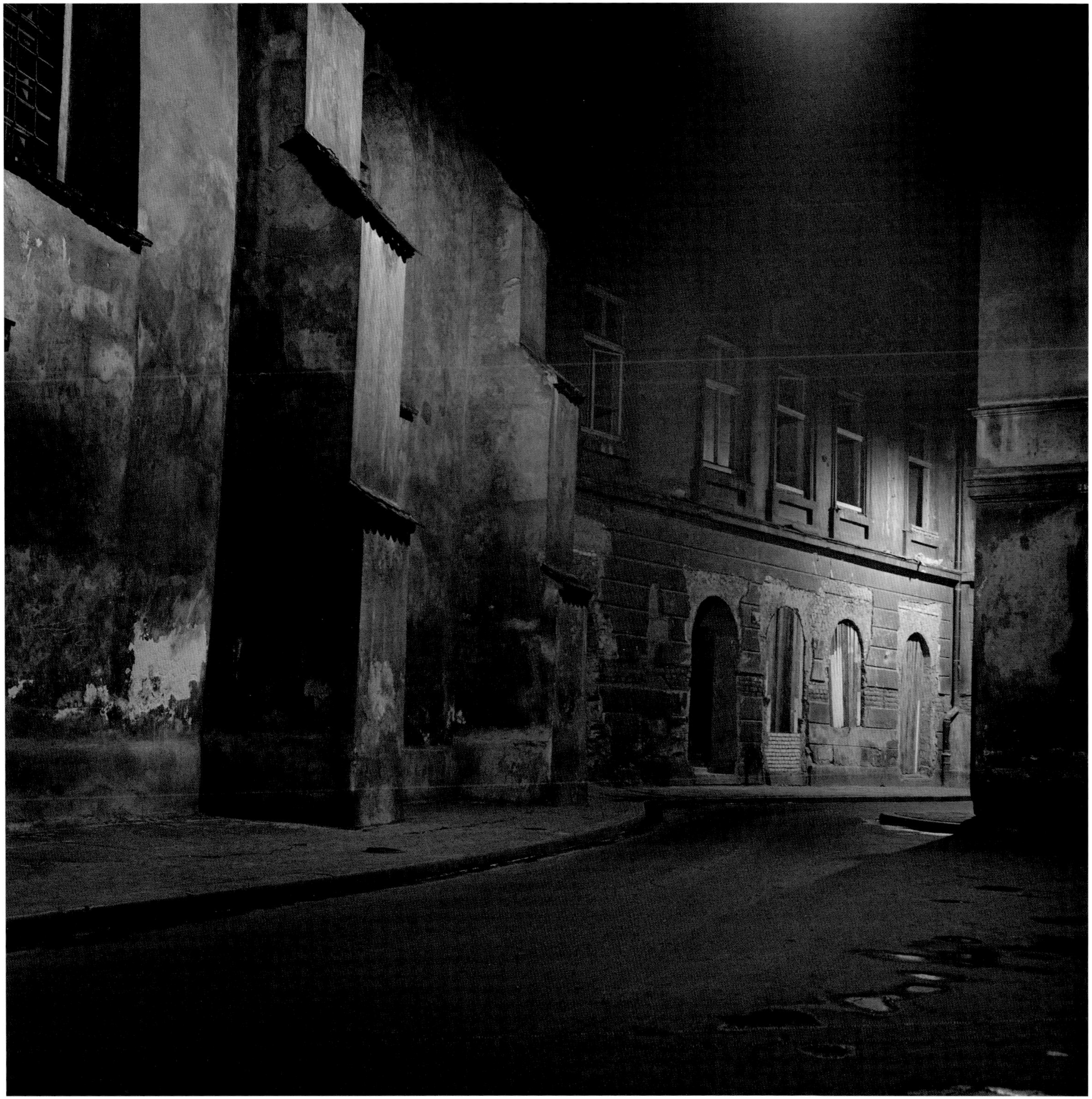

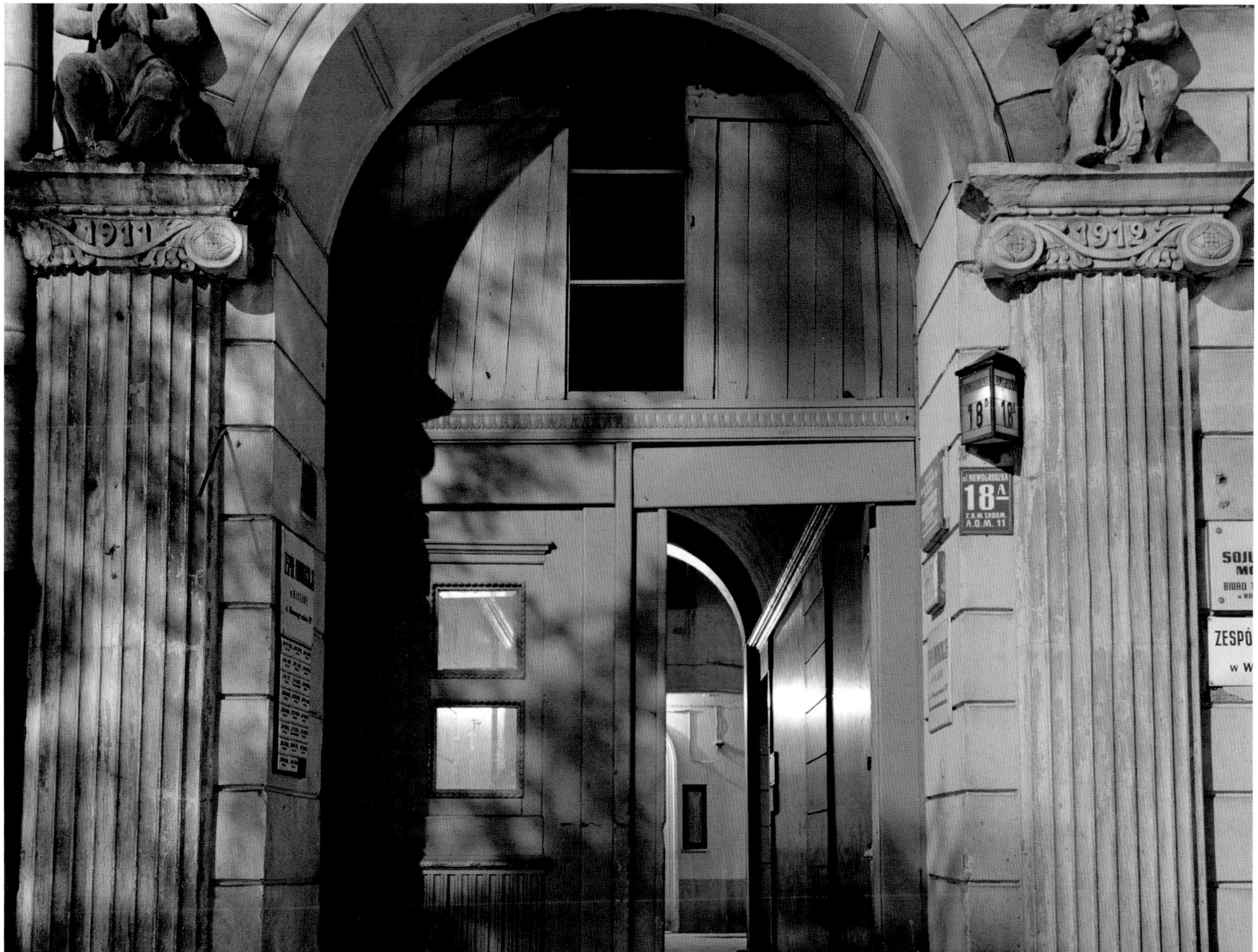
1911
1919
ul. NOWOGRODZKA
18A
A.D.M. 11
ZESPÓ

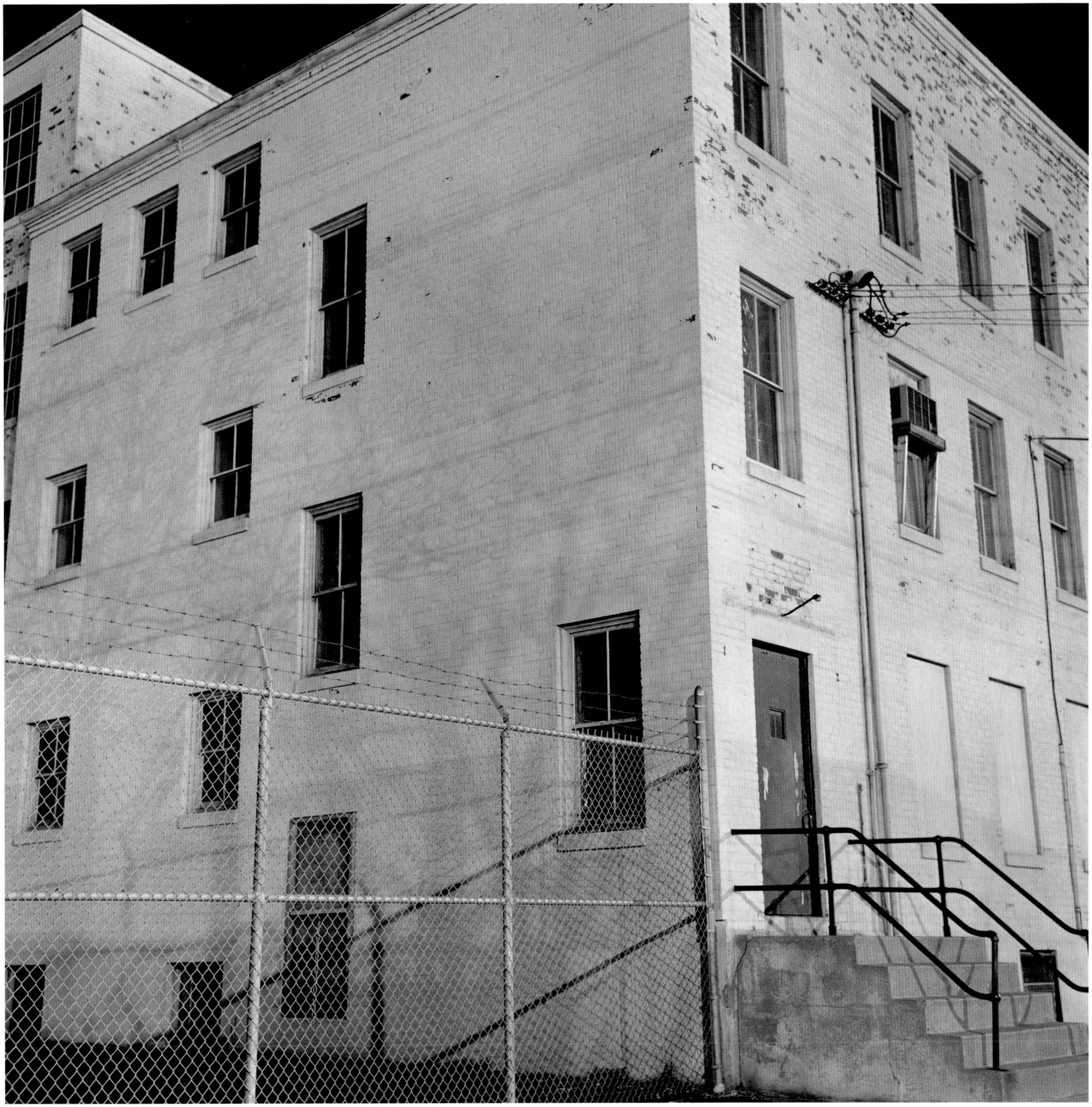

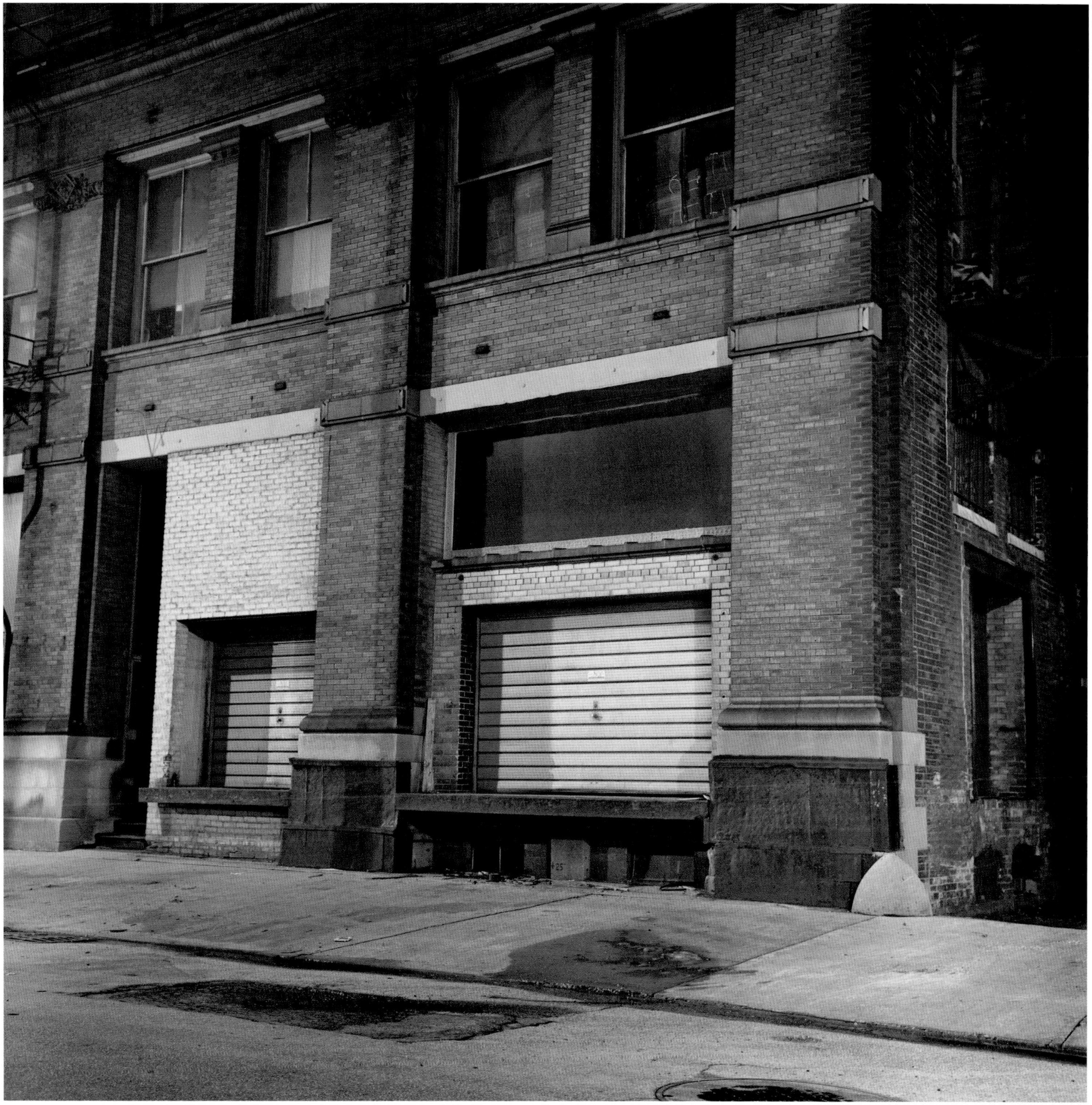

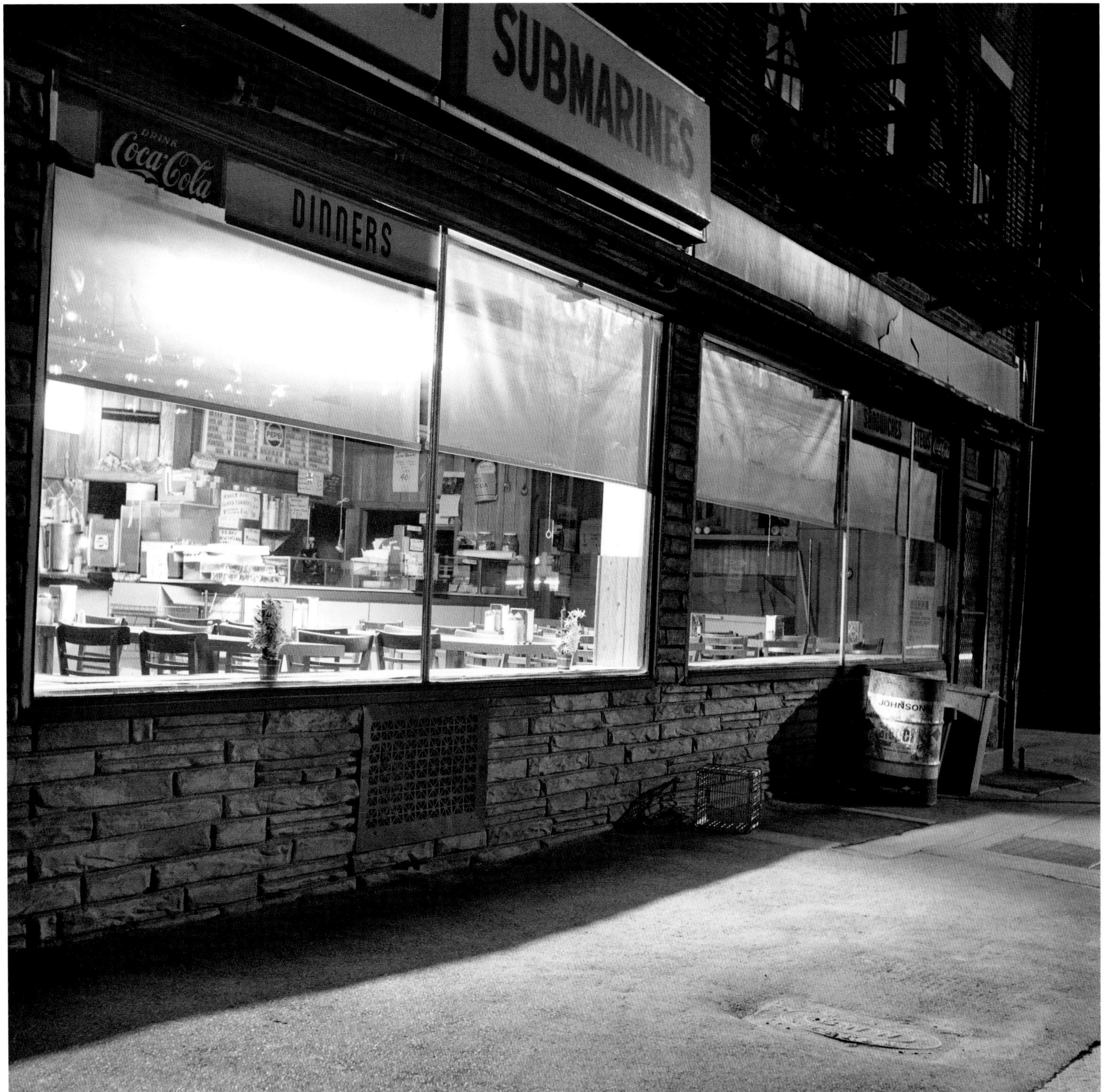
SUBMARINES
DRINK
Coca-Cola
DINNERS
PEPSI
SANDWICHES
STEAKS
Coca-Cola
JOHNSON

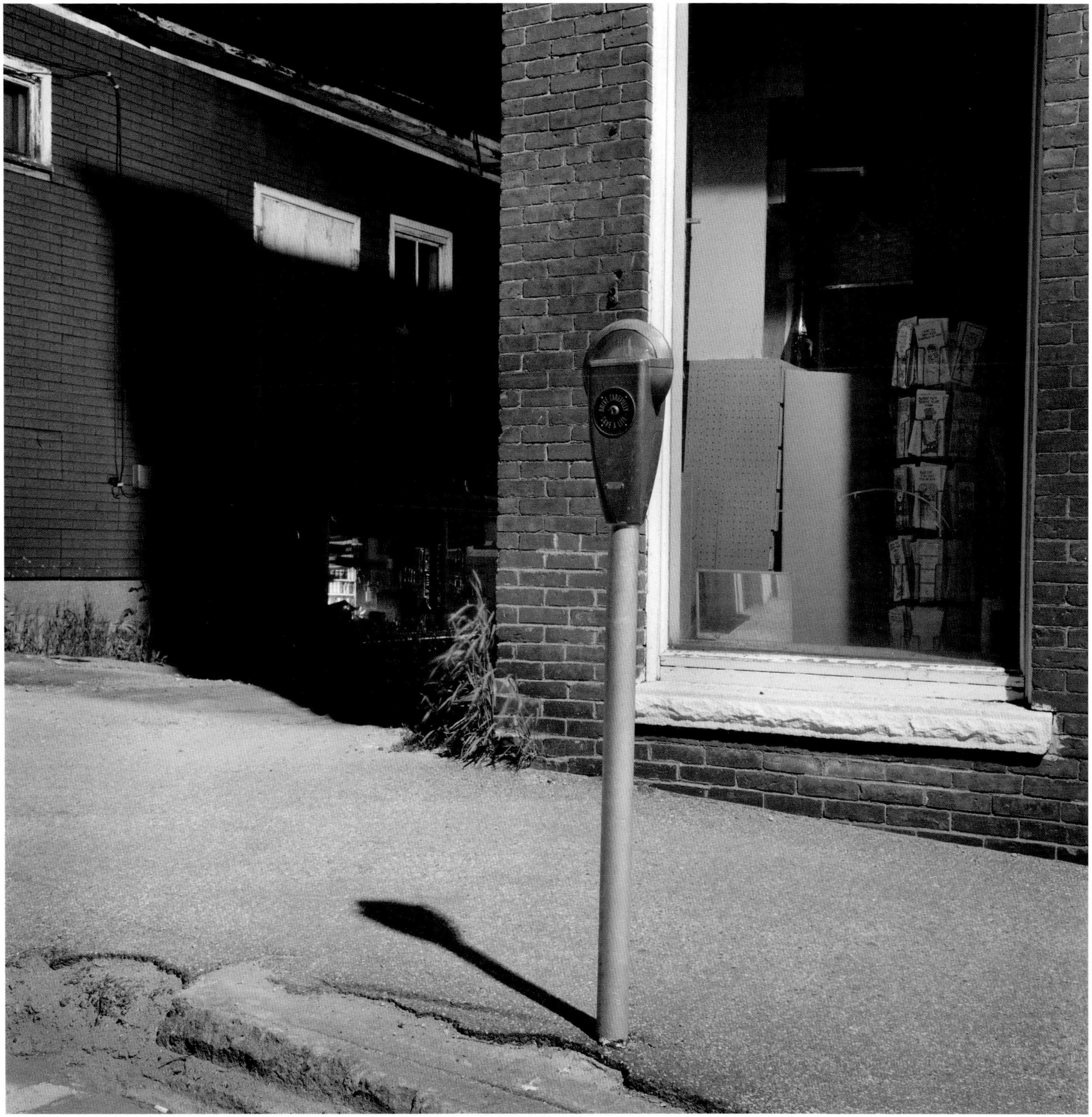
DRIVE CAREFULLY
SAVE A LIFE

FAMILIENTAGE

Die fotografische Arbeit Jerry Berndts widmet sich vorrangig politischen Problemlagen und urbanen Orten, die sich in seinem Blick als Räume einer prekären Sozialität zeigen. Nun finden sich zwei Serien in Berndts Werk, die mit diesen Themen nichts zu tun zu haben scheinen. Die eine zeigt die Spielaufbauten seiner Tochter Emma, die andere ist eine Art *travel log* anlässlich des Todes seiner Großmutter. Formal weisen die Fotografien dieser Serien kaum Ähnlichkeiten untereinander auf – erstere ist in Farbe, mit Großbild und quasi als Studiosetting fotografiert; letztere in Schwarz-Weiß mit Kleinbild. Dennoch haben die Serien Gemeinsamkeiten: Beide handeln von Berndts Familie, und beide werden als Foto-Schrift-Kombination präsentiert. Es ist nicht ungewöhnlich, dass ein professioneller Fotograf auch seine Familie fotografiert und diese Bilder womöglich in manche Porträtserie einfließen lässt. Aber Berndts Familienfotografie funktioniert ganz anders. Es handelt sich um zwei eigenständige, konzeptuelle Arbeiten, die weniger die geliebten Personen als vielmehr Dinge und Räume ins Bild setzen, die mit persönlichen Erinnerungen angefüllt sind. Familienfotografie hat ja immer mit dem Wunsch zu tun, das, was im Lauf der Jahre passiert und sich unaufhaltsam verändert, die vielen Abschiede, die sich im Leben ereignen, festhalten, vielleicht sogar aufhalten zu können. Und um diesen Wunsch und darum, dass er nie in Erfüllung geht, scheint Berndt sehr genau zu wissen.

The Babies

An einem Abend, an dem Jerry Berndt, so erzählt er, müde von einem Auftrag, aus dem nichts geworden war, nach Hause kam, empfing ihn seine Tochter Emma mit einem Redeschwall, wie er bei Zweieinhalbjährigen nicht abzureißen scheint. Kaum ein größerer Kontrast von Ruhebedürfnis einerseits und Mitteilsamkeit andererseits, von erschöpfenden Erwachsenensorgen auf der einen und kindlichem Welteroberungsbegehren auf der anderen Seite ist vorstellbar. Und gegessen hatte an diesem Abend auch noch niemand etwas. Emma aber fand eine umwerfende Lösung für diese so alltägliche Spannung: Sie arrangierte ihre kleinen Plastikpuppen auf Plastikpuppenmöbeln rund um eine Festtagstafel und servierte – Dinosaurier aus Gummi. Für Berndt war dieses Erlebnis der Auftakt zu einer langfristigen fotografischen Arbeit. Mit *The Babies* dokumentierte er Emmas Puppen-Arrangements über viele Jahre hinweg (ca. von 1980 bis 1992). Zuweilen in jene Spielhandlungen eingebunden, die die Aufbauten erst entstehen ließen, machte Berndt von den peripheren Installationen zunächst Polaroids, um sie später detailgenau nachzubauen und mit einer 4x5-inch-Kamera in Farbe zu fotografieren. Wie ein Gegenstück zu seiner Arbeit als Fotojournalist mutet dieses Projekt an, besteht die fotojournalistische Tätigkeit doch in Reisen zu Krisengebieten dieser Welt und in einem schnellen Reagieren auf Situationen, in denen sich Konflikte zu Bildausschnitten verdichten lassen müssen. Gleichwohl haben auch kindliche Spielhandlungen mit Krisen und Konflikten zu tun, die mit den Aufbauten eine Form finden, genauer: eine symbolische Form, die der Verarbeitung von Erlebnissen und Erfahrungen dient; kindliche Spielarrangements sind beileibe nicht einfach nur niedlich. Emmas „Babies“, so nannte sie ihre Puppen und die diversen Tiere und Figürchen, für die sie jeweils Namen erfand, feiern Hochzeiten und begehen Beerdigungen. Auf einer Fotografie ist Bert – von Ernie verlassen – unter einem Holzstuhl wie in Gefangenschaft zu sehen, und nur ein rotes Kabel, das aus der hinter ihm gelegenen kahlen Wand kommt, gewährt noch einen fraglichen Anschluss an die Welt. Einige Ponys in quietschigen Farben sind auf dem Badewannenrand aufgereiht und schauen ein paar Püppchen beim Schwimmen zu (oder passen auf sie auf). Dass zum Teil recht trashige Minifiguren die Protagonisten sind, tut nichts zur Sache, denn emotionale Werte können bekanntlich von faktischen ganz entschieden abweichen. Und es sind genau diese Figuren, die in die Fotografien ein Zeitkolorit eingetragen haben, das sich erst von heute aus zu erkennen gibt. Als Entschädigung für eine unangenehme Behandlung, die ihnen widerfahren ist, bekommen die Babies je eine Süßigkeit spendiert, die, präsentiert auf einer weißen Serviette, vor ihnen zum Verzehr bereitliegt, aber stellvertretend von Emma selbst gegessen werden wird. Von dieser sehr klugen Entscheidung des Kindes gibt ein Text zu wissen, den Berndt die Vierzehnjährige, mittlerweile diesen Spielwelten Entwachsene später handschriftlich unter dem Bild hat vermerken lassen. Zwar ist Emma nicht Autorin der Fotografien, aber sie bleibt Autorin der Ensembles, die auf den Fotografien zu sehen sind. So tragen die Blätter denn auch Jerry Berndts *und* Emmas Signatur. Dass der Pandabär eine Mittelohrentzündung hat und sein neben ihm sitzender Freund, der Seehund, neidisch auf die Mütze ist, die Panda deswegen tragen darf, erfährt man ebenfalls erst aus einer beigefügten Erläuterung. Zu *sehen* ist dieser, man möchte meinen: sekundäre Krankheitsgewinn nicht, zu sehen ist nur eine Zwiegesprächssituation zwischen zwei Stofftieren. Der Text unter den Bildern ist daher unabdingbarer Teil von *The Babies*, denn Berndt geht es nicht darum, eine Fundstücksästhetik kurioser Alltagsinstallationen zu bedienen. Gerade im künstlerisch informierten Blick erscheinen die Spielaufbauten gleichermaßen improvisiert und derart scharfsinnig, dass man nicht irrt, zu meinen, kein Künstler könnte sie ähnlich treffsicher herrichten. So ist *The Babies* weniger eine Arbeit über die Aufmerksamkeit eines Künstler-Fotografen für surreale Konstellationen als in erster Linie eine Dokumentation der Arbeit Emmas. Wenn auf einem weiteren Bild die Babies wegen schießender Soldaten mit einem Raumschiff in „outer space" fliehen, sind die Verbindungen zum „inner space" immer vorhanden, ohne dass sich Berndt an die Arbeit der Deutung macht. Eher an die Arbeit der Rekonstruktion. Kinder, besonders kleine, sind ja nicht interessiert an der Dauerhaftigkeit ihrer Werke – schon das Wort „Werk" erscheint unangemessen. Im Spiel ist alles Prozess, und so kann erst der Einsatz der Fotografie bewahren, was in fortdauernden Abbauten und Umbauten, oft auch in Zerstörung eben erst errichteter Konstruktionen begriffen ist. Häufig hat Berndt Aufsichten gewählt, die Szenen eng beschnitten und sie gleichmäßig ausgeleuchtet. Um Milieustudien handelt es sich hier nicht, auch nicht um Dramatisierungen. Berndt verschreibt sich ganz den Imaginationen der Tochter.

Das unterscheidet seine Arbeiten von anderen fotografischen Projekten der 1970er und 1980er Jahre, in denen Plastikfiguren eine gewisse Konjunktur hatten: von Laurie Simmons' feministischer Arbeit beispielsweise, in der sehr schematisierte Frauenfiguren agieren (siehe Abb. 1 und 2); oder von Henk Tas' Settings und Montagen, in denen sich die mehr oder weniger perfide Niedlichkeit seiner Tiere und Puppen an kulturellen Mythen bricht; oder von David Levinthals Kriegs- und Kampfszenarien, die er mit Soldaten- und Cowboyfiguren nachstellte.[1] Will man eine kunsthistorische Einordnung versuchen, dann ist *The Babies* wohl am ehesten mit Mary Kellys *Post-Partum Document* vergleichbar, auch wenn dort gar kein Spielzeug auftaucht. Sie hat von 1973 bis 1978 Spuren und Dinge versammelt, die das Aufwachsen ihres Sohnes Barrie vom Säuglings- bis zum Vorschulalter dokumentieren.[2] Das *Post-Partum Document* besteht u.a. aus Fäkalspuren in Windeln, Transkriptionen erster gesprochener Wörter, Handabdrücken des Kindes in Gips, kleinen Geschenken vom Kind an die Mutter und frühen Schreib-

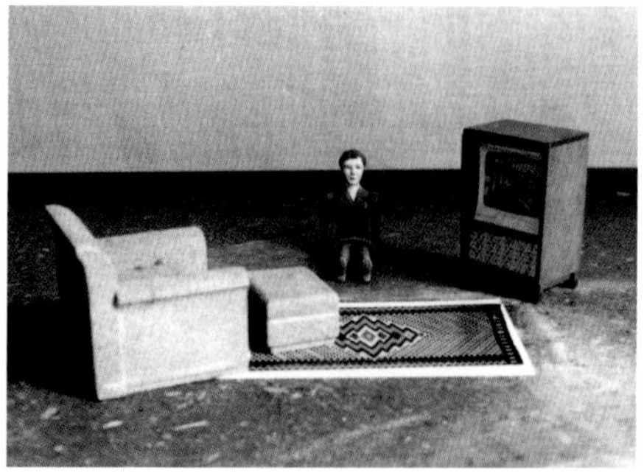

Laurie Simmons, 1976-1978 1

versuchen mit Kreide auf Schiefer. Wie Berndt geht es Kelly um das Kind und dessen Hineinwachsen in kulturelle und symbolische Ordnungen. Es geht aber auch um das Mutter- respektive Vaterwerden, um die speziellen Aufmerksamkeiten, Wahrnehmungen und die nicht enden wollende Reproduktivität, die mit den Kindertagen oder auch den Tagen mit Kindern verbunden ist. In diesen Tagen erscheinen die Wiederholungen zuweilen endlos, und doch sind sie irgendwann unwiederbringlich vorbei. Nur Erinnerungen bleiben dann, ein paar Spuren, Dinge oder eben Fotografien.

The Death of my Grandmother

Die Frage, was bleibt, stellt sich umso mehr dann, wenn nicht nur eine Lebensphase zu Ende geht, sondern ein ganzes Leben. Als 1974 Jerry Berndts Großmutter starb, fuhr er mit dem Auto von Detroit, seinem damaligen Wohnort, nach Milwaukee, dem der Großmutter. Auf einem einzigen schwarz-weißen Kleinbildfilm nahm er während der Reise belanglose Orte und Situationen auf sowie, schließlich angekommen, den geöffneten Sarg und die Beisetzung. Belanglos sind die Reisemotive nur, solang man nicht die Sätze und Halbsätze hinzunimmt, die Berndt unter jedes einzelne Bild der 13-teiligen Serie montiert hat. Liest man die Texte, dann wird aus dem kleinen Regal mit Telefon, das auf dem ersten Bild der Serie zu sehen ist, das Telefon, durch welches Jerry vom Tod seiner Großmutter erfahren hat. Aus einem Holzhaus in leichter Untersicht, eher beiläufig aufgenommen, wird das Wohnhaus der Großmutter. Die nächtliche Ansicht einer Kneipe, an deren Theke vereinzelte rauchende und trinkende Männer sitzen, wird zum Erinnerungsbild an den Vater, der eine Bar betrieben hat und das älteste Kind der Verstorbenen ist. Ein schräg in einen wolkigen Himmel ragender Kirchturm wird zu dem Ort, an dem die Großmutter sechzig Jahre lang gebetet hat.

Man kann an diesen Foto-Text-Kombinationen sehr gut beobachten, wie die den Fotografien zugegebenen Worte die Lektüre der Bilder steuern, wie sie aus der Banalität des Abgebildeten plötzlich etwas Bedeutungsvolles machen. Erst indem Berndt seine persönliche Geschichte an die Bilder heftet und sie uns mitteilt, lösen sich die Bilder aus der Masse ähnlicher Aufnahmen heraus. Benjamin, Barthes und Bourdieu waren sich in ihren kanonischen Texten zur Fototheorie darin einig, dass fotografischen Bildern kaum das Vermögen eignet, aus sich heraus, das heißt ohne Beschriftung und Kontext, Aussagen oder Botschaften zu produzieren – zu gleichförmig stehen alle Bildelemente nebeneinander, zu sehr klebt das Abgebildete am fotografischen Bild, zu wenig ruft es künstlerische Schulen und ästhetische Diskurse auf. Es mag sein, dass sich das geändert hat, seitdem genuin fotografische Stile und künstlerische Haltungen formuliert worden sind, die Zuordnungen und Lesbarkeit erleichtern. Das Foto der großen Bärenfiguren, die in Plastikfolie gehüllt in einem vorbeifahrenden Pick-up-Truck stehen – ein von Berndt durch die Windschutzscheibe aufgenommenes Motiv –, lässt zum Beispiel an die melancholische Beiläufigkeit Robert Franks oder die Entfremdungsatmosphären Garry Winogrands denken, allgemeiner formuliert, an den *road-movie*-Charakter der amerikanischen Fotografie um 1960.[3] Das beigefügte Lieblingssprichwort der Großmutter, das Berndt im Ohr nachklingt, „Sometimes you eat the bear, sometimes the bear eats you", verschiebt diese fotokunsthistorische Lesart aber direkt wieder in andere, viel persönlichere Bereiche. Roland Barthes, von dem an dieser Stelle und bei diesem Thema einmal mehr die Rede sein muss, hat wegen der offenen, vollkommen vom Betrachter und dessen Wünschen und Phantasien abhängigen Bedeutungsstruktur der Fotografie das Kinderfoto seiner verstorbenen Mutter bekanntermaßen nicht veröffentlicht.[4] Dieses Foto würde, so Barthes, nur ihm etwas Besonderes zeigen, für alle anderen sei es nur das Bild irgendeines Menschen aus irgendeiner Zeit. Aber dieser Mangel der Fotografie, besonders der privaten, ästhetisch signifikant zu sein, gilt Barthes (anders als Pierre Bourdieu)[5] gerade als ihr Vermögen! Ein Vermögen, das darin besteht, ein höchst subjektives Verhältnis zum Bild aufzubauen, eine unheimliche Wiederkehr der Abgebildeten, ja der Toten herbeizuführen. So beschreibt Barthes es schon in *Über mich selbst*, einem Buch, dem er eine kleine autobiografische Foto-Text-Reihe vorangestellt hat, in der sich auch eine Fotografie findet, die ihn als gar nicht mehr so kleines Kind auf dem Arm seiner Mutter zeigt; unterschrieben lediglich mit: „Der Liebesanspruch".[6] Auch Berndts Trauerarbeit in Foto-Schrift-Kombinationen streut ein Foto aus dem Familienalbum ein, ein Gruppenfoto nämlich, das die Großmutter als junge Frau zeigt, umringt von ihren drei Kindern. Der schriftliche Kommentar Berndts, der besagt, dass der Ehemann früh in einem Stahlwerk ums Leben gekommen sei und die Großmutter ihre Kinder allein großgezogen habe, verleiht der fröhlichen Stimmung der Gruppe auf dem Foto unweigerlich einen melancholischen Zug. Es ist, als würde das Bild plötzlich zwei Tote in sich bergen – die Großmutter und ihren Ehemann. *The Death of my Grandmother* schließt mit einem Foto, das ebenfalls nicht der Filmrolle entstammt, die Berndt zwischen Detroit und Milwaukee belichtet hat. Man sieht darauf die Großmutter als alte Frau und liest darunter den anrührenden Kommentar, bei der letzten Begegnung der beiden habe sie zum Abschied gesagt: „Goodby, Jerry, if I don't see you no more."

The Babies und *The Death of my Grandmother* sind im besten Sinne Familienfotografie, gerade weil die Arbeiten nicht nur dem Wunsch verschrieben sind, etwas zu bewahren, was verschwinden wird, etwas festzuhalten, was wert wäre, zukünftig erinnert zu werden. Es sind Serien, die darüber hinaus einer gewissen Nachträglichkeit verschrieben sind, indem *The Babies* erst dann abgeschlossen ist, wenn Emma nicht mehr mit ihnen spielt, und der Tod der Großmutter erst im Nachhinein, wenn er schon geschehen ist, thematisiert werden kann. „Ich glaube", sagte Barthes 1980 in einem Interview, „daß [...] die ideale Entwicklung der Fotografie die private Fotografie ist, das heißt eine Fotografie, die für ein Liebesverhältnis zu jemandem einsteht. [...] Das spielt sich im Umkreis von Liebe und Tod ab. Es ist sehr romantisch."[7]

Kathrin Peters

[1] Vgl. z. B. Laurie Simmons, *In and Around the House: Photographs* 1976-78, New York 2003; Henk Tas, *Why me Lord*, 010 Publishers, 2001; David Levinthal, *Work from 1975–1996*, International Center of Photography 1997.

[2] Mary Kelly, *Post-Partum Dokument*, München/Wien 1998 (Originalausgabe London 1983).

[3] Vgl. zur Konstitution eines realistischen Stils in der amerikanischen Fotografie: John Szarkowski, *Mirrors and Windows. American Photography since 1960*, New York 1978.

[4] Vgl. Roland Barthes, *Die helle Kammer. Bemerkung zur Photographie*, Frankfurt am Main 1985 (Originalausgabe Paris 1980).

[5] Für Bourdieu sind Familienfotografien bar jedes ästhetischen Werts lediglich soziale Artefakte, die die Funktion haben, die Zugehörigkeit zu einer Gruppe, hier der Familie, zu bezeugen. Vgl. Pierre Bourdieu u.a., *Die illegitime Kunst. Die sozialen Gebrauchsweisen der Photographie*, Frankfurt am Main 1983 (Originalausgabe Paris 1965), siehe besonders S. 85-109.

[6] Roland Barthes, *Über mich selbst*, München 1978 (Originalausgabe Paris 1975), o. S.

[7] Roland Barthes: „Über die Fotografie. Angelo Schwarz und Guy Mandery, *Le Photographe*, Februar 1980", in: Roland Barthes, *Die Körnung der Stimme. Interviews 1962–1980*, Frankfurt am Main 2002, S. 382-389, hier S. 388.

FAMILY DAYS

Jerry Berndt's photographic work is primarily devoted to political issues and those urban places his eye sees as precarious social spaces. There are now two series in Berndt's oeuvre that appear to have nothing to do with these themes. One of the two presents arrangements set up by his daughter Emma, and the other one is a kind of travelogue on the occasion of his grandmother's death. On a formal level, the photographs in these series are scarcely similar—the first one was photographed in color in a studio-like setting and consists of large-format images, while the latter is in black and white and the images are small-format. Yet the series do have similarities: both of them deal with Berndt's family, and both of them are presented in a combination of photograph and text. It is not unusual for a professional photographer to also take pictures of his family and that these become part of one or the other series of portraits. But Berndt's family photography works in a much different way. These are two independent conceptual works that focus less on beloved persons and more on things and spaces charged with personal memories. Family photography always has to do with the wish to capture—perhaps even to be able to delay—what takes place over the years and inexorably changes, the many farewells that occur in one's lifetime. And Berndt seems to be intimately familiar with this wish and the fact that it never comes true.

The Babies

According to his own account, Jerry Berndt returned home one evening tired from a job that did not amount to anything. He was greeted by his daughter Emma with an unceasing flood of words so typical of a two-and-a-half-year-old. There is hardly a greater contrast imaginable than the need for rest on the one hand and communicativeness on the other, than the worries of an adult and a child's seeking to conquer the world. And above all on this particular evening, no one had yet eaten anything. Emma, however, found a dazzling solution for this everyday tension: she arranged her little plastic dolls on plastic dollhouse furniture around a festive table and served—rubber dinosaurs.

For Berndt, this marked the beginning of a long-term photographic work. *The Babies* documents Emma's doll arrangements over a period of many years: c. from 1980 to 1992. Occasionally involved in the game of setting up the arrangements, Berndt initially took Polaroids of the peripheral installations in order to reconstruct them later down to the last detail and take color photos of them with a four-by-five-inch camera. This project seems to be a counterpart to his professional work as a photojournalist, an activity consisting of journeys to the trouble areas of the world and quickly reacting to situations in which conflicts are condensed into sections of an image. Playing nonetheless also has something to do with crises and conflicts that find form in constructions; more precisely: a symbolic form that serves to process adventures and experiences; a child's arrangements are by no means simply just cute. Emma's babies, which is what she called her dolls, and the various animals and little figures, all of which had names, celebrated weddings and funerals. In one photo, Bert—abandoned by Ernie—can be seen under a wooden chair as if in captivity, and only a red cable coming from the bare wall behind him imparts a questionable connection to the world. Several ponies in squealing colors have been placed in a row along the edge of the bathtub and watch a couple of little dolls swimming (or are keeping an eye on them). That the protagonists are in part downright trashy miniature figures is irrelevant, because as is generally known, emotional values can deviate quite decidedly from factual ones. And it is precisely these figures that have added a temporal touch to the photographs that only reveals itself when one looks at them from today's perspective. As compensation for having been unkindly treated, each of the babies gets a piece of candy that, presented on a white napkin and placed out before them ready to eat, Emma, however, eats on their behalf. The child's clever decision is disclosed in a text that Berndt later had his daughter—in the meantime fourteen and having outgrown these play worlds—add by hand under the image. Emma may not be the photographs' author, but she remains the author of the ensembles shown in the photographs. Thus they bear both Jerry Berndt's and Emma's signature. It is not until one reads the added explanation that one also learns that the panda bear has an inflammation of the middle ear and his friend next to him, the seal, is envious of the cap the panda gets to wear because of it. One would like to believe that one cannot *see* this secondary gain from illness; all one sees is a dialogue situation between two stuffed animals. The text under the images is therefore an indispensable part of *The Babies,* for Berndt is not concerned with availing himself of an artifact aesthetics of curious everyday installations. To the artistically informed eye, the settings are in equal measure improvised and so keen-witted that one is not wrong to believe that no artist could have arranged them in a similarly unerring way. Thus *The Babies* is less a work about an artist photographer's awareness of surreal constellations and first and foremost a documentation of Emma's work. When in another photo the babies use a space ship to escape into outer space from the soldiers shooting at them, the connections to inner space are always there without Berndt setting to work on an interpretation. It is more setting to work on the reconstruction. Children, in particular small children, are not interested in the permanence of their works—the word "work" even appears to be inappropriate. When a child plays, everything is a process, and it is not until a photograph is taken that what is involved in the taking down and conversion, often the destruction of what has just been constructed is preserved. Berndt often chose top views, cropped them very closely, and lit them evenly. These are not background studies, neither are they dramatizations. Berndt has committed himself entirely to his daughter's imagination.

This distinguishes his works from other photographic projects from the 1970s and 1980s in which plastic figures experienced a certain boom: from Laurie Simmons's feminist work, for example, in which very schematized figures of women operate (ill. 1 and 2); in Henk Tas's settings and montages, in which the more or less perfidious cuteness of his animals and dolls infringe on cultural myths; or David Levinthal's war and battle scenes, which he reenacts with soldier and cowboy figures.[1] If one attempts an art-historical classification, then *The Babies* is most likely comparable with Mary Kelly's *Post-Partum Document,* even if the latter does not include toys. Between 1973 and 1978, Kelly collected traces and things that document her son Barrie's growing up from a baby to preschool age.[2] *Post-Partum Document* consists, among other things, of traces of feces in diapers, transcriptions of Barrie's first spoken words, the child's handprint in plaster, small gifts he gave to his mother, and early attempts to write using chock on a slate. Like Berndt, Kelly is concerned with the child and his growing up into cultural and symbolic orders. But it is also about becoming a mother or a father; about the special attentiveness, perception, and the unceasing reproductivity associated with one's days as a child or one's days with children. Today, the repetitions sometimes seem to be endless,

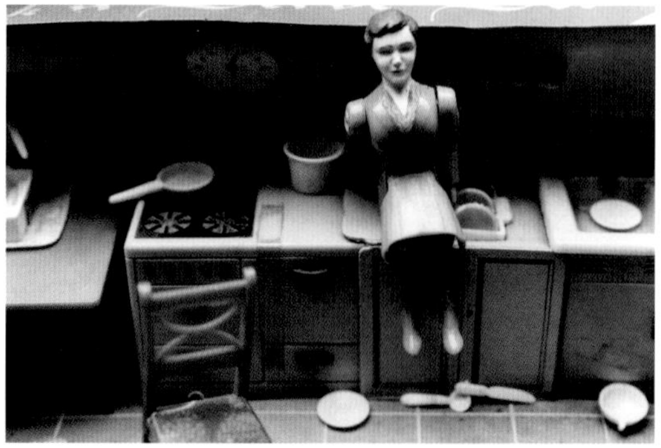

Laure Simmons, 1976-1978 3

and yet at some point they are irretrievably over. Only memories remain; a couple of traces, things, or just photographs.

The Death of my Grandmother

The question of what remains is posed all the more when not only a phase in life comes to an end, but an entire life. When Jerry Berndt's grandmother died in 1974, he drove from Detroit, where he was living at the time, to Milwaukee, where his grandmother had lived. Using a single miniature camera, during his journey he took black-and-white pictures of insignificant places and situations, and when he finally reached his destination, of the open coffin and the burial. The travel motifs are only insignificant as long as one does not add the sentences and half-sentences that Jerry Berndt mounted under each image in the thirteen-part series. If one reads the texts, then the telephone on the small shelf in the first picture in the series becomes the telephone that was used to inform Jerry of his grandmother's death. The wooden house in a slightly bottom-view photograph, taken more en passant, is his grandmother's home. The view of a bar at night at whose counter isolated men sit smoking and drinking becomes a souvenir photo of Berndt's father, who ran the bar and is the deceased's oldest child. A church steeple projecting aslant into a cloudy sky becomes the place where the artist's grandmother prayed for sixty years.

In these combinations of photographs and text one can observe very well how the words added to the images direct the reading of the pictures, how they suddenly make something meaningful out of the banality of what is being depicted. It is not until Berndt attaches his personal story to the photographs and shares it with us that the images liberate themselves from the mass of similar pictures. In their canonical texts on the theory of photography, Benjamin, Barthes, and Bourdieu agreed that photographic images hardly have the ability to produce statements or messages on their own, that is, without captions and context—all of their elements stand too uniformly side by side; what is being depicted adheres too much to the photographic image; they scarcely invoke artistic schools or aesthetic discourses. It may be that this has changed since genuinely photographic styles and artistic stances have been formulated that facilitate classification and readability. The photo of the large bear figures wrapped in plastic and standing on the bed of a passing pick-up truck—a motif Berndt took through his car's windshield—recalls, for example, Robert Frank's melancholy casualness or Garry Winogrand's atmospheres of alienation; or put more generally: of the road-movie character of American photography around 1960.[3] However, echoing in his ear, the favorite saying of Berndt's grandmother, "Sometimes you eat the bear, sometimes the bear eats you," which he has added to the picture, shifts this photohistorical reading directly into other, much more personal areas. As is generally known, Roland Barthes—who, while we are discussing this subject, has to be mentioned once more at this point—never published a picture taken of his deceased mother as a child because of the open semantic structure of photography, which is completely dependent on the viewer and his or her desires and fantasies.[4] According to Barthes, this photograph would only be special to him; for everyone else, it would just be the picture of some woman from another time. But for Barthes, unlike Pierre Bourdieu,[5] this deficit in photography of being aesthetically meaningful to the individual is its asset! An asset that consists in its ability to establish a highly subjective relationship to the image, an uncanny return of the person being depicted; indeed, it brings back the dead. In his book *Roland Barthes,* which he begins with a short autobiographical series of photos and texts, Barthes included a photograph that shows him as a no longer very small child being held by his mother. The photograph's caption reads "The demand for love."[6]

Berndt's mourning in combinations of image and text also includes a picture from the family album: a group photograph showing his grandmother as a young woman surrounded by her three children. Berndt's written commentary, which says that her husband died an untimely death in a steel mill and his grandmother raised her three children on her own, inevitably lends the cheerful mood of the group in the picture a melancholy streak. It is as if the picture suddenly holds two dead people—Jerry Berndt's grandmother and her husband. *The Death of my Grandmother* concludes with a photograph that also does not stem from the roll of film that Berndt exposed between Detroit and Milwaukee. It shows his grandmother as an old woman, and under it one can read the touching words she said to him after their last encounter: "Goodby, Jerry, if I don't see you no more."

The Babies and *The Death of my Grandmother* are family photography in the best sense of the word, precisely because they are not solely committed to the desire to preserve something that will disappear; to capture something worth remembering in the future. What is more, they are series that are committed to a certain deferral, in that *The Babies* was not concluded until Emma had stopped playing with them, and the death of Berndt's grandmother could not be thematized until it had occurred. In an interview that took place in 1980, Barthes said: "I believe that ... the ideal development of photography is personal photography, that is to say photography that avouches a loving relationship to someone. ... This takes place within the radius of love and death. That is very romantic."[7]

Kathrin Peters

[1] Cf., e.g., Laurie Simmons, *In and Around the House:* Photographs *1976-78* (New York, 2003); Henk Tas, *Why me Lord?* (Rotterdam, 2001); David Levinthal, *Work from 1975–1996* (New York, 1997).

[2] Mary Kelly, *Post-Partum Document* (London, 1983).

[3] On the constitution of a realistic style in American photography cf. John Szarkowski, *Mirrors and Windows: American Photography since 1960* (New York, 1978).

[4] Vgl. Roland Barthes, *Camera Lucida: Reflections on Photography* (New York, 1982).

[5] Bereft of any aesthetic value, for Bourdieu family photographs are merely social artifacts that function as proof of belonging to a group, in this case the family. Cf. Pierre Bourdieu, *Photography: The Social Uses of an Ordinary Art* (Cambridge, MA, 1989).

[6] Roland Barthes, *Roland Barthes* (Berkeley and Los Angeles, 1977), n.p.

[7] Roland Barthes, "Über die Fotografie: Angelo Schwarz und Guy Mandery, Le Photographe, Februar 1980," in id., *Die Körnung der Stimme: Interviews 1962–1980* (Frankfurt am Main, 2002), pp. 382–89, here p. 388.

THE BABIES

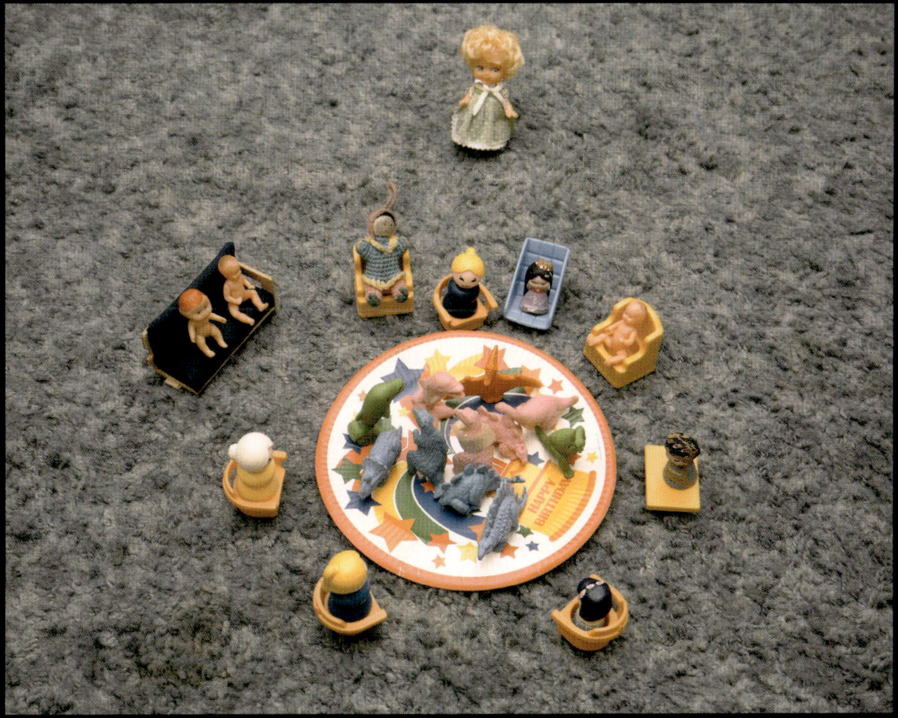

The babies are having
a birthday party.
The mommy is watching.
The babies are eating,
dinosaurs. Emma B.

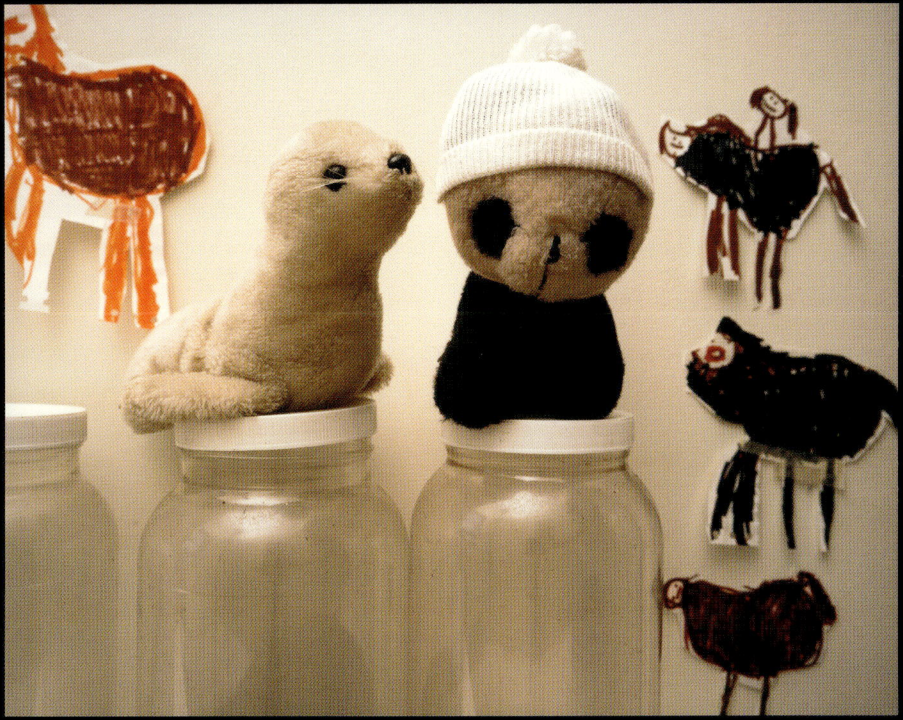

The panda needs a
hat because he has an
ear ache, So now the
seal wants one too!

Emma

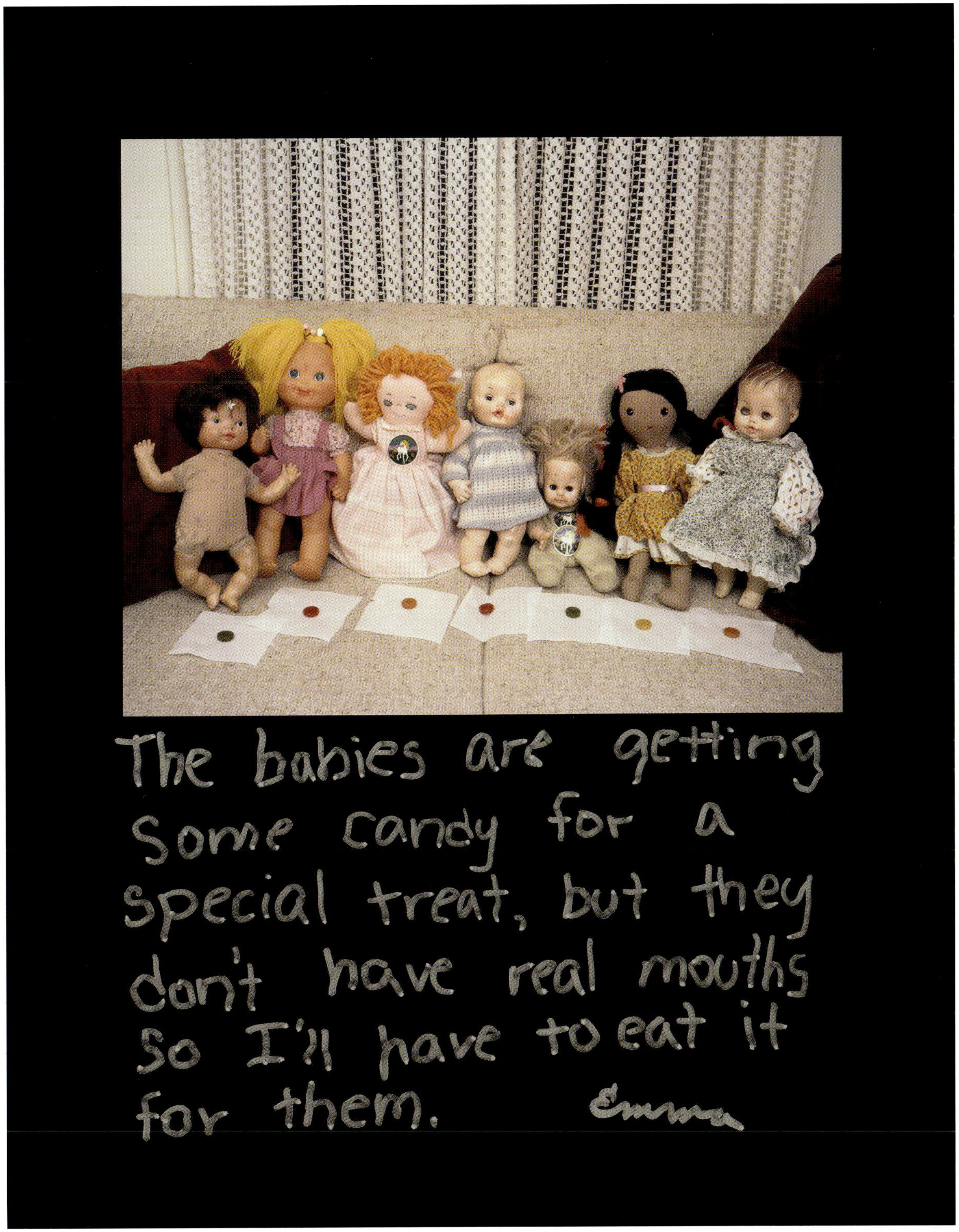
The babies are getting
Some candy for a
special treat, but they
don't have real mouths
so I'll have to eat it
for them. Emma

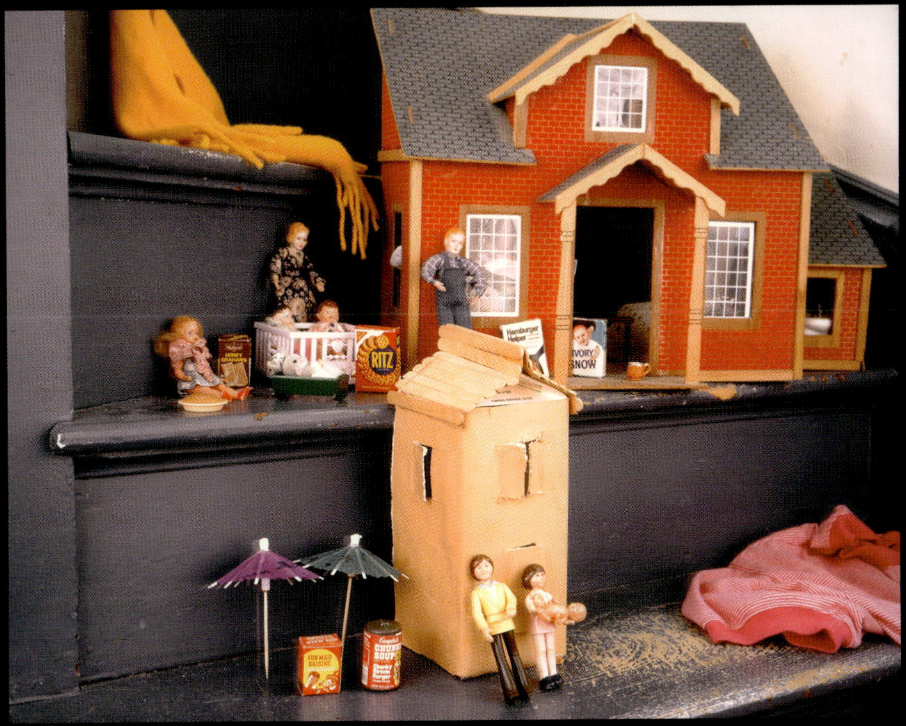

This is a rich house, and this is a poor house.

Emma

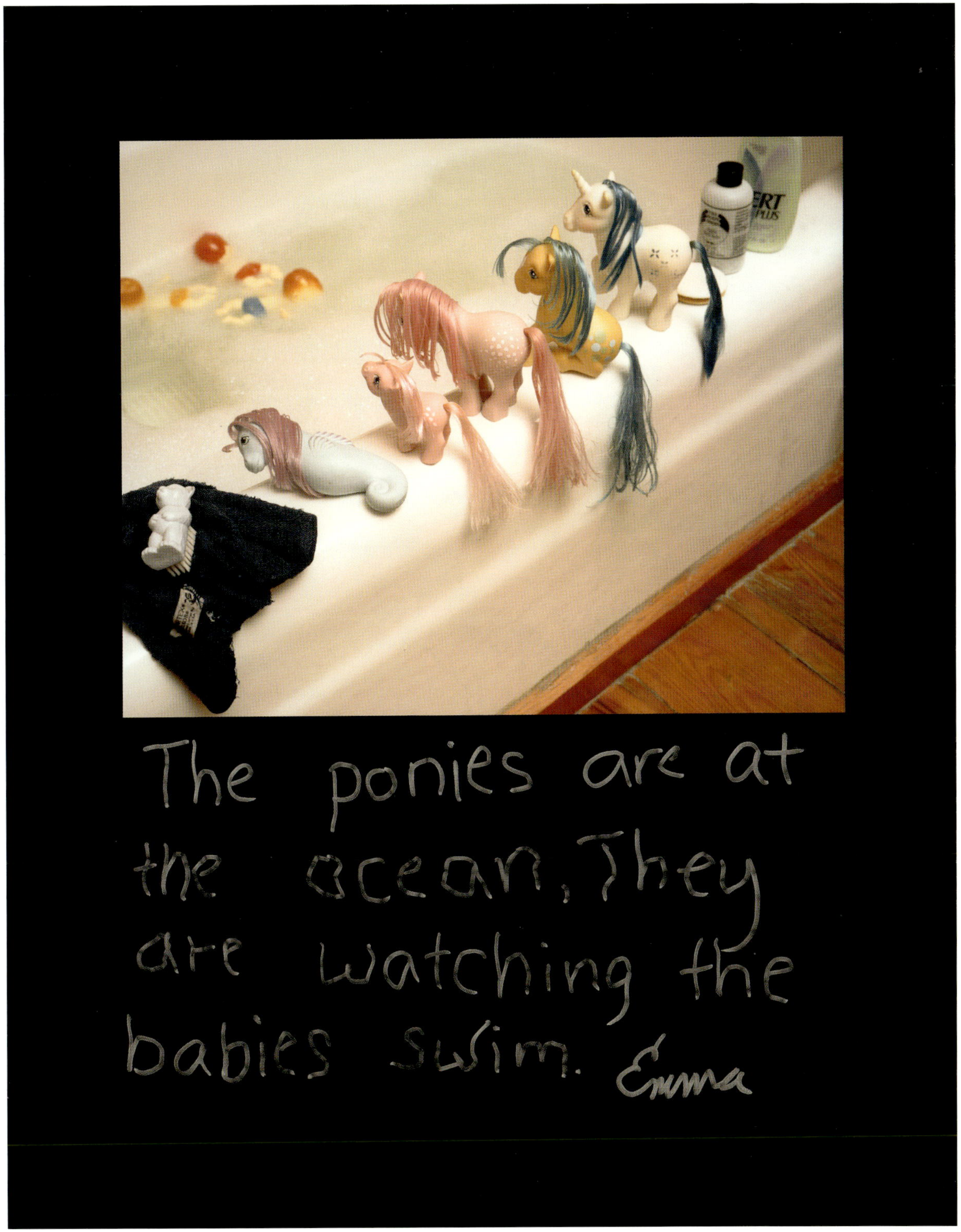
The ponies are at
the ocean, They
are watching the
babies swim. Emma

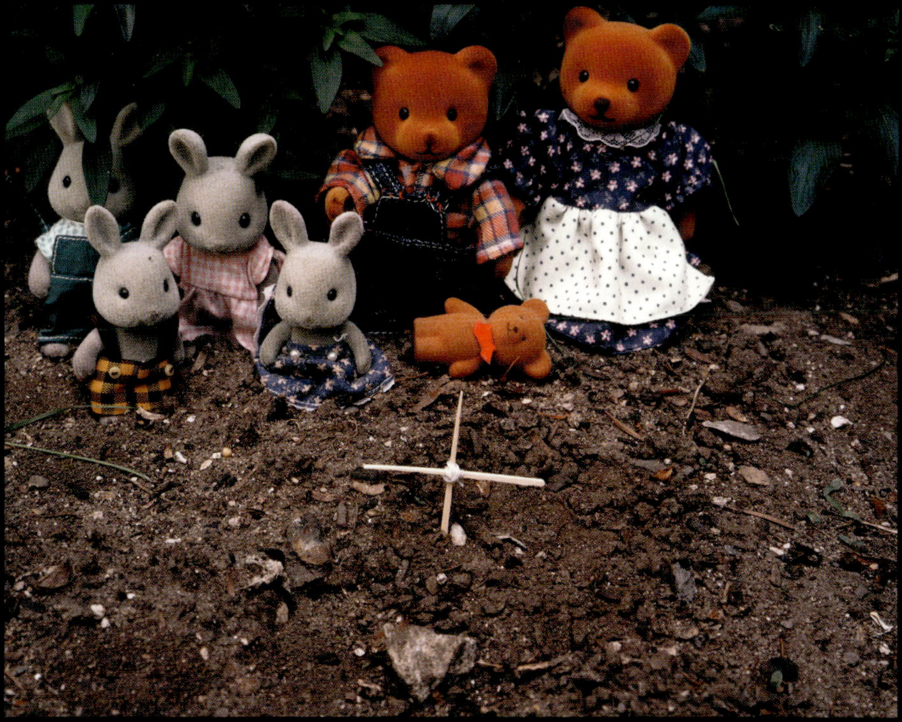

Shashaba killed a mouse so the bunnies and the bears are having a funeral. It is sad. There are some ants in there too!

Emma

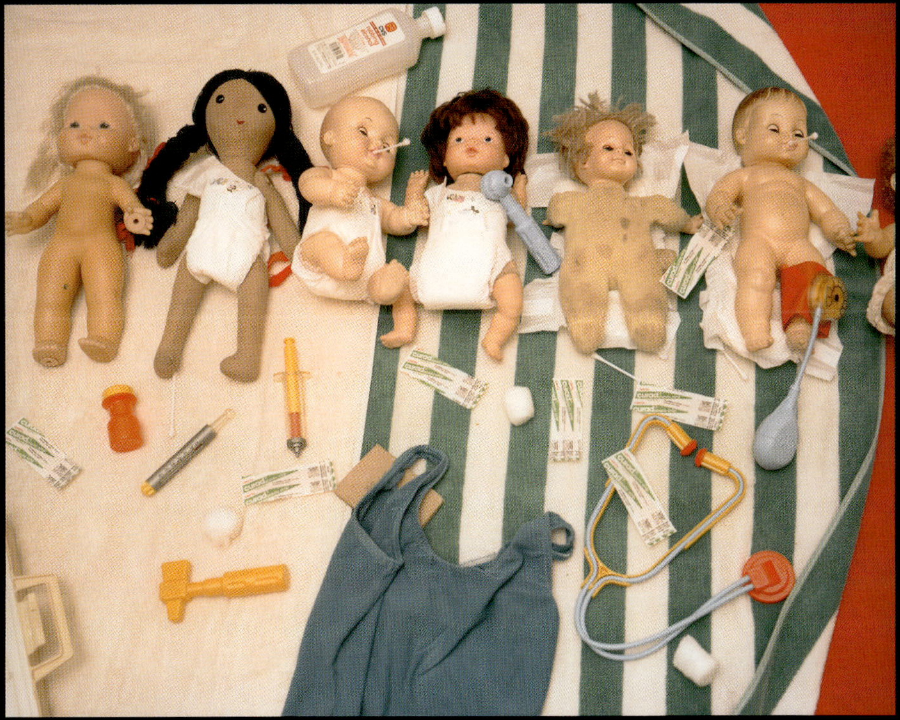

The babies are at the doctor for a checkup, But Sara Ruth needs a shot.

Emma

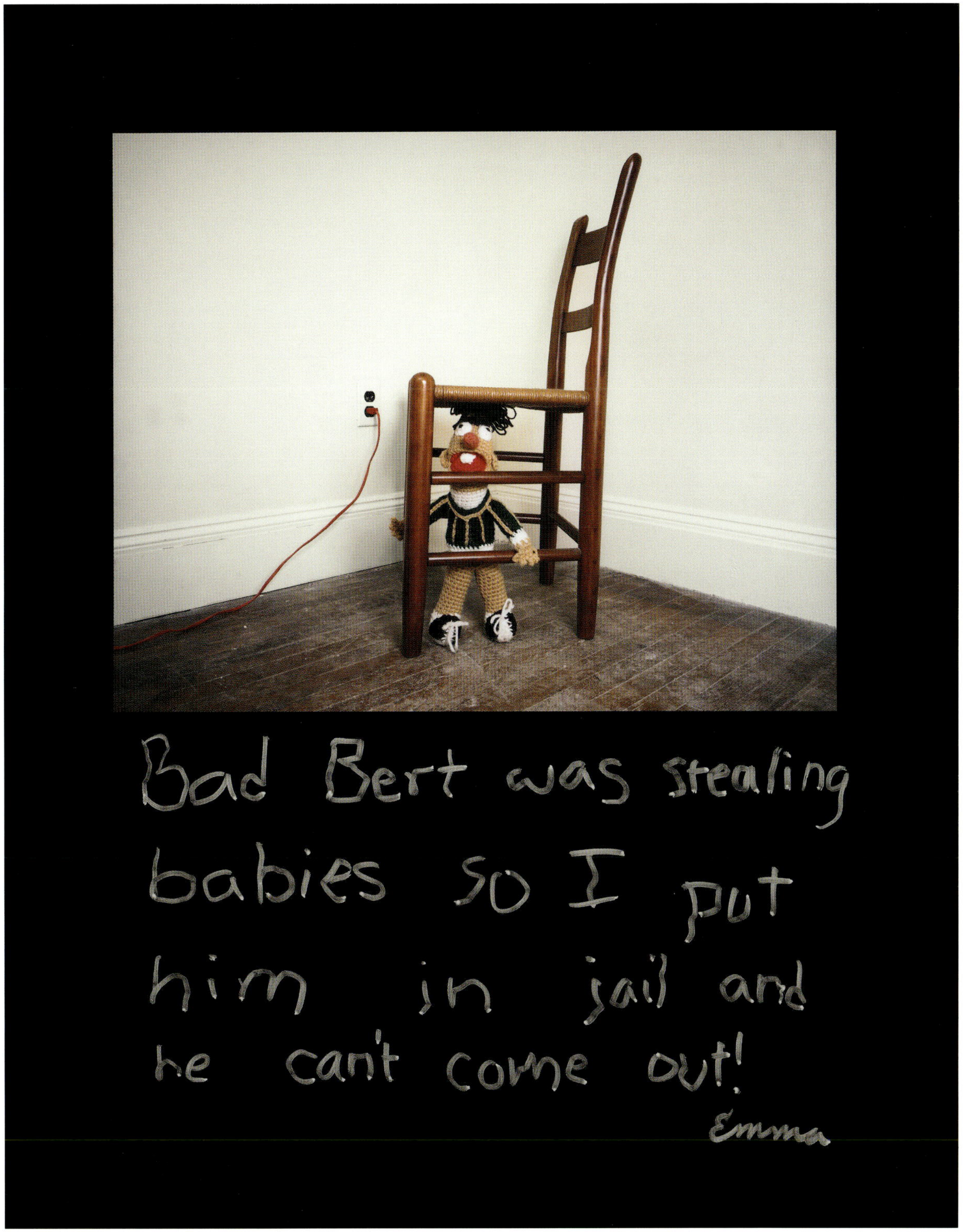
Bad Bert was stealing babies so I put him in jail and he can't come out!
Emma

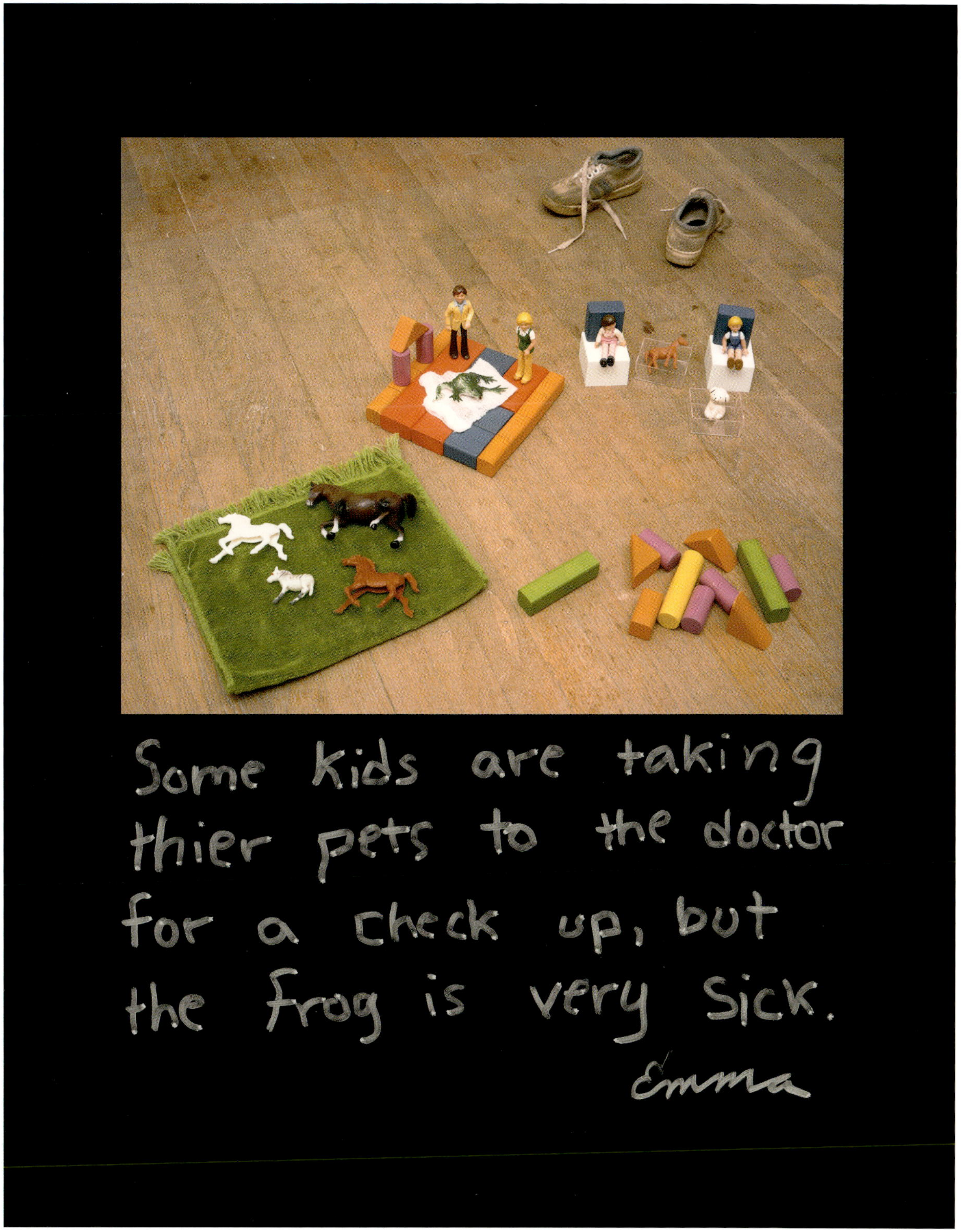
Some kids are taking
thier pets to the doctor
for a check up, but
the frog is very sick.
Emma

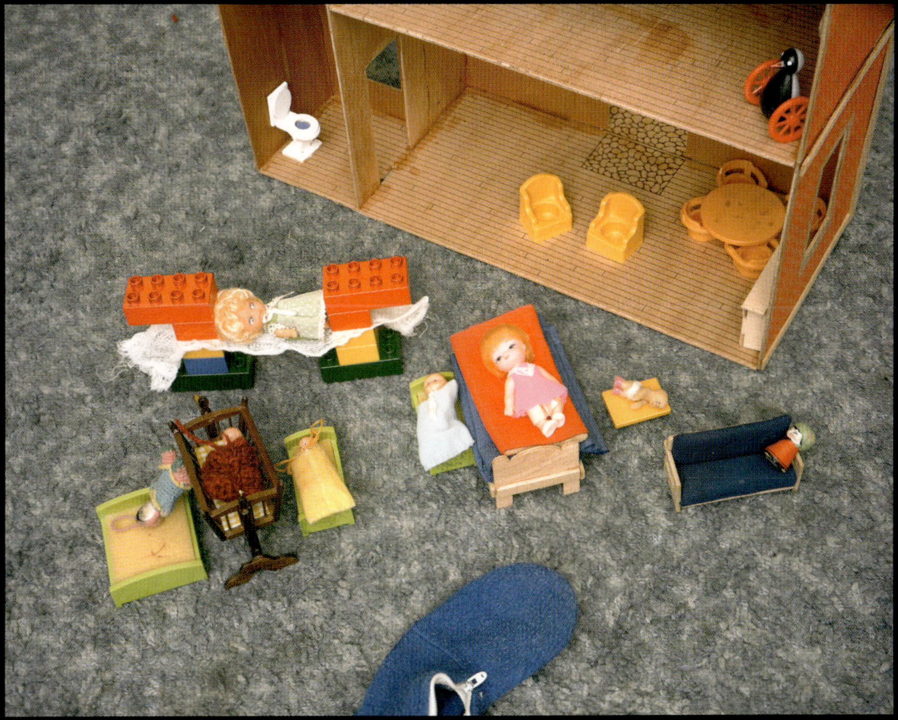

The babies are sleeping outside because there's a penguin in their house. Emma

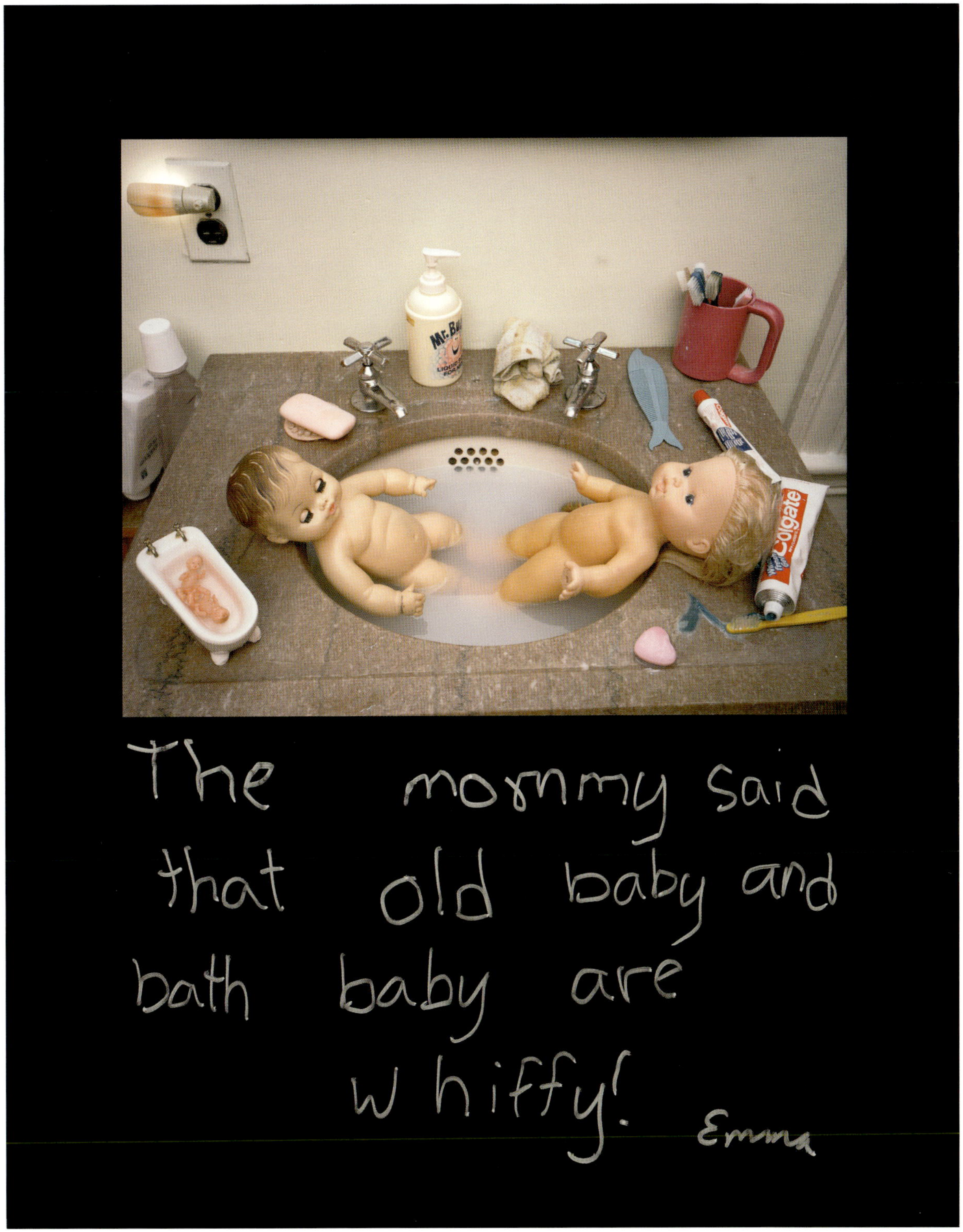
Colgate
The mommy said that old baby and bath baby are whiffy!
Emma

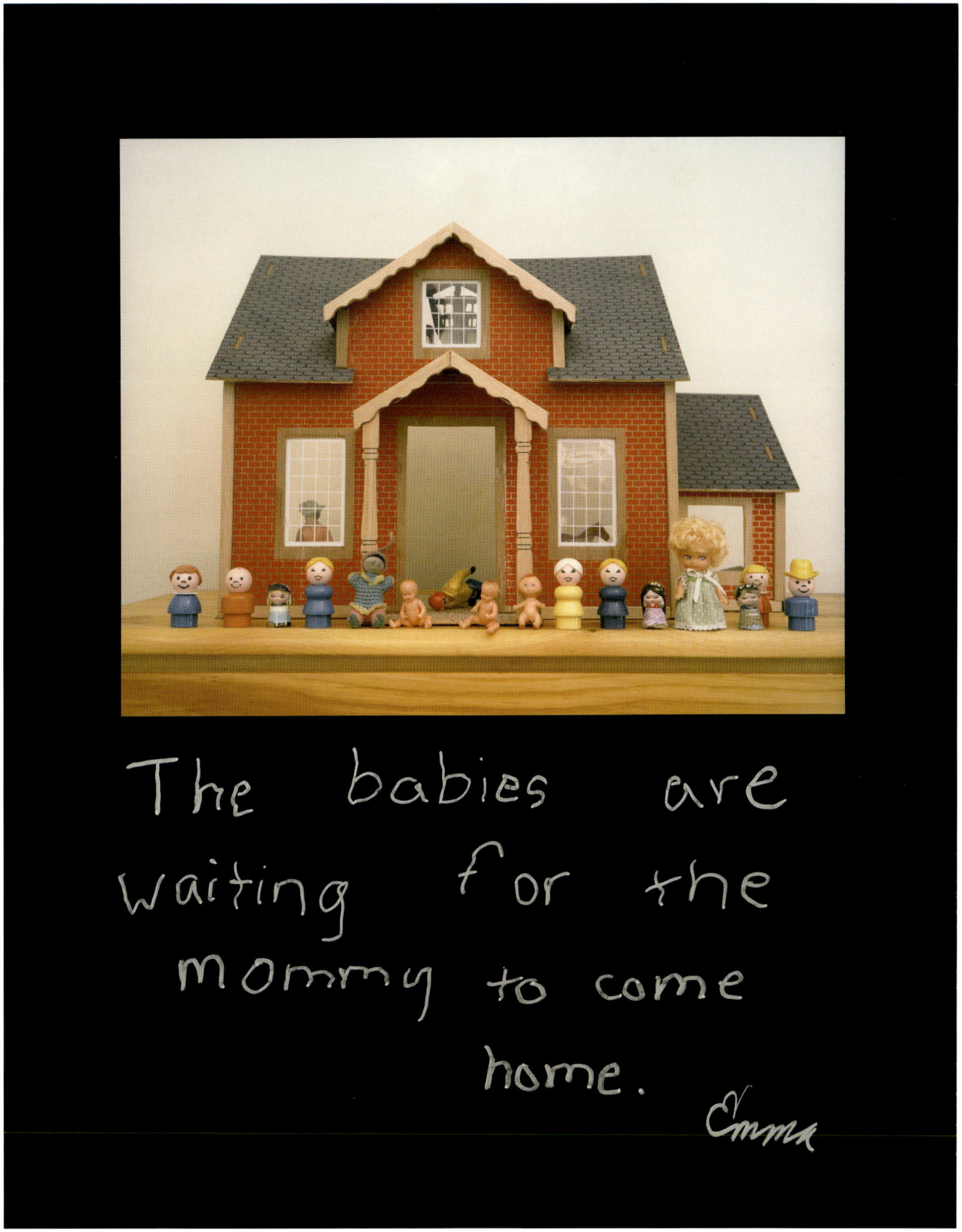
The babies are waiting for the mommy to come home.
Emma

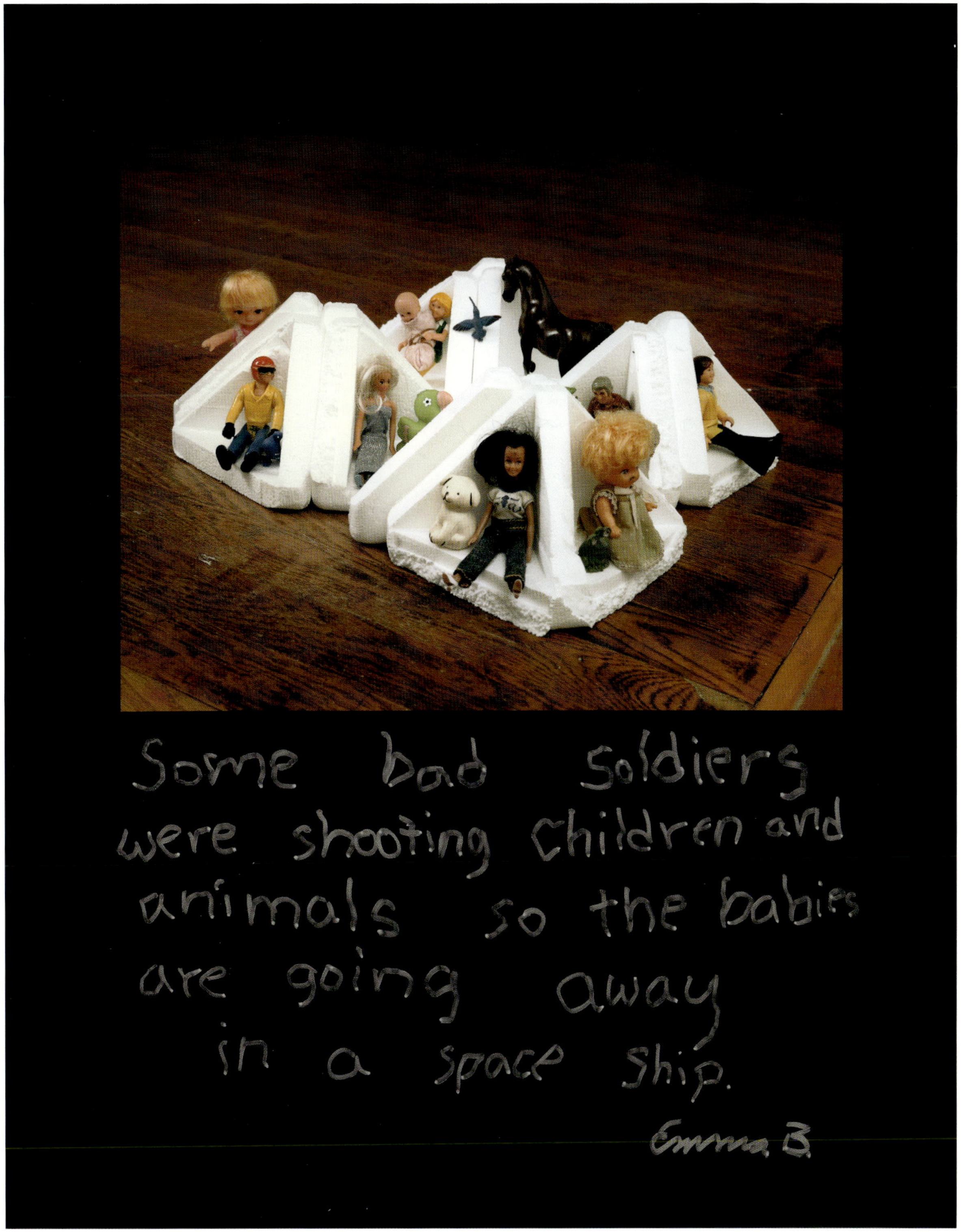
Some bad soldiers
were shooting children and
animals so the babies
are going away
in a space ship.
Emma B.

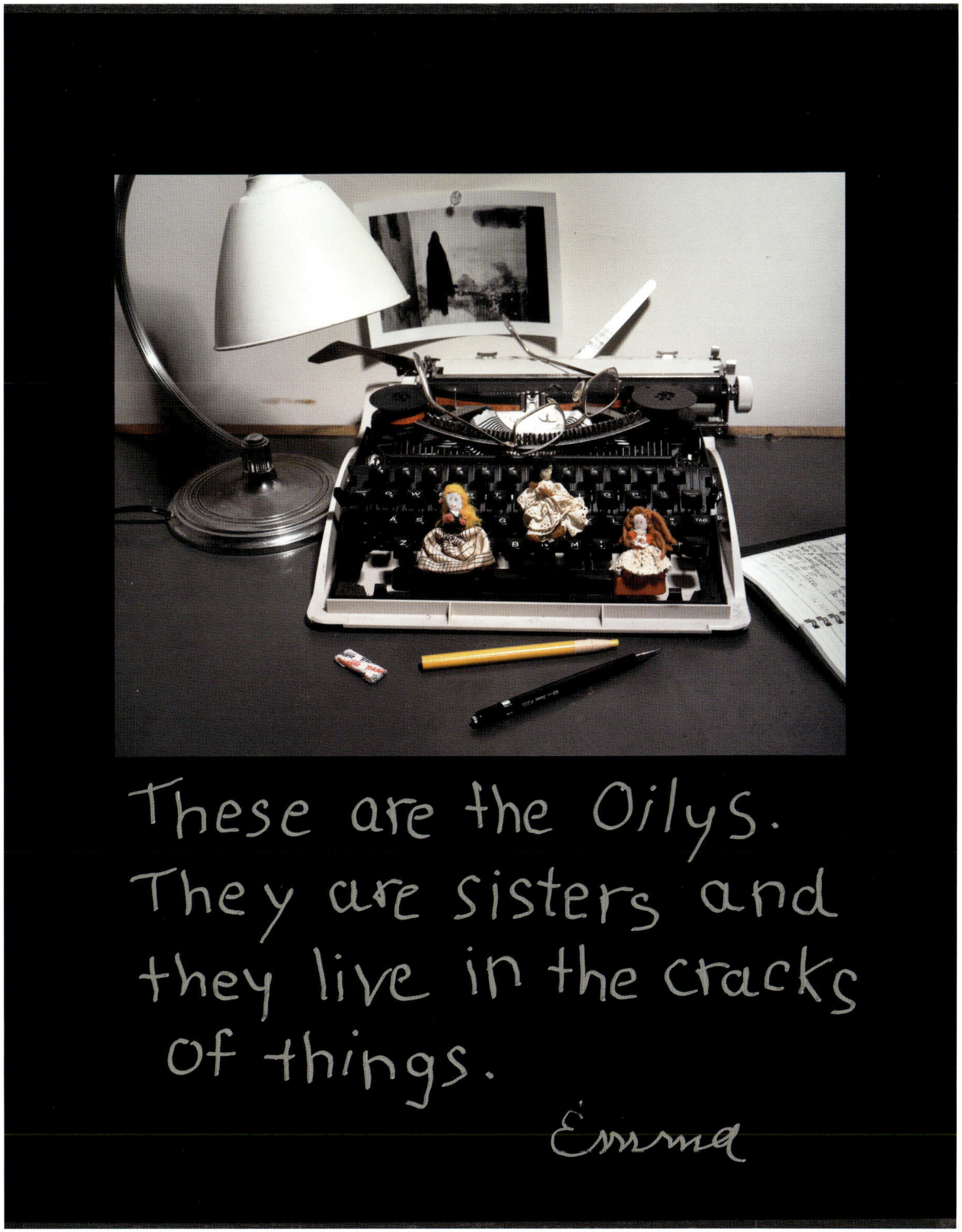
These are the Oilys.
They are sisters and
they live in the cracks
of things.
Emma

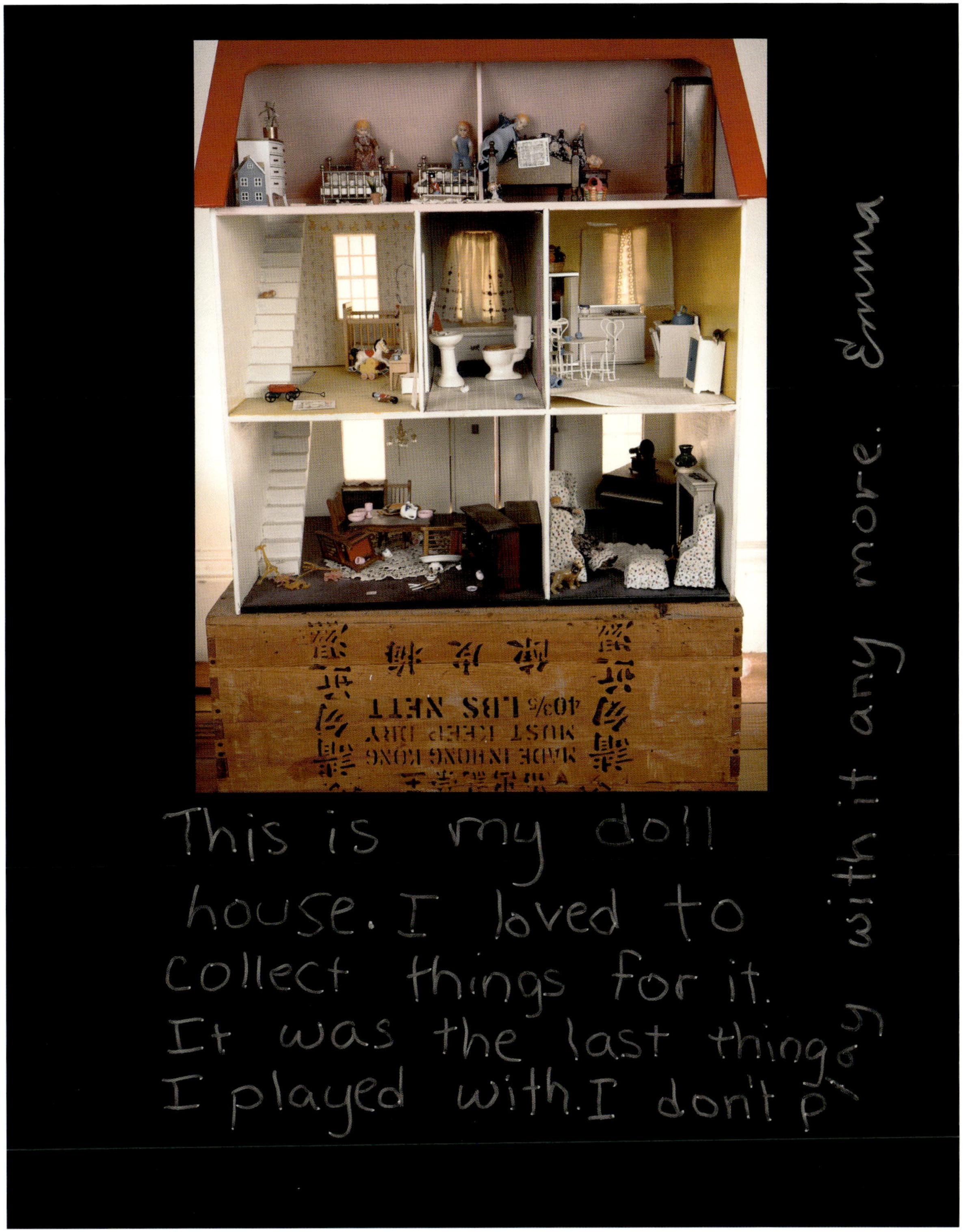
This is my doll house. I loved to collect things for it. It was the last thing I played with. I don't play with it any more.
Emma

THE DEATH OF MY GRANDMOTHER

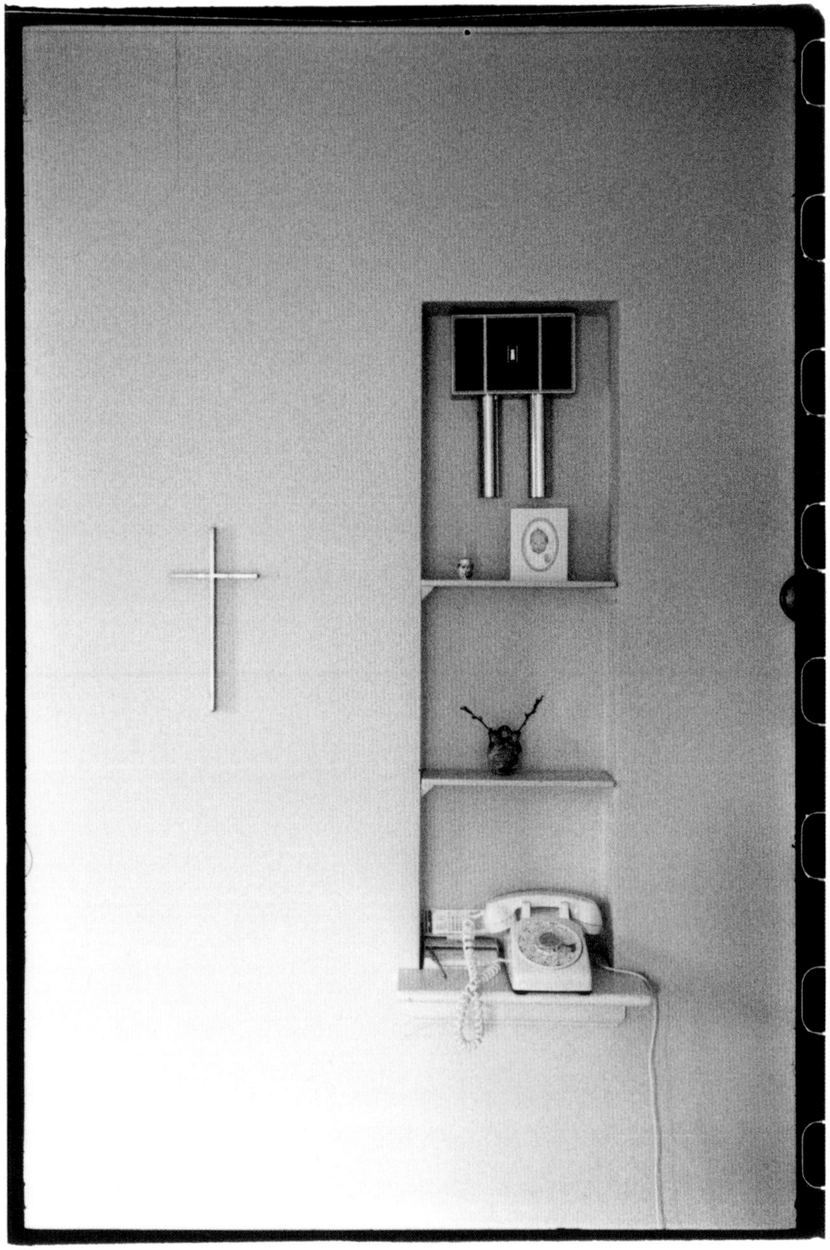

My mother called to tell me Grandma died.
She asked me to come home.

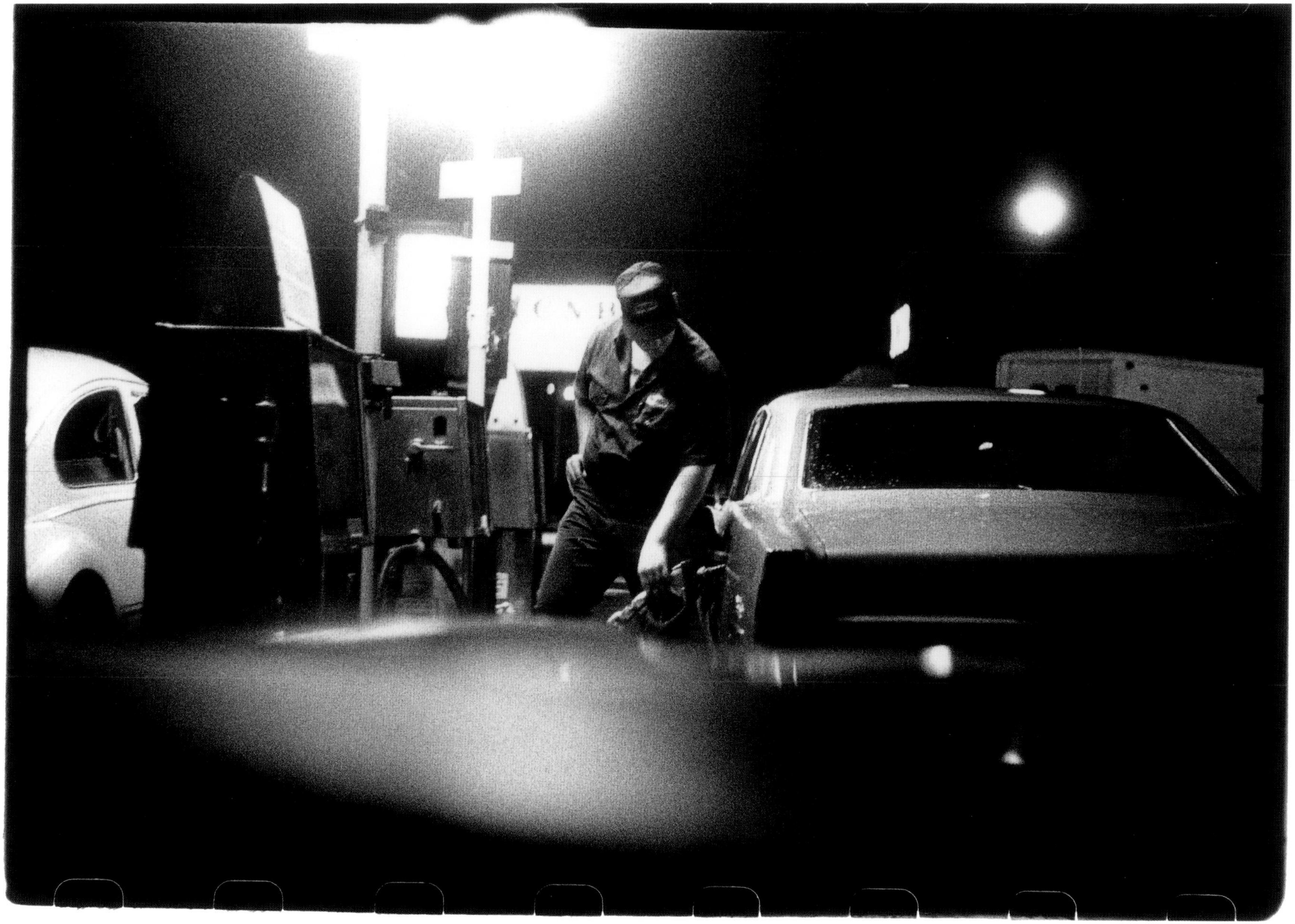

I left Detroit that night.

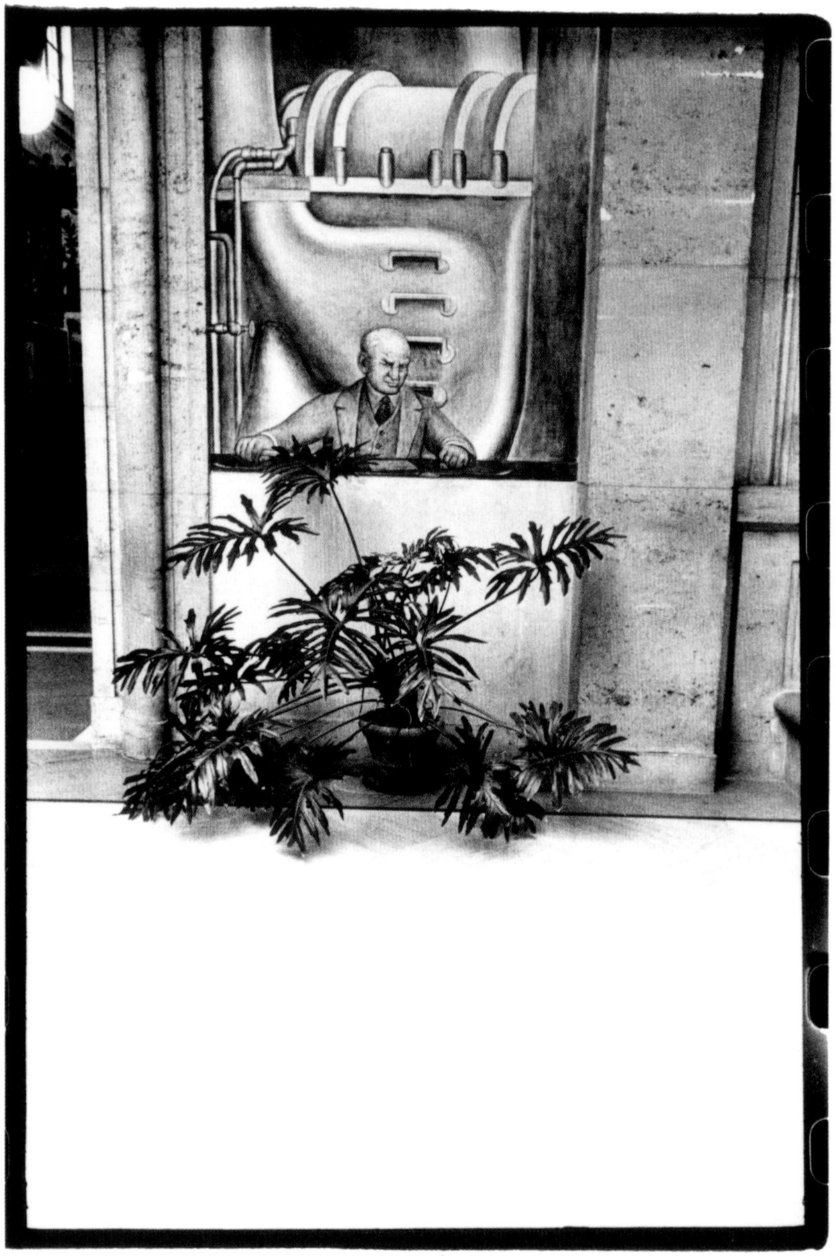

While driving I thought about my Grandma.
She worked her whole life as a seamstress, for men like this.

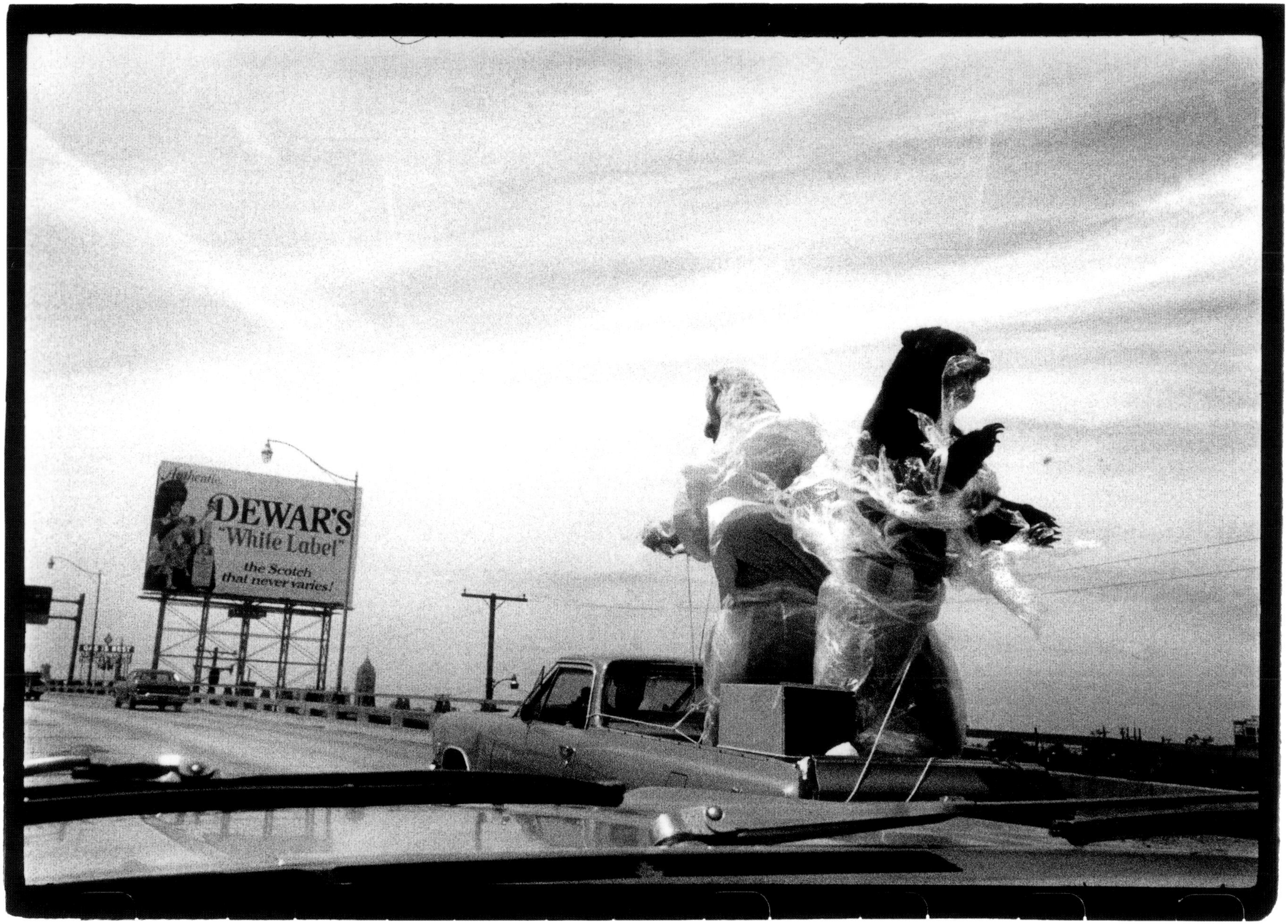

She used to say, "Sometimes you eat the bear, and sometimes the bear eats you."

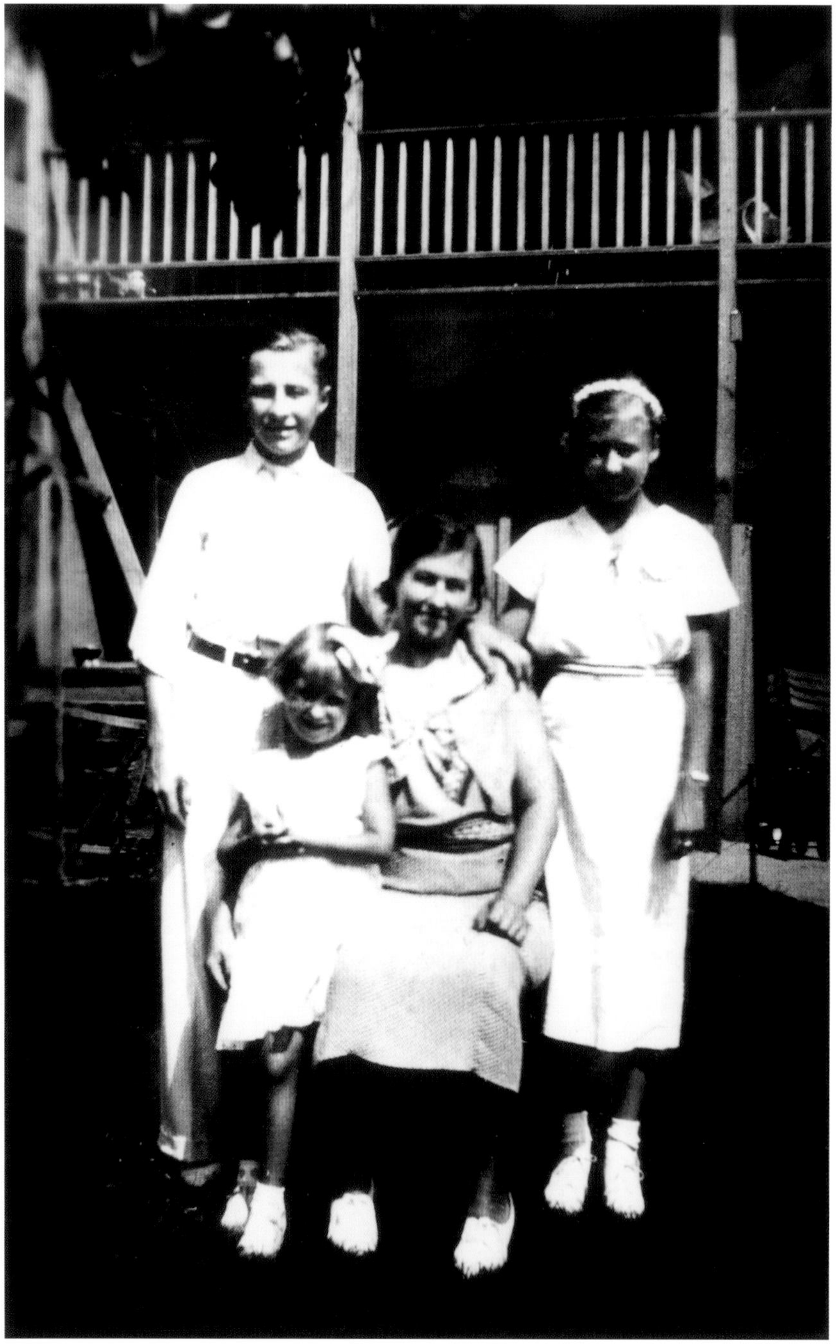

Her husband died in a steel mill. She raised three children by herself

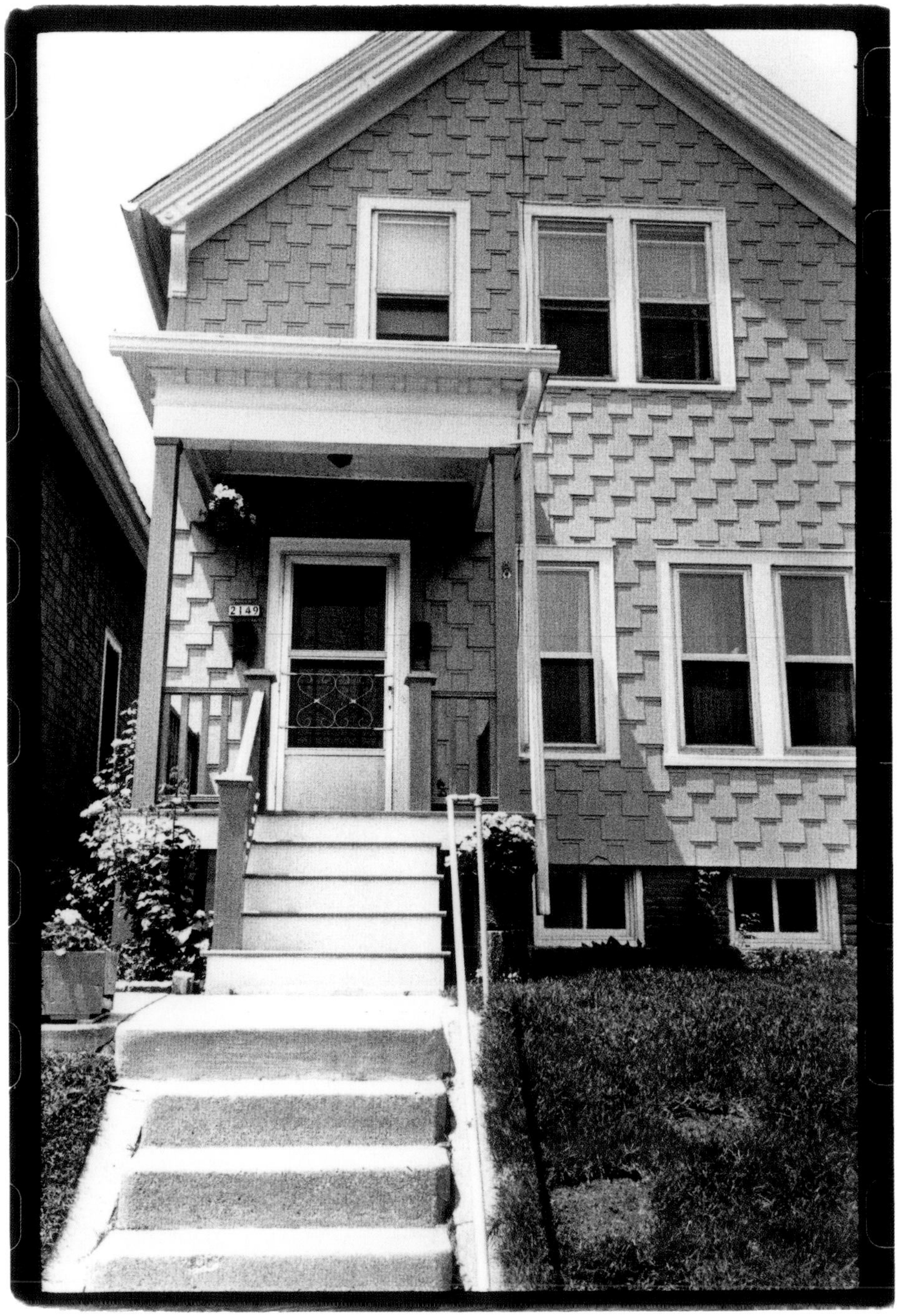

in this house in Milwaukee, near the docks.

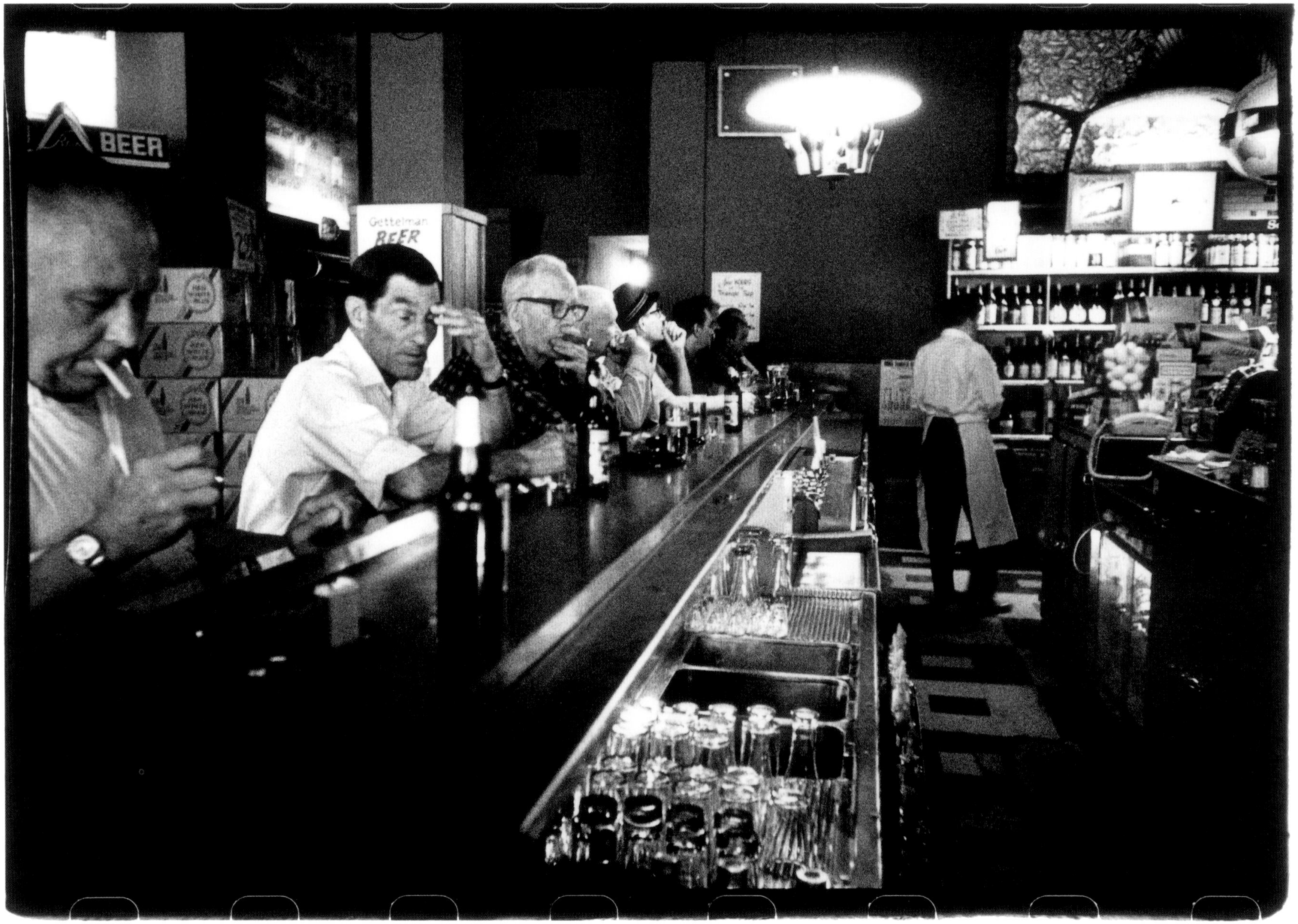

Her oldest child, my father, ran a bar. Two shots and a beer 95 cents.

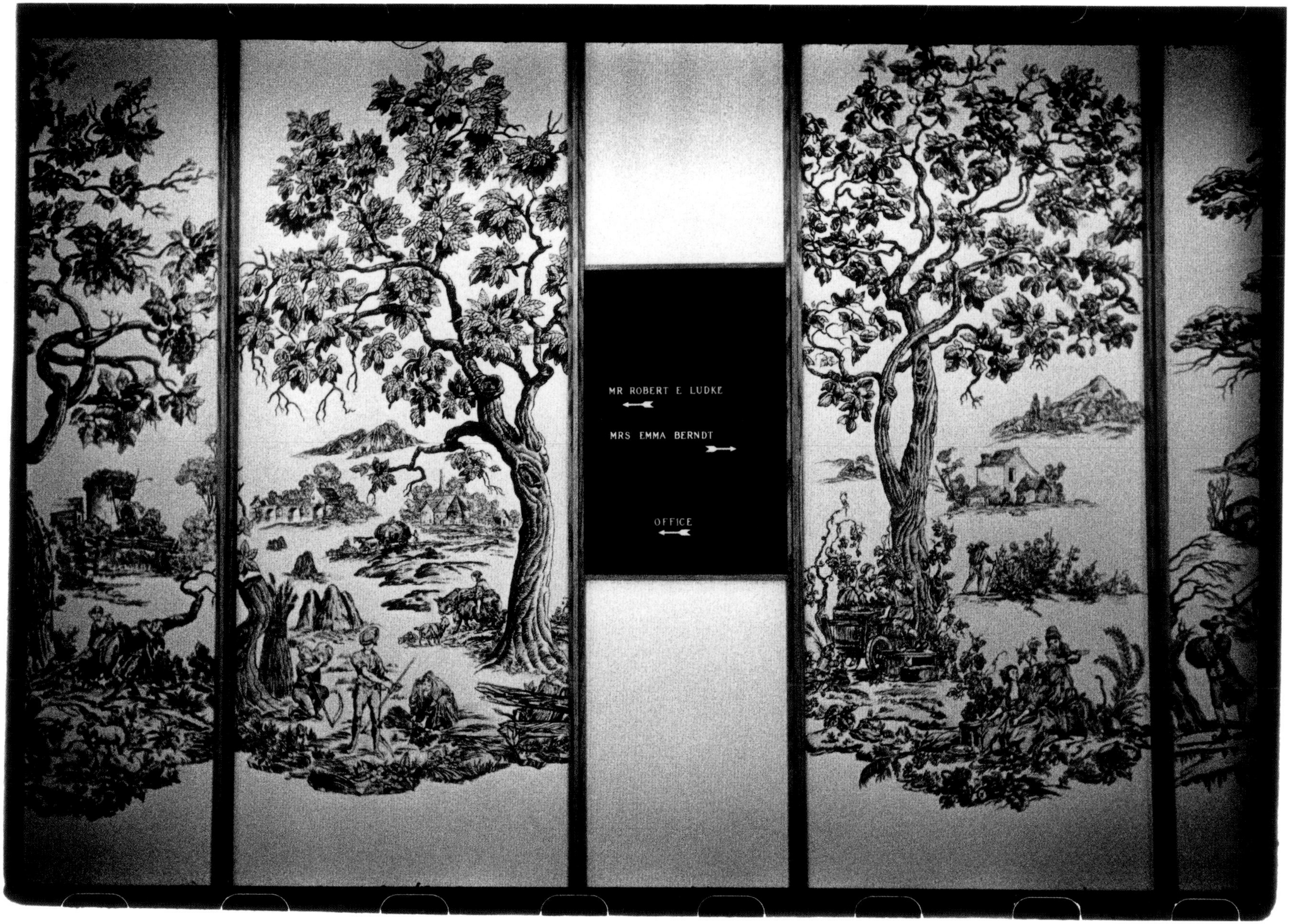

I would see her at the Prasser-Kleczka Funeral Home

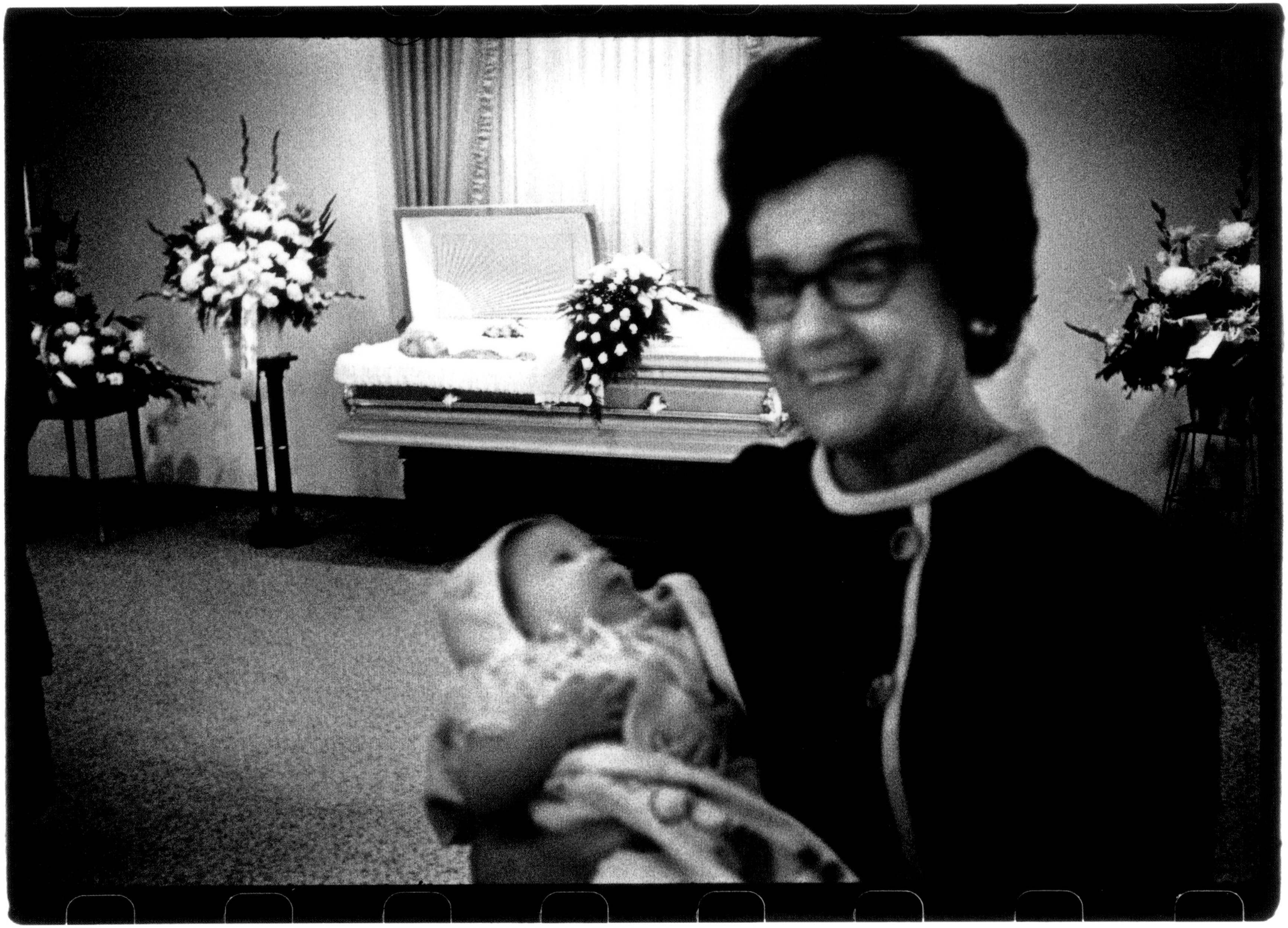

with my niece and my mother.

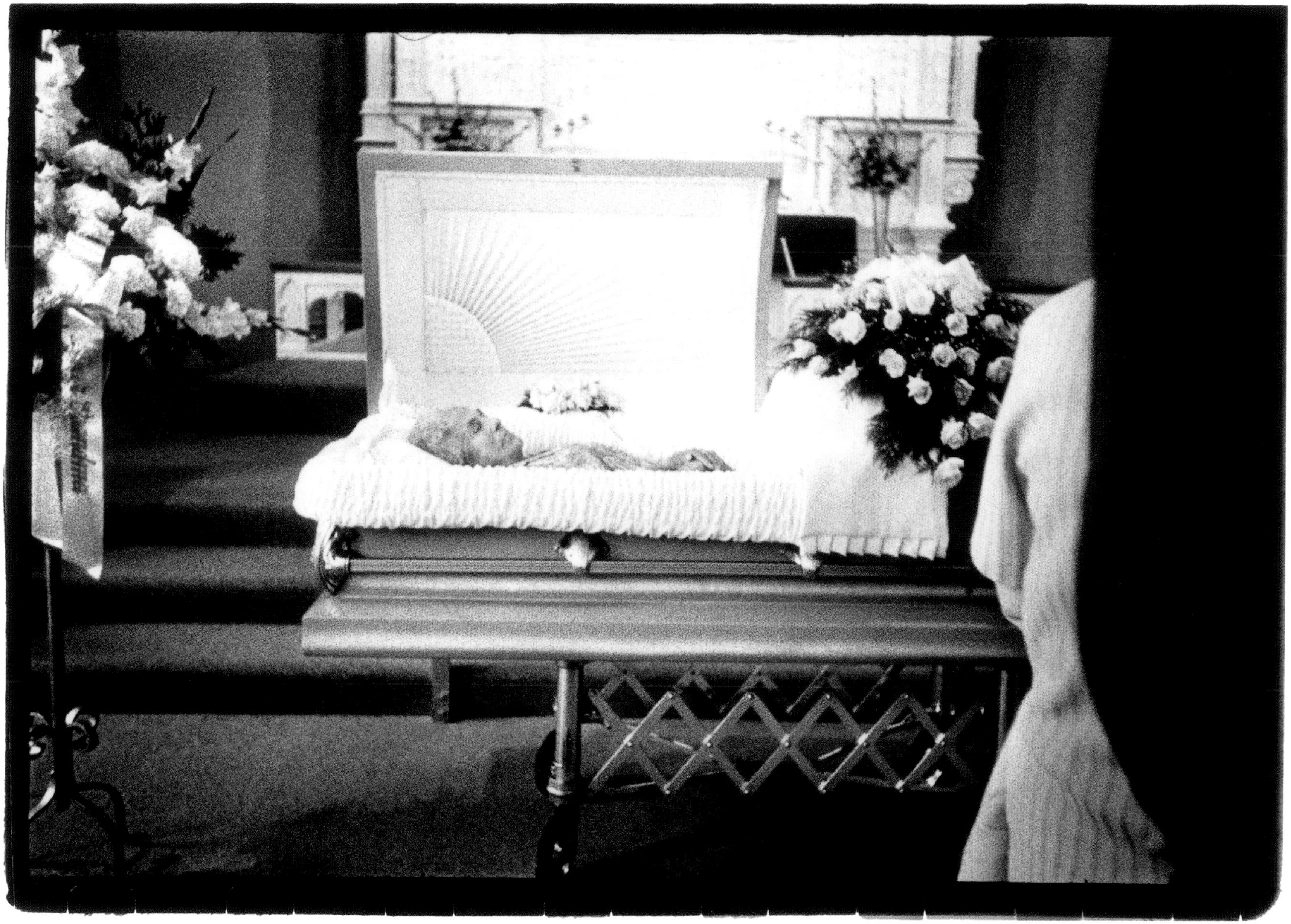

The next day a small service was held

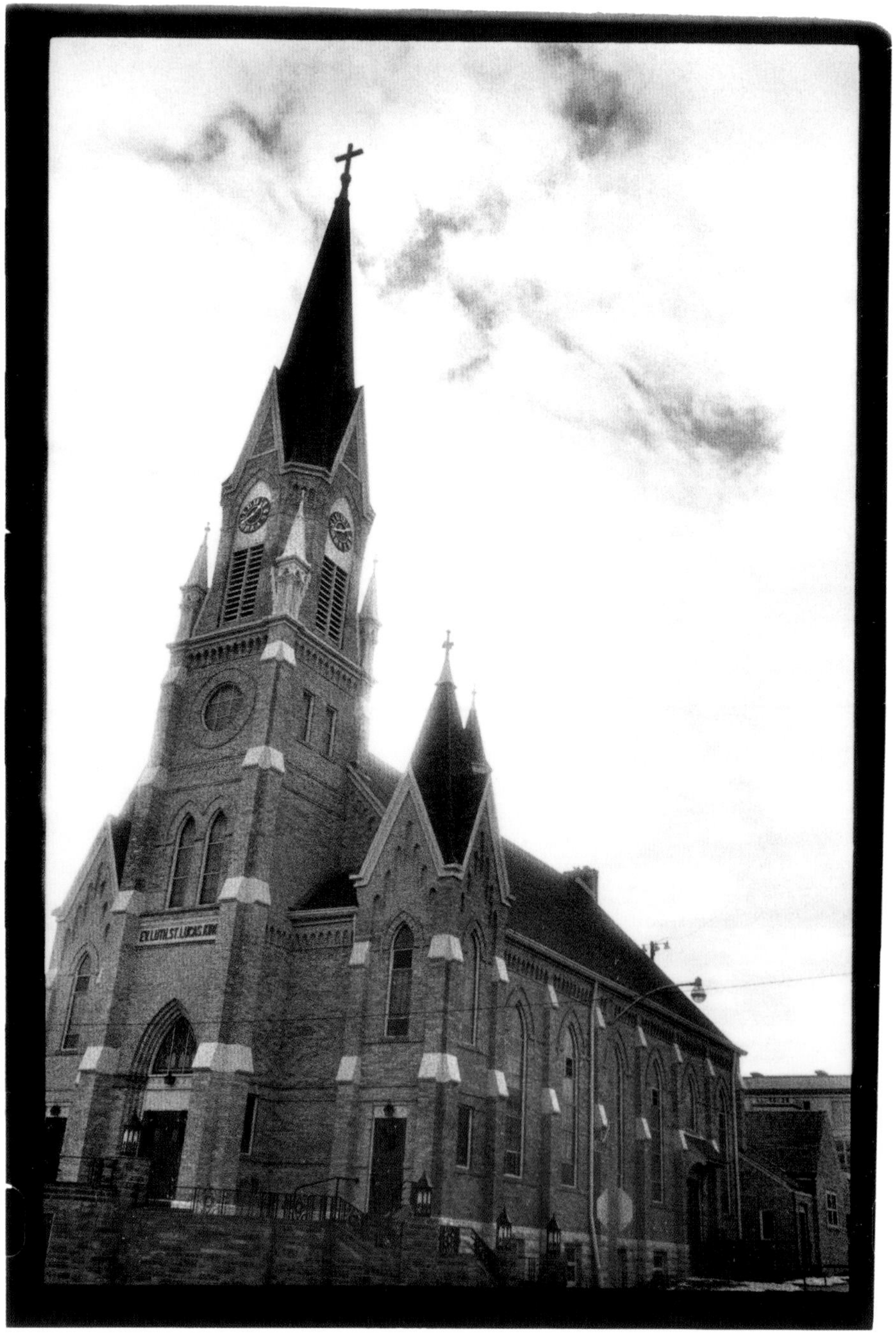

in Saint Lucas Lutheran Church where my Grandmother prayed for 60 years.

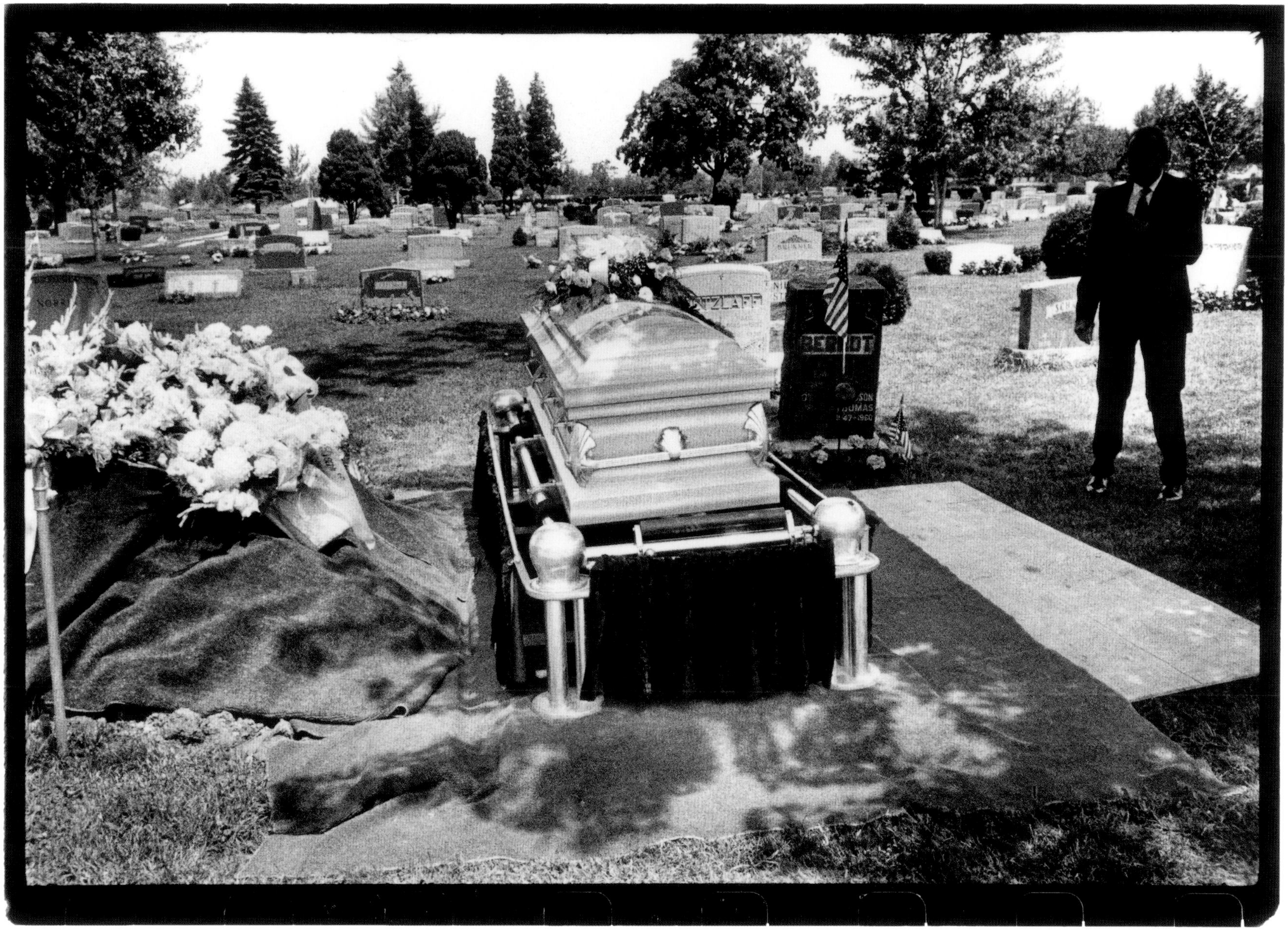

She was buried next to my brother Tom.

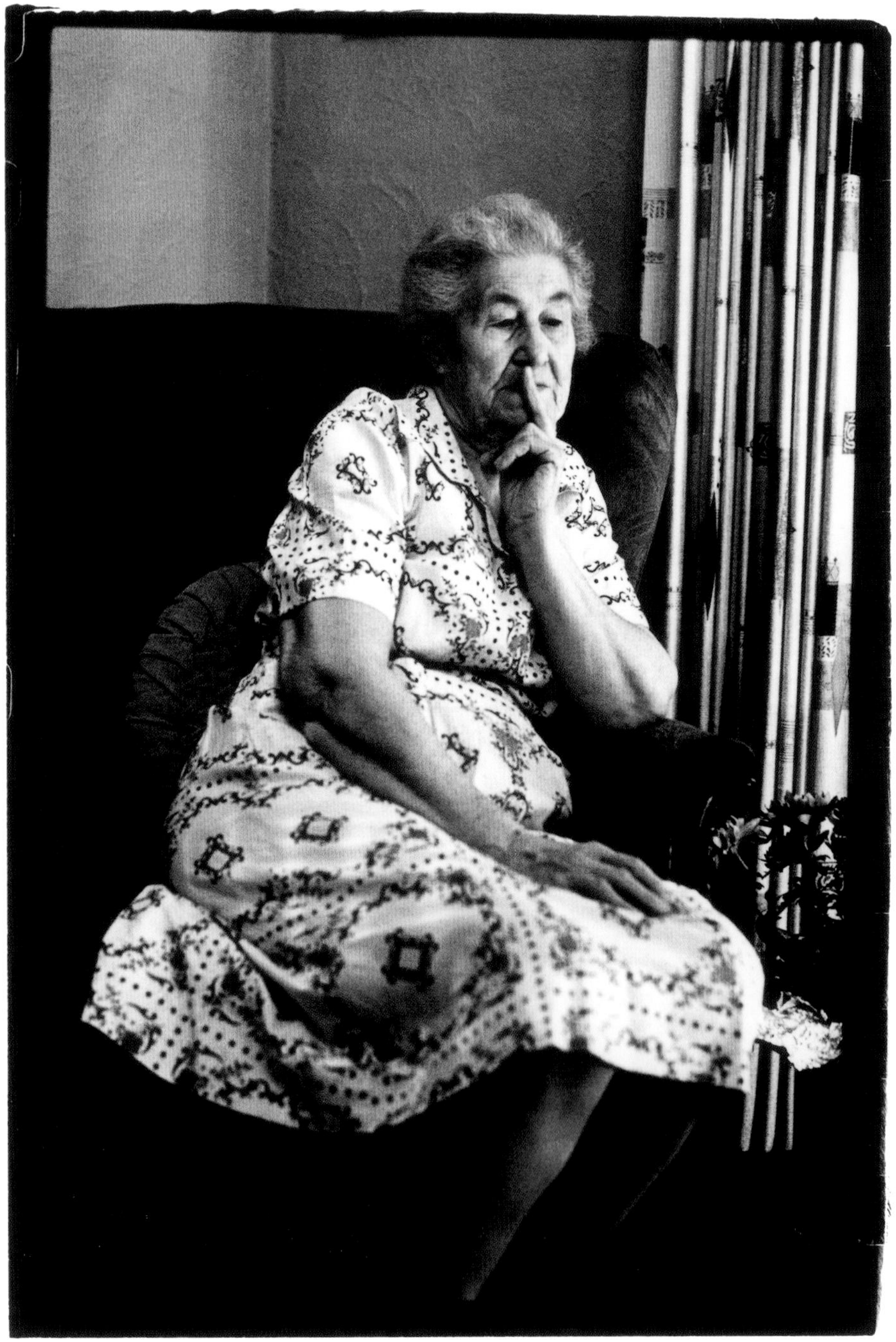

The last time I saw her she said, “Goodby Jerry if I don’t see you no more.”

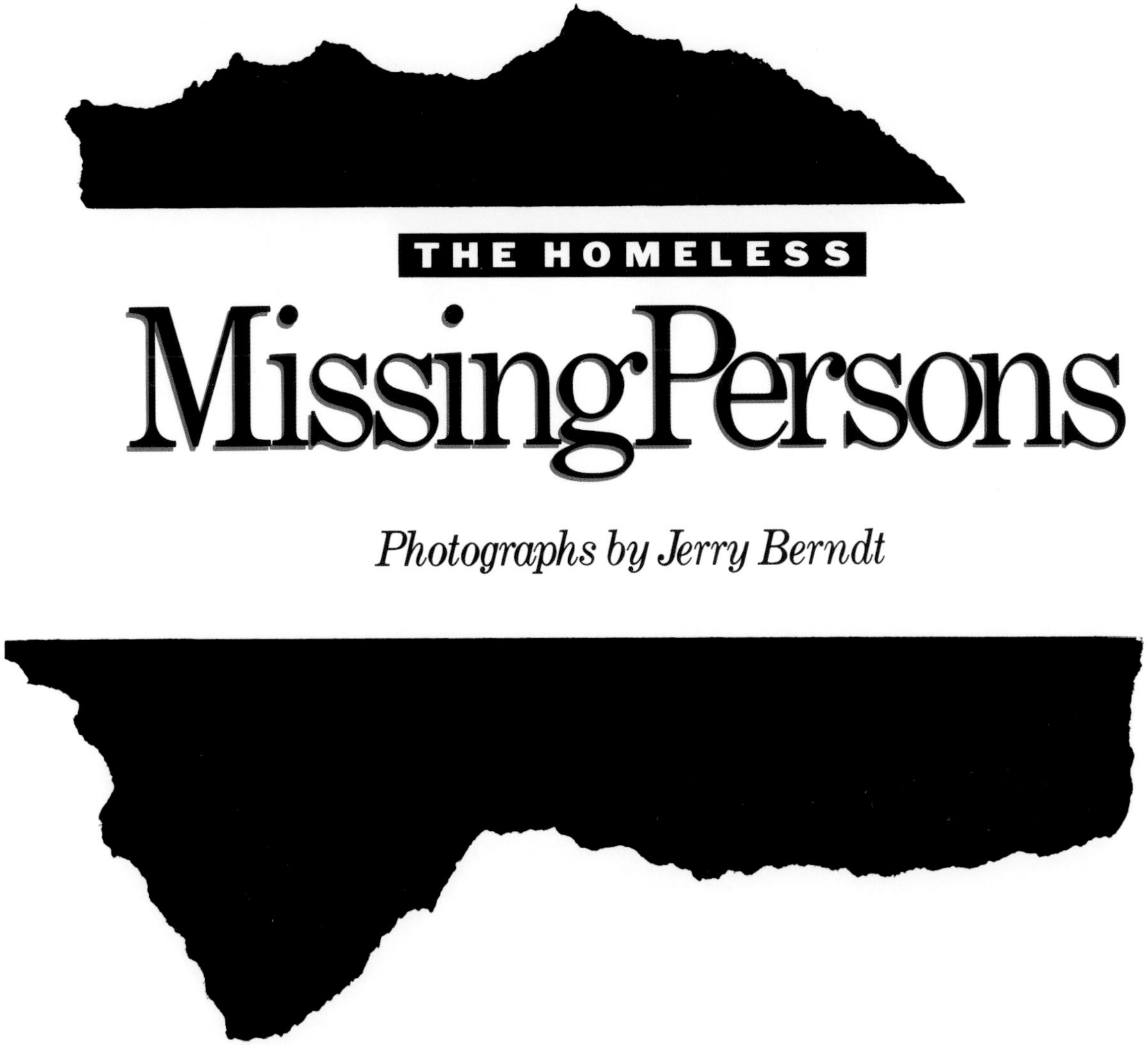

Umschlag der Erstveröffentlichung 1986 / Cover of the first edition 1986

16

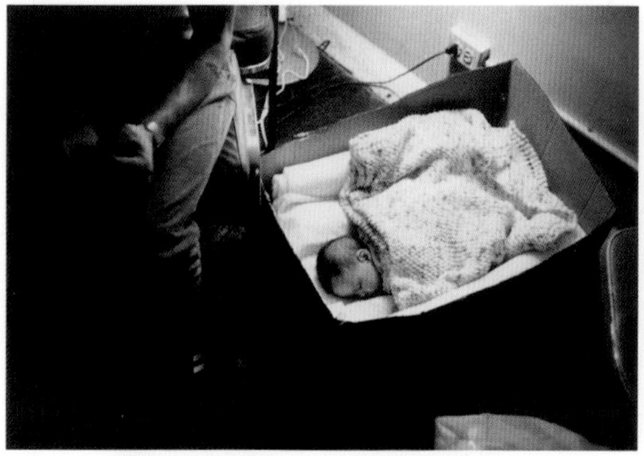

A young couple with a three-month-old baby in a cardboard box was found trying to sleep at the bus station. The young woman's father had thrown them out of his house. "When we came home," the woman said, "he was just standing there yelling, 'Get Out!' and calling us trash because we weren't married. All our clothes and stuff he cut up and smashed and threw all over the front yard. So now we have nothing—just our baby and our love."
—Photographer's notes

17

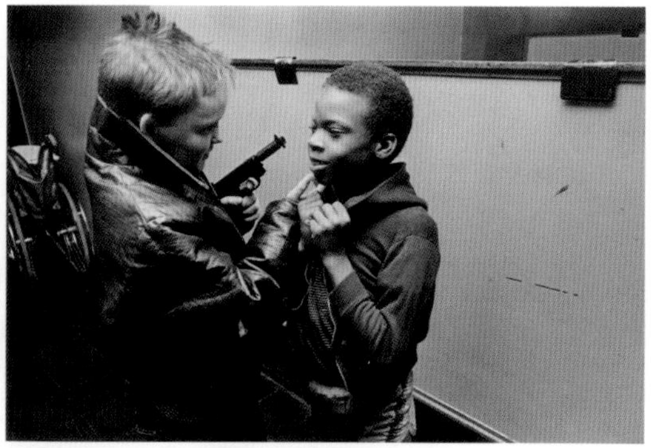

"We've spent too many weekends in emergency shelters holding babies," says Mr. Hayes [a legal advocate for the homeless]. "They will be the homeless adults or adults without hope 20 years from now."
• NEW YORK TIMES, 11/3/85

They shouldn't have families with kids staying out here—too many crazies, sick people, real nut cases. Kids shouldn't see this sort of thing. It's a bad influence."
—Shelter guest

18

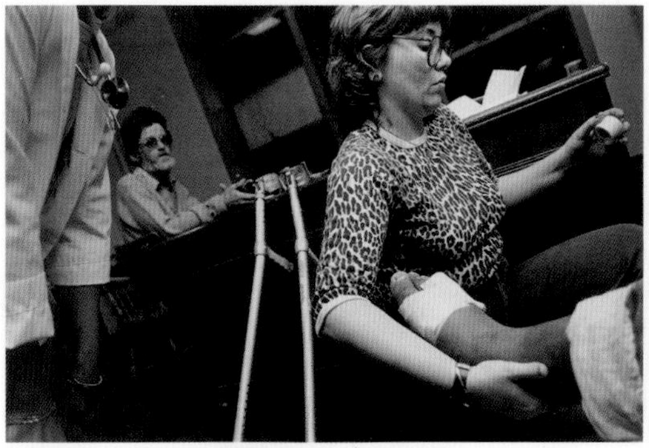

As expected of any street population, many [at the Shattuck Shelter] were medically ill. About 44 percent reported such disorders as heart disease, high blood pressure, ulcers, emphysema, asthma, and severe skin disease. . . . "Almost all the homeless need humane living situations, medical care and extensive psychosocial services. But they [shelters] do not provide even minimal standards of medical care," said Dr. Ellen Bassuk of Harvard Medical School.
• BOSTON GLOBE, 6/22/83

You know, there are people on the top and people on the bottom of every society. You're looking at the ones on the bottom. We're like the feet of society—out walking all day, getting frozen, getting stepped on, stepping in the shit. We aren't the problem. Until people understand this, nothing will get better."
—Shelter guest

19

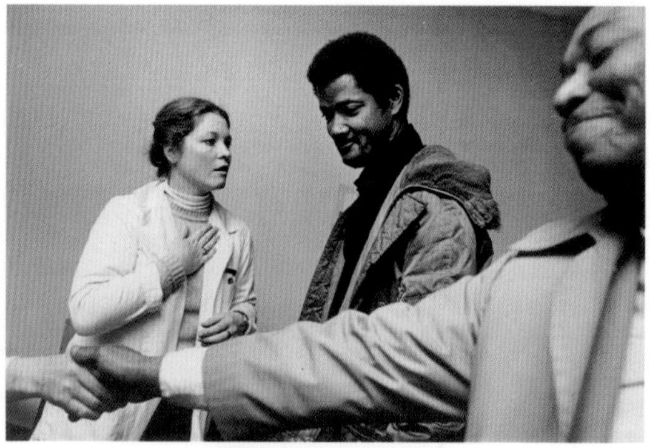

She came out to the shelter when it first opened and worked a few nights as a favor to a friend. When the favor was up, Noreen stayed on. I asked her why, because it's a pretty thankless task, an uphill battle at best. Noreen said she wanted to keep working at the shelter because that was where she felt she could do the most good.
—Photographer's notes

Aus dem Inhalt / double spreads

22

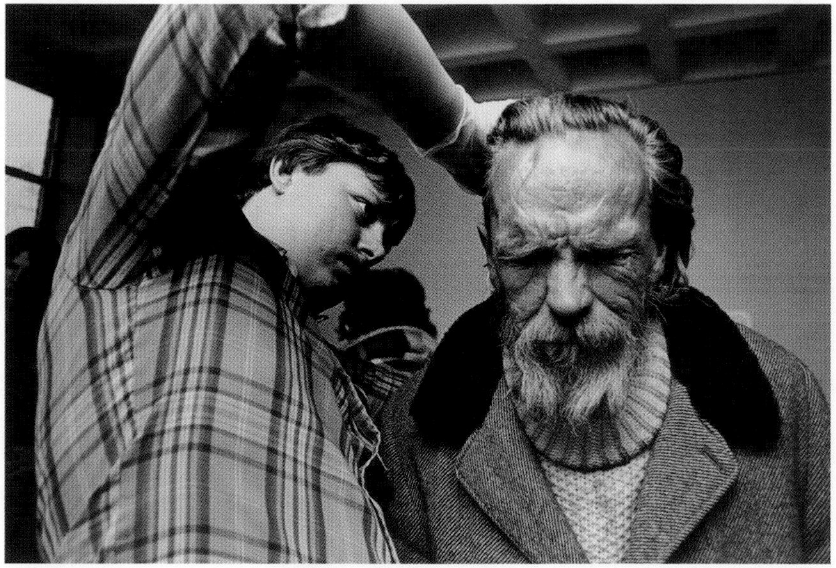

I was shocked by the Globe's insensitivity in labeling an oversized front-page picture of a homeless alcoholic as "Some Prefer the Streets." Regardless of his economic status, the man should be treated with dignity.

The Globe should have known that many readers would interpret the picture to mean that there really is no need for society to help these people because such aid would be rejected.

• EDWARD G. CASEY, LETTER TO THE EDITOR, BOSTON GLOBE, 1/2/86

I think everyone here should thank God for a clean bed and some food—but the *moat* to get here is long and hard. Three or four hours I have to stand in line just to get to this place. And the shit they make you go through to get shelter is depressing—the lines, the lice checks, the body searches, the bad food, the people looking at you as they drive by in their Cadillacs. It's just depressing."
—Shelter guest

23

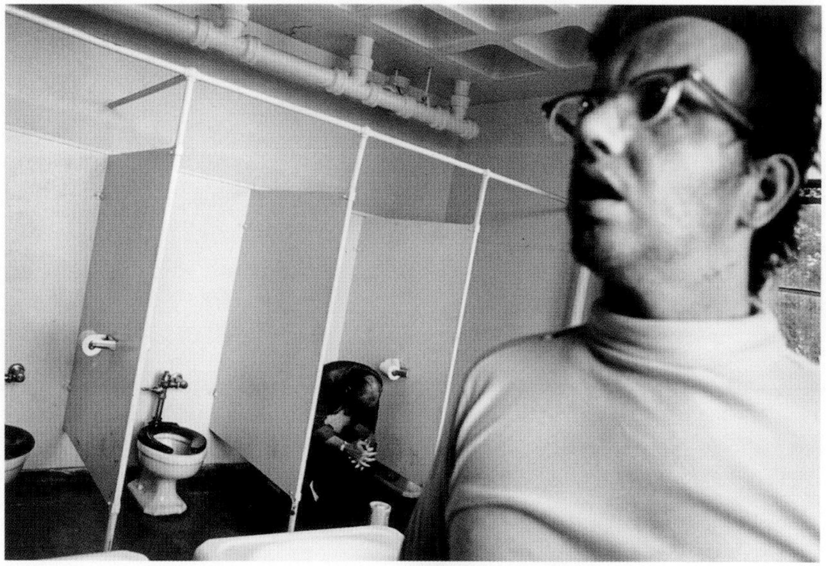

I can't stand it anymore. There's no privacy here. People just don't want to leave you alone! You can't get a good night's sleep because somebody is trying to steal from you, or is coughing all night, or starts screaming or something. Hell, there isn't even enough toilet paper, much less doors on the stalls!"
—Shelter guest

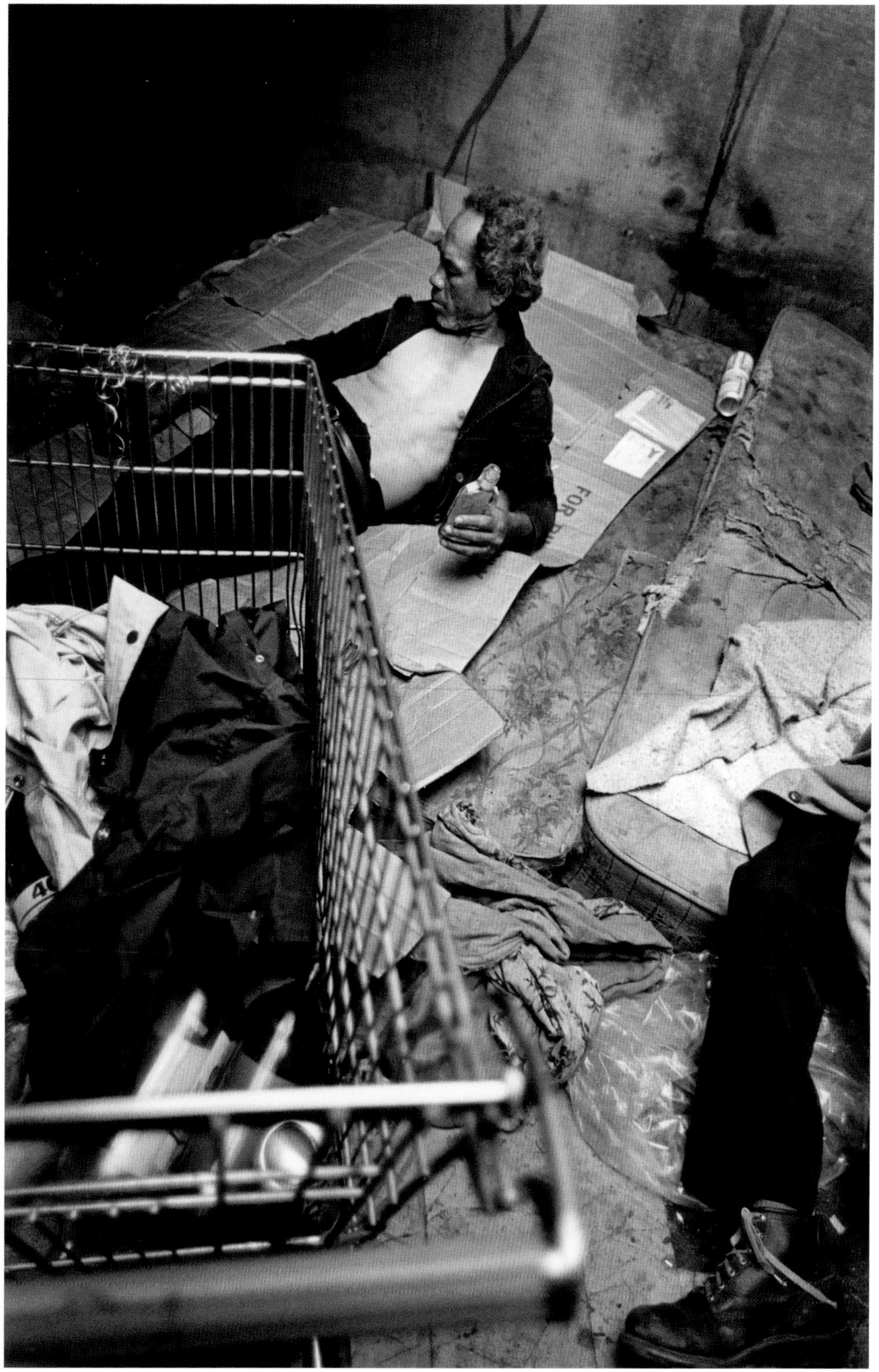

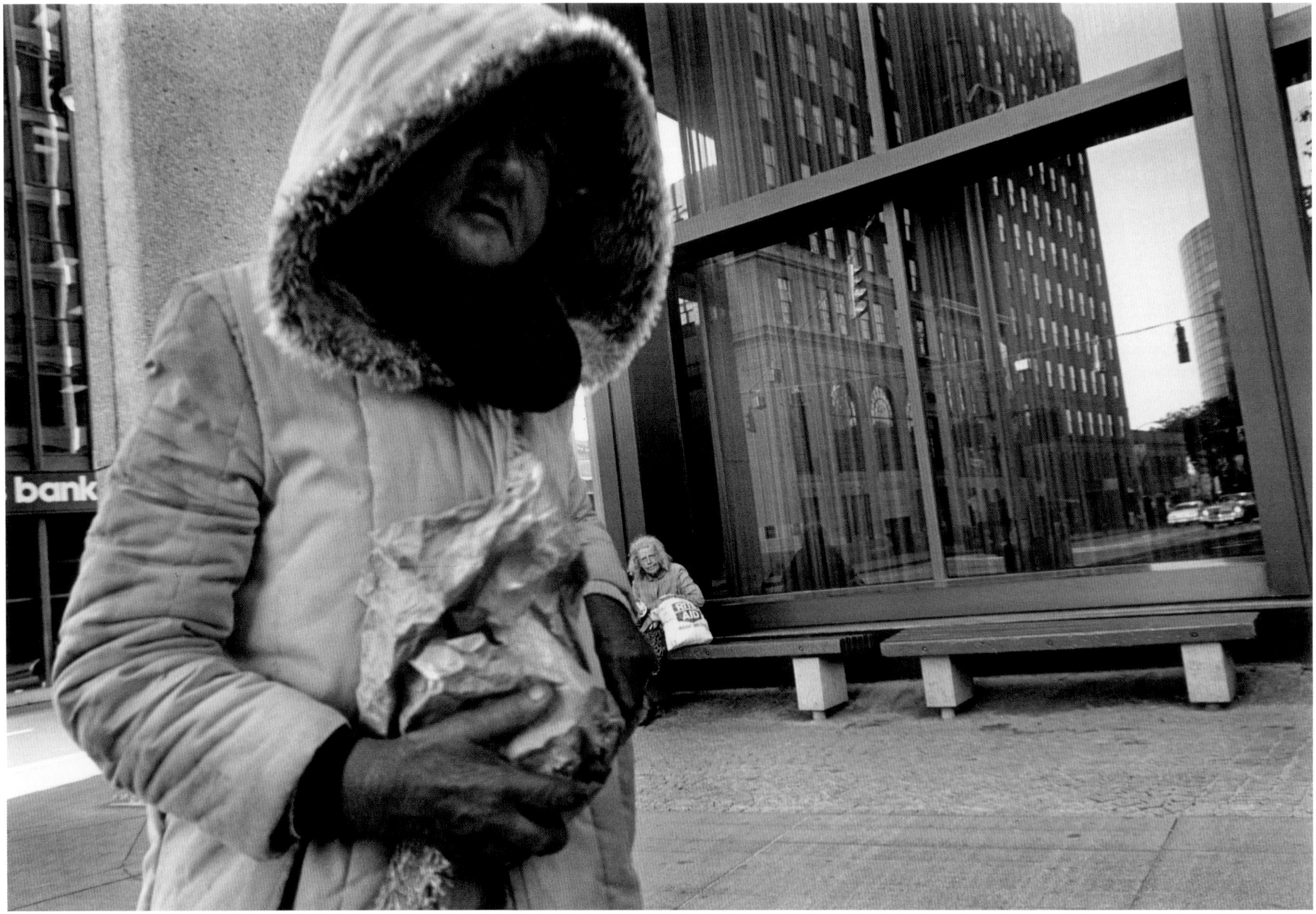
bank

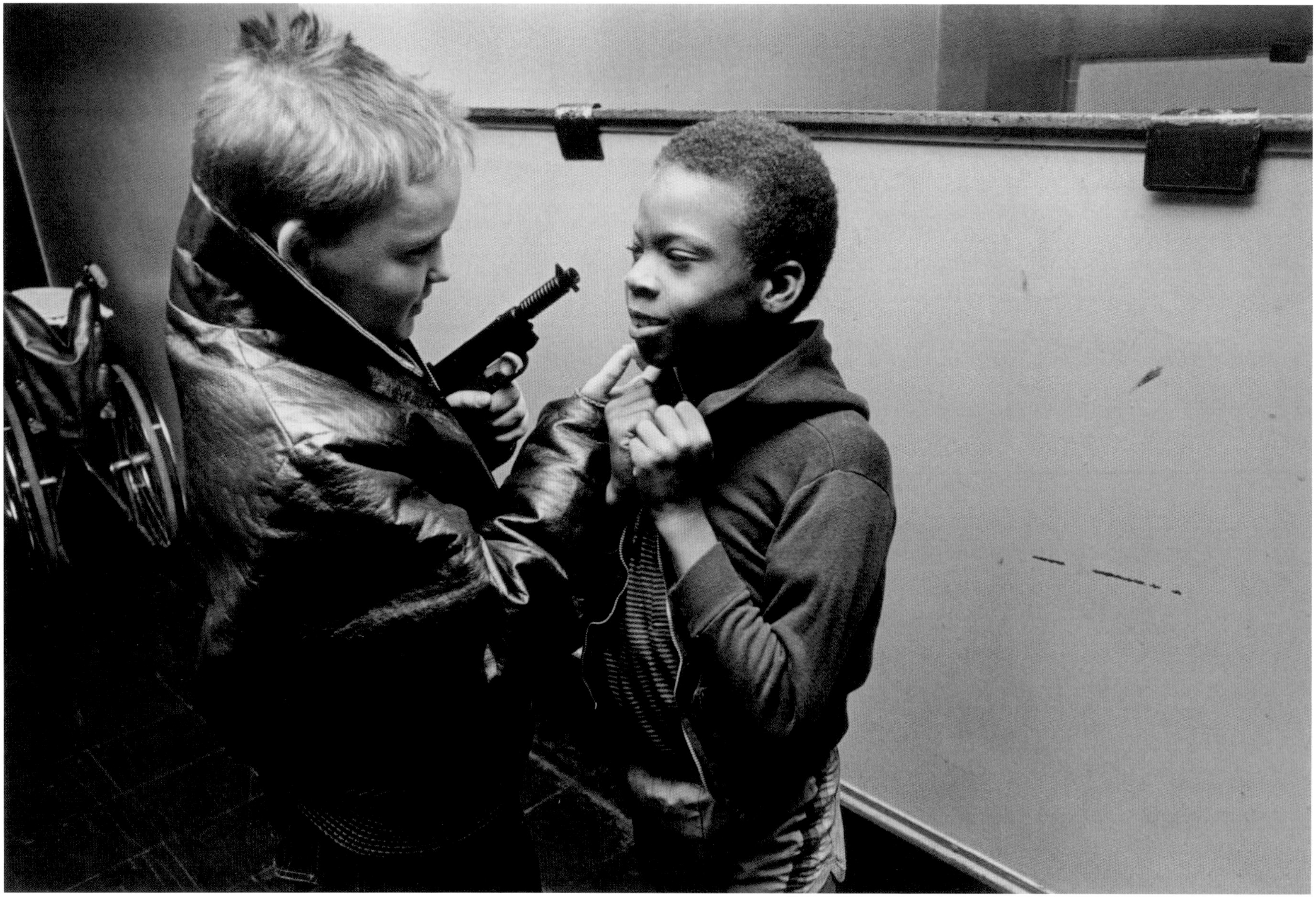

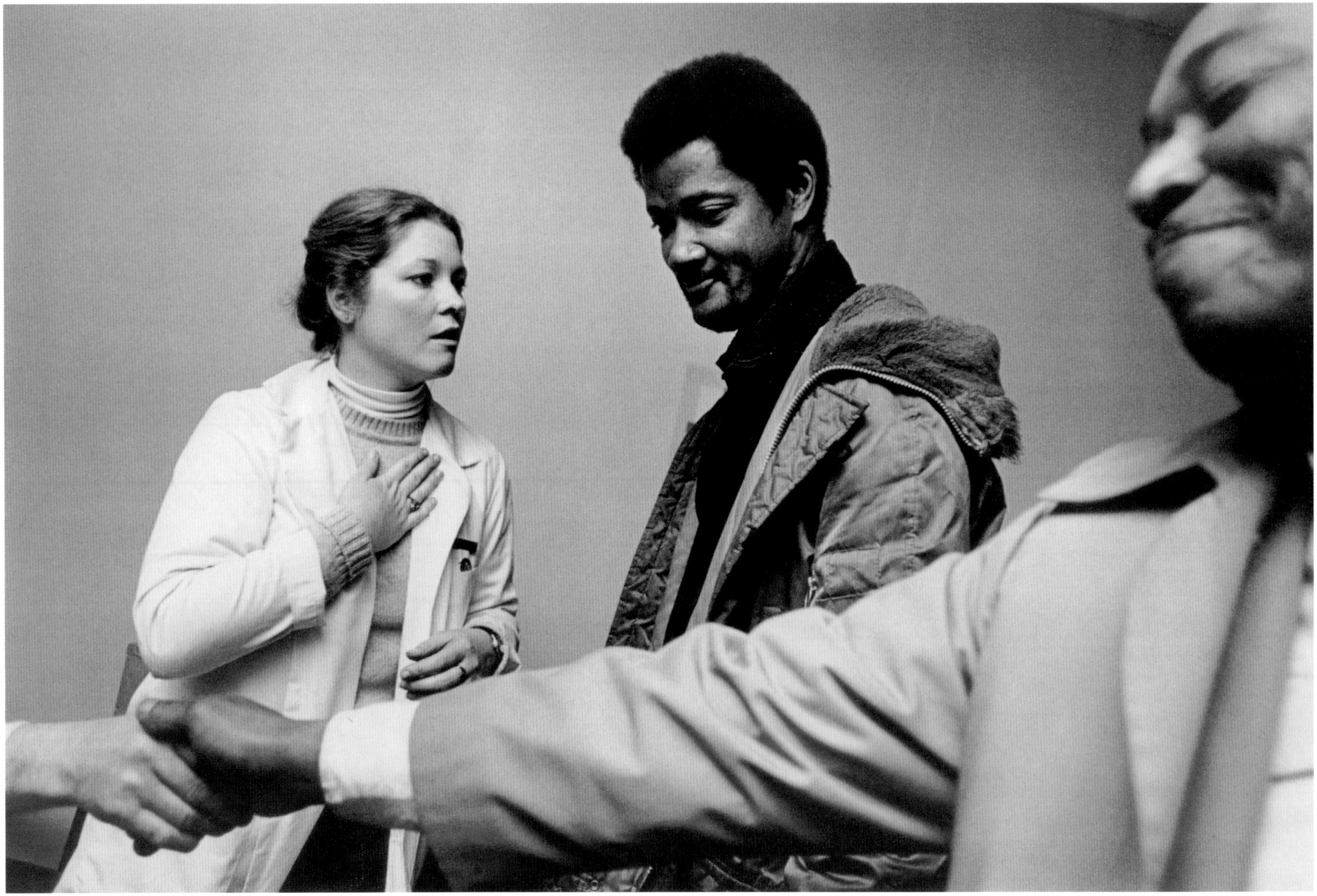

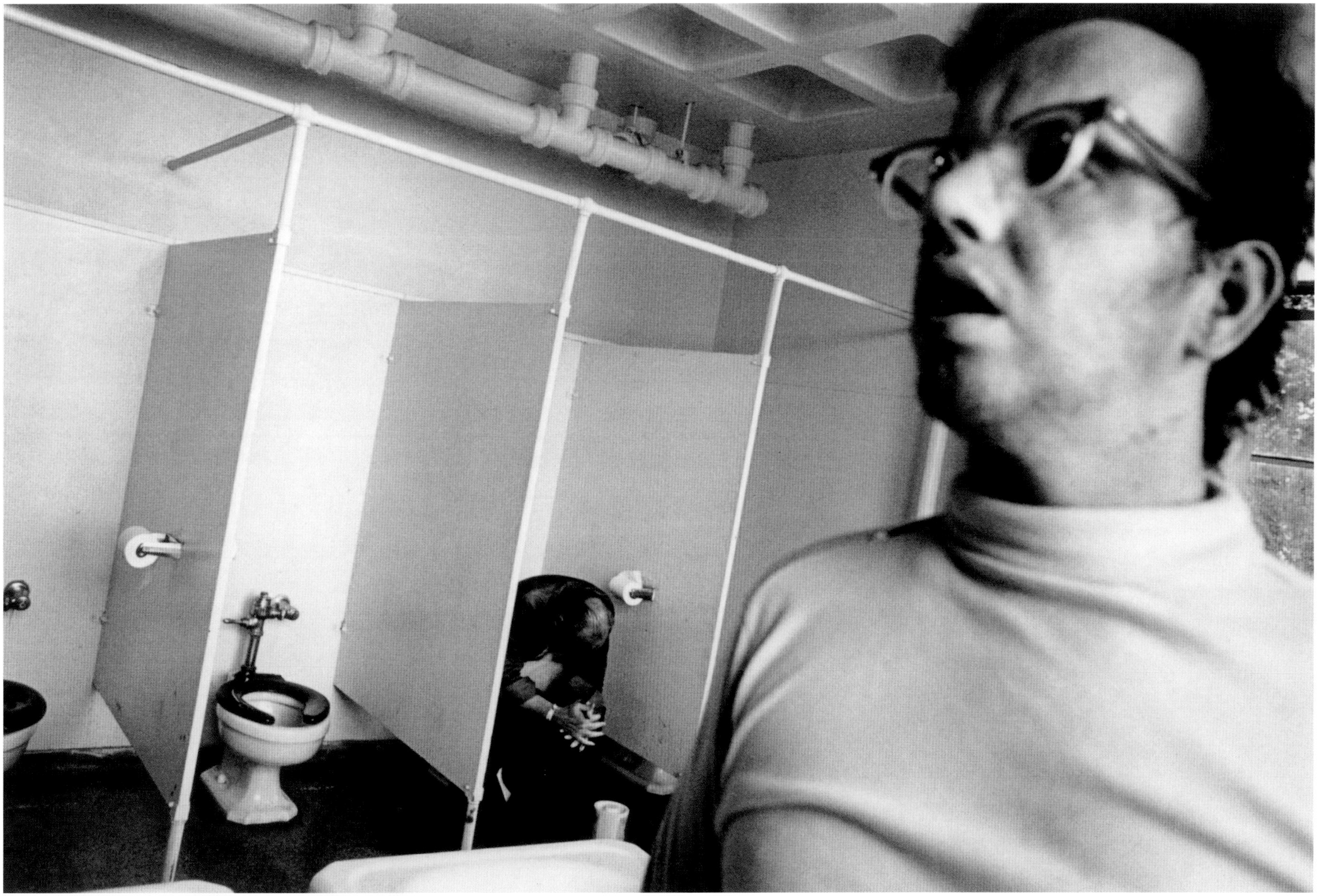

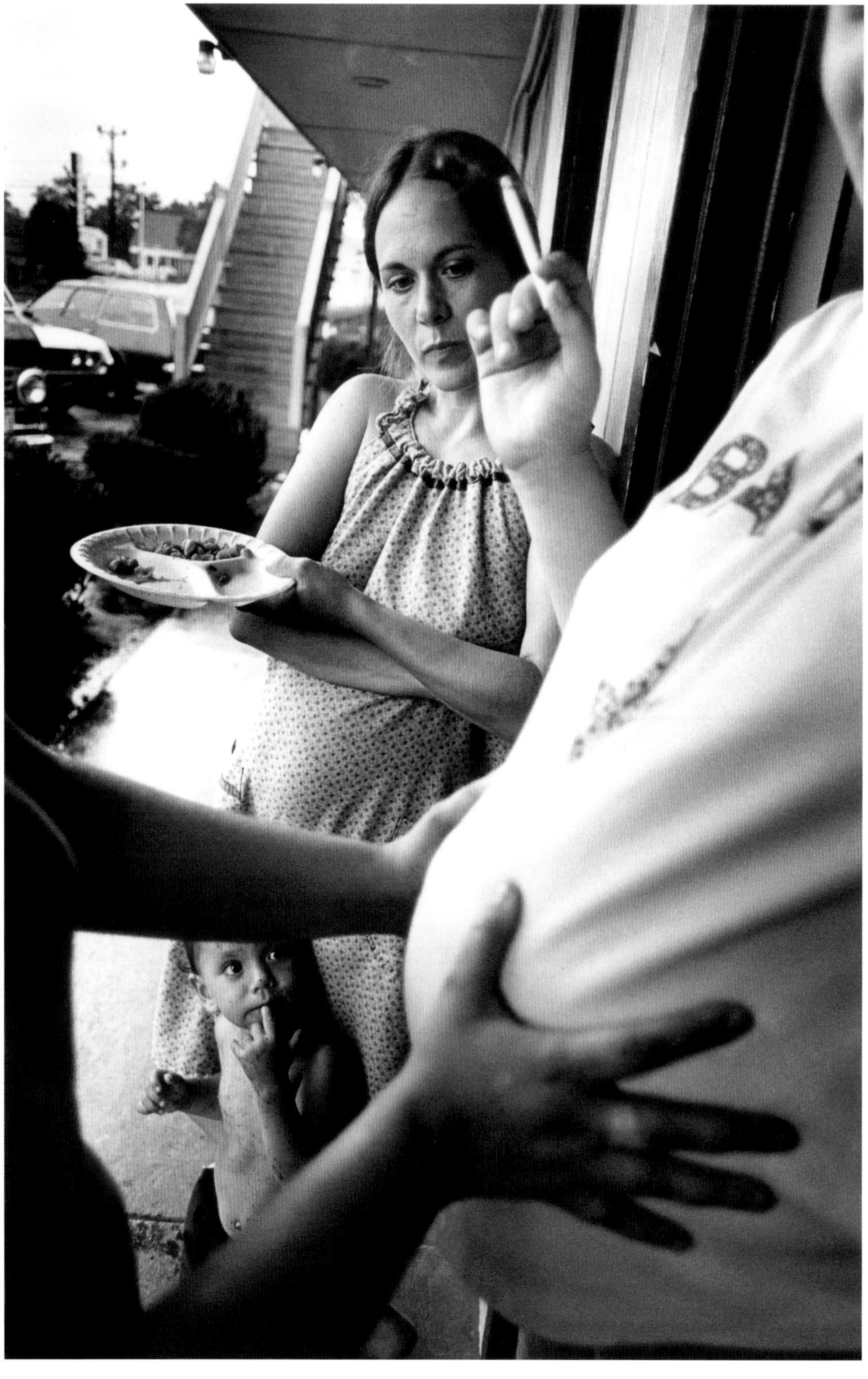

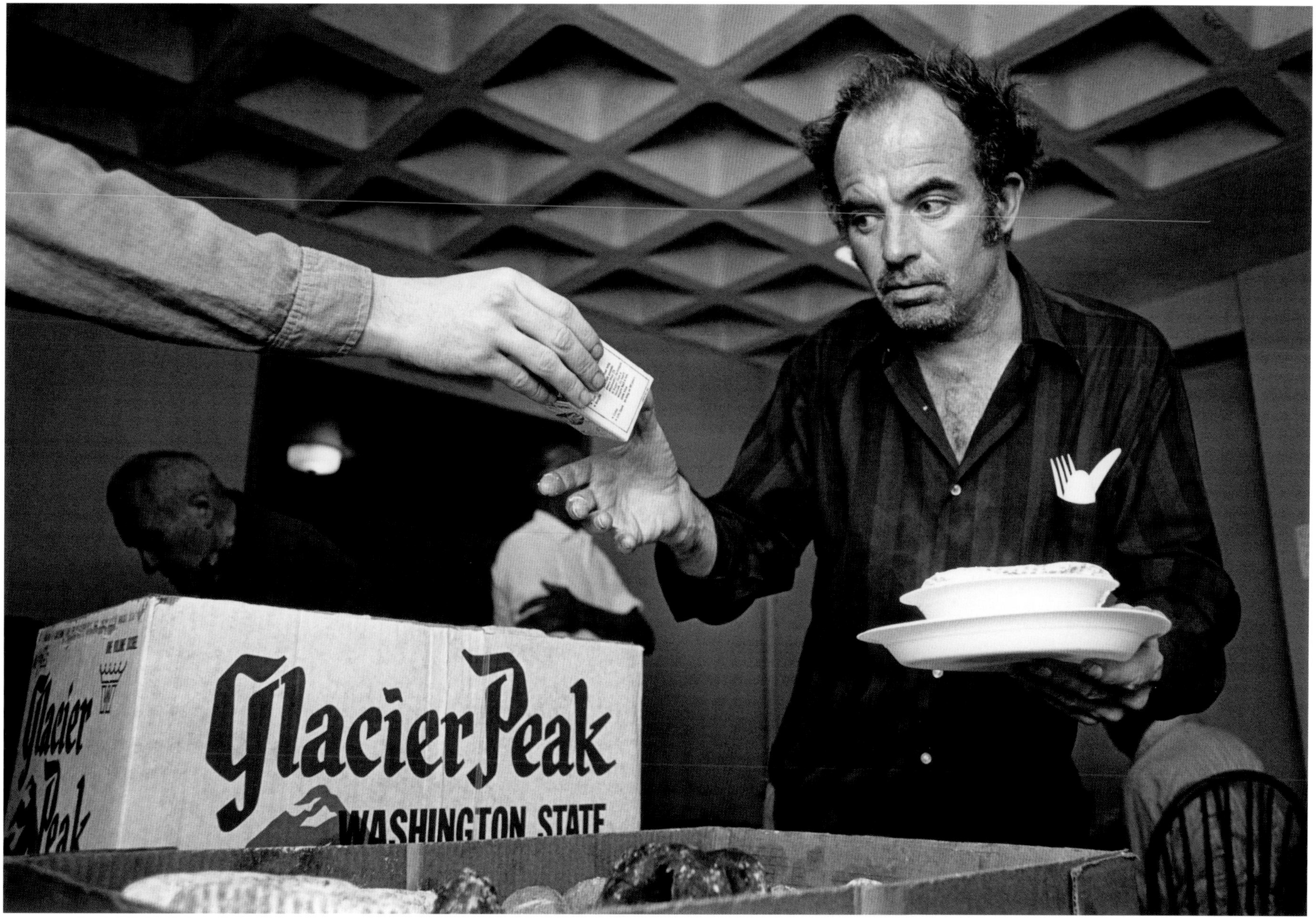
Glacier Peak
WASHINGTON STATE

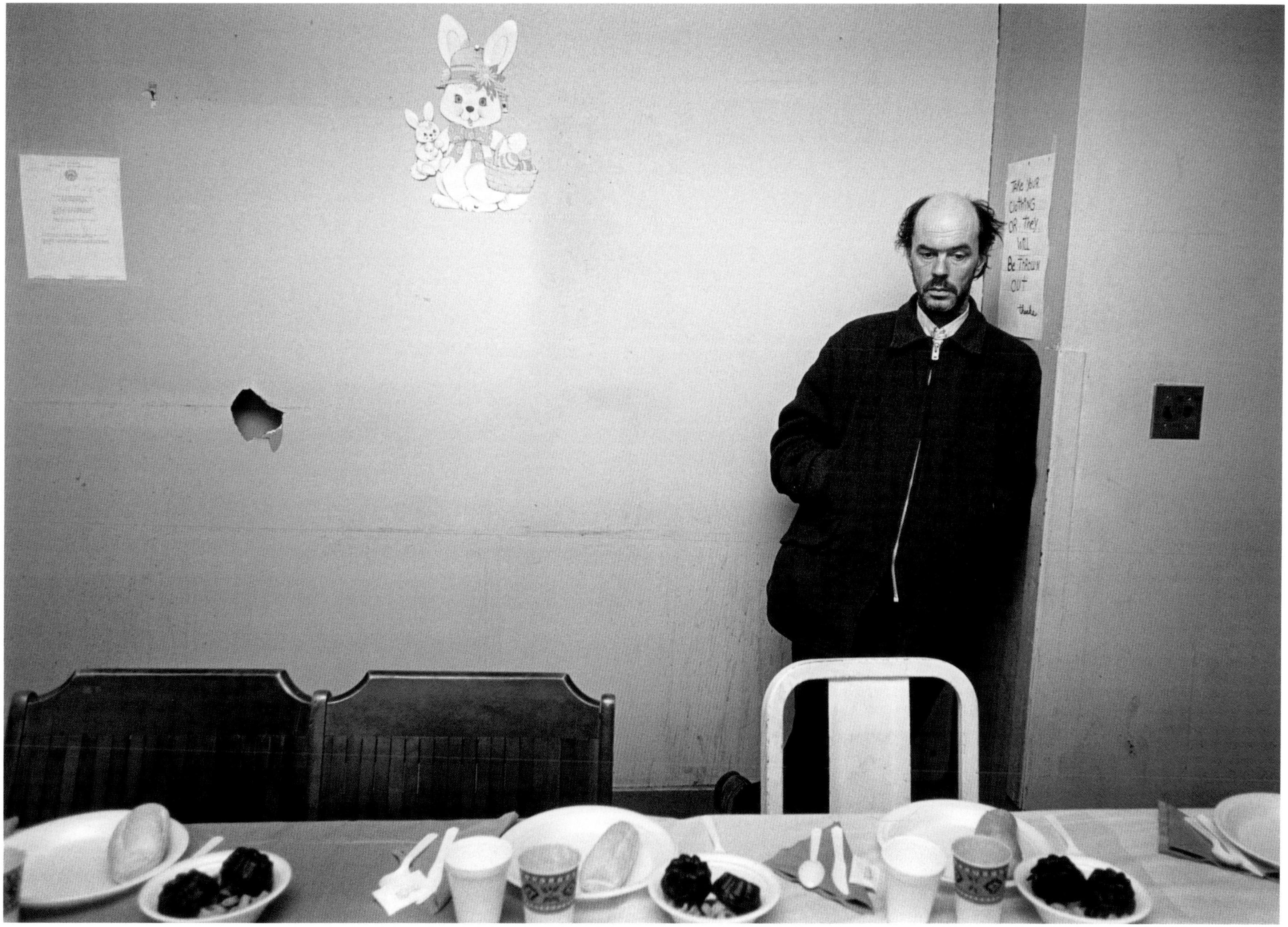
TAKE YOUR
CLOTHING
OR THEY
WILL
BE THROWN
OUT
thanks

ABBILDUNGEN / PHOTOGRAPHS

Alle Fotografien sind Silbergelatineabzüge. Abweichungen sind extra aufgeführt / All photographs silver gelatin unless otherwise noted

Frontispiz: Nixon's first Watergate speech, 1973, 61,5 x 85 cm

The Combat Zone

29 Amusement Center exterior with 3 young toughs, Washington Street, Boston, 1967, 40,6 x 50,8 cm

30 Prostitute looking out window, Washington Street, Boston, 1968, 40,6 x 50,8 cm

31 Olympia Billiard Parlor & pool hustler, Washington Street, Boston, 1969, 40,6 x 50,8 cm

32 Street scene with drunken or crazy man, Washington Street, Boston, 1968, 40,6 x 50,8 cm

33 Two hookers with men following, Washington Street, Boston, 1968, 40,6 x 50,8 cm

34, 35 Fight with black woman on street, Boston, 1967, 20 x 25,5 cm

36 Hooker beaten by her pimp lying face down on sidewalk, Washington Street, Boston, 1969, 40,6 x 50,8 cm

37 Man lying in alley off Washington Street, face up, drunk & beaten, Washington Street, Boston, 1967, 40,6 x 50,8 cm

39 Window of King Pizza, Washington Street, Boston, 1968, 40,6 x 50,8 cm

40, 41 Drunken man sleeping on car. Cops come and arrest him, Boston, 1968, 20 x 25,5 cm

43 Raid in after hours joint, Boston, 1969, 40,6 x 50,8 cm

44 Man going into Garden of Eden, poster of naked woman on wall, Washington Street, Boston, 1968, 40,6 x 50,8 cm

45 The Garden of Eden, stripper, Washington Street, Boston, 1969, 40,6 x 50,8 cm

47 3am, Washington Street, Boston, 1968, 40,6 x 50,8 cm

49 White Tower, Boston, c. 1967, 40,6 x 50,8 cm

50 Three sailors sitting, Washington Street, Boston, 1969, 40,6 x 50,8 cm

51 Young toughs inside amusement center, Washington Street, Boston, 1967, 40,6 x 50,8 cm

52 Angel & Mississippi, two prostitutes, Washington Street, Boston, 1968, 40,6 x 50,8 cm

53 Young wanna be pimp, Washington Street, Boston, 1968, 40,6 x 50,8 cm

54, 55 Pimps and whores in Cadillac, Boston, 1967, 20 x 25,5 cm

57 Stripper holding her crotch, Washington Street, Boston, 1967, 40,6 x 50,8 cm

58 Ort's Golden Nugget, couple dancing, Washington Street, Boston, 1967, 40,6 x 50,8 cm

59 Young man at juke box, Washington Street, Boston, 1969, 40,6 x 50,8 cm

60 Ort's Golden Nugget, Boston, 1969, 40,6 x 50,8 cm

61 Prostitute, Boston, 1968, 45,5 x 50,3 cm

Bar Rooms

77 Triangle Tap, Milwaukee, 1975, 40,6 x 50,8 cm

78 O'Malley's, Somerville, 1992, 40,6 x 50,8 cm

80 The Coach Lounge, Boston, 1973, 40,6 x 50,8 cm

81 O'Malley's, Somerville, 1990, 40,6 x 50,8 cm

82 The Littlest Bar, Boston, 1979, 40,6 x 50,8 cm

83 Abbeyfeale Café, Somerville, 1974, 40,6 x 50,8 cm

84 The Blue Sands, Boston, 1983, 40,6 x 50,8 cm

85 O'Malley's, Somerville, 1985, 40,6 x 50,8 cm

87 The Littlest Bar, Boston, 1979, 40,6 x 50,8 cm

89 The Abbeyfeale Café, Somerville, c.1974, 40,6 x 50,8 cm

90 Coach Grill, Boston, 1975, 40,6 x 50,8 cm

91 Name of place unknown, New Hampshire, 1990, 40,6 x 50,8 cm

92 Name of place unknown, Milwaukee, 1979, 40,6 x 50,8 cm

93 Crow's Nest Lounge, Boston, 1975, 40,6 x 50,8 cm

94 Abbeyfeale Café, Somerville, 1974, 40,6 x 50,8 cm

94 Abbeyfeale Café, Somerville, 1973, 40,6 x 50,8 cm

95 Abbeyfeale Café, Somerville, 1974, 40,6 x 50,8 cm

95 Abbeyfeale Café, Somerville, 1975, 40,6 x 50,8 cm

97 Codman Square Tap, Dorchester, 1980, 40,6 x 50,8 cm

98 Hank's Men's Bar, Boston, 1975, 40,6 x 50,8 cm

99 O'Malley's, Somerville, 1993, 40,6 x 50,8 cm

101 Chez Freddie Lounge, Boston, 1974, 40,6 x 50,8 cm

103 The Abbeyfeale Café, Somerville, c. 1974, 40,6 x 50,8 cm

Nite Works

115 Newport, c. 1982, 26 x 25,5 cm

117 Boston, Slagle's, 1974, 30,5 x 40,6 cm

119 Boston, Silver, 1974, 30,5 x 40,6 cm

121 White Plains, c. 1985, 26 x 25,5 cm

123 Boston, Neisner's, 1973, 30,5 x 40,6 cm

125 Boston, Bar, 1975, 30,5 x 40,6 cm

127 Boston, Sandwiches, 1974, 30,5 x 40,6 cm

129 White Plains, c. 1982, 26 x 25,5 cm

131 White Plains, D&J Taxi, 1985, 30,5 x 40,6 cm

133 Newport, Streamliner, 1985, 30,5 x 40,6 cm

135 White Plains, Terminal Barber Shop, 1983, 30,5 x 40,6 cm

137 CVS Store, Park Street, Boston, 1974, 30,5 x 40,6 cm

139 Magnolia Avenue, Cambridge, fence & house, 1985, 30,5 x 40,6 cm

141 Boston, c.1972, 26 x 25,5 cm, (Cover)

143 Boston, Apothecary, 1974, 30,5 x 40,6 cm

145 Boston, Stephens, 1974, 30,5 x 40,6 cm

147 Boston, Fever, 1973, 30,5 x 40,6 cm

149 Rzeszow, Poland, Apteka, 1976, 30,5 x 40,6 cm

151 Boston, c.1974, 26 x 25,5 cm

153 Krakow, Poland, Dark Street, 1976, 30,5 x 40,6 cm

155 Warsaw, Poland, building front 18A, 1976, 30,5 x 40,6 cm

157 Boston, White Building, 1975, 30,5 x 40,6 cm

159 Boston, Building front loading Dock, 1974, 30,5 x 40,6 cm

161 Boston, Submarines, 1974, 30,5 x 40,6 cm

163 Newport, c. 1980, 26 x 25,5 cm

The Babies

175 The babies are having a birthday party, Emma 2 1/2 years, 1980, Cibachrome, 40,6 x 50,8 cm

177 The panda needs a hat, Emma 5 years, 1983, Cibachrome, 40,6 x 50,8 cm

179 The babies are getting some candy, Emma 5 1/2 years, 1984, Cibachrome, 40,6 x 50,8 cm

181 This is a rich house, Emma 6 1/2 years, 1985, Cibachrome, 40,6 x 50,8 cm

183 The ponies are at the ocean, Emma 4 1/2 years, 1983, Cibachrome, 40,6 x 50,8 cm

185 The babies said they feel sick, Emma 3 1/2 years, 1981, Cibachrome, 40,6 x 50,8 cm

187 Shashaba killed a mouse, Emma 6 years, 1985, Cibachrome, 40,6 x 50,8 cm

189 The babies are at the doctor, Emma 5 1/2 years, 1984, Cibachrome, 40,6 x 50,8 cm

191 Bad Bert was stealing babies, Emma 5 years, 1983, Cibachrome, 40,6 x 50,8 cm

193 Some kids are taking their pets, Emma 3 years, 1981, Cibachrome, 40,6 x 50,8 cm

195 The babies are sleeping, Emma 2 1/2 years, 1980, Cibachrome, 40,6 x 50,8 cm

197 The mommy said, Emma 3 years, 1981, Cibachrome, 40,6 x 50,8 cm

199 The babies are waiting, Emma 2 1/2 years, 1980, Cibachrome, 40,6 x 50,8 cm

201 Some bad soldiers were shooting, Emma 6 1/2 years, 1985, Cibachrome, 40,6 x 50,8 cm

203 These are the Oilys, Emma 8 1/2 years, 1988, Cibachrome, 40,6 x 50,8 cm

205 This is my doll house, Emma 12 years, 1990, Cibachrome, 40,6 x 50,8 cm

The Death of my Grandmother

208–220 The Death of my Grandmother, 1973, 20 x 25,5 cm

Missing Persons: The Homeless

227 John, living under the I-84 overpass, Hartford, 1985, 40,6 x 50,8 cm

228 Downtown Hartford, woman with BANK sign in background, 1985, 40,6 x 50,8 cm

230 Black & white boys with gun, Long Island Shelter, Boston, 1983, 40,6 x 50,8 cm

232 Long Island Shelter, Boston, c. 1984, 40,6 x 50,8 cm

233 Gordon, Long Island Shelter, Boston, 1984, 40,6 x 50,8 cm

234 Homeless mothers & children, temporary housing, Samuri Motel, Cape Cod, Hyannis, 1983, 40,6 x 50,8 cm

237 Soup Line, Long Island Shelter, Boston, 1983, 40,6 x 50,8 cm

239 Jimmy, Easter Sunday, Long Island Shelter, 1984, 28 x 36 cm

244 Automobile and leg of man, Milwaukee, 1964, 30,5 x 40 cm

245 Man standing on sidewalk, taped to photograph are words, Milwaukee, 1964, 30,5 x 40 cm

Jerry Berndt, geboren/born 1943 in Milwaukee, Wisconsin, USA. Lebt/Lives in Paris.

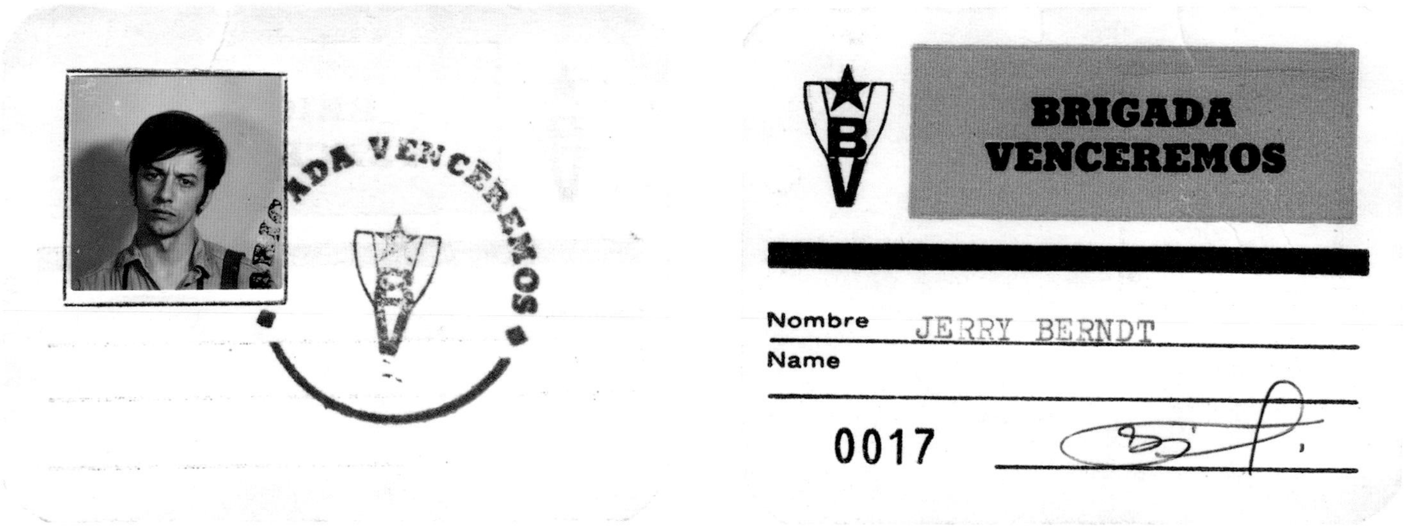

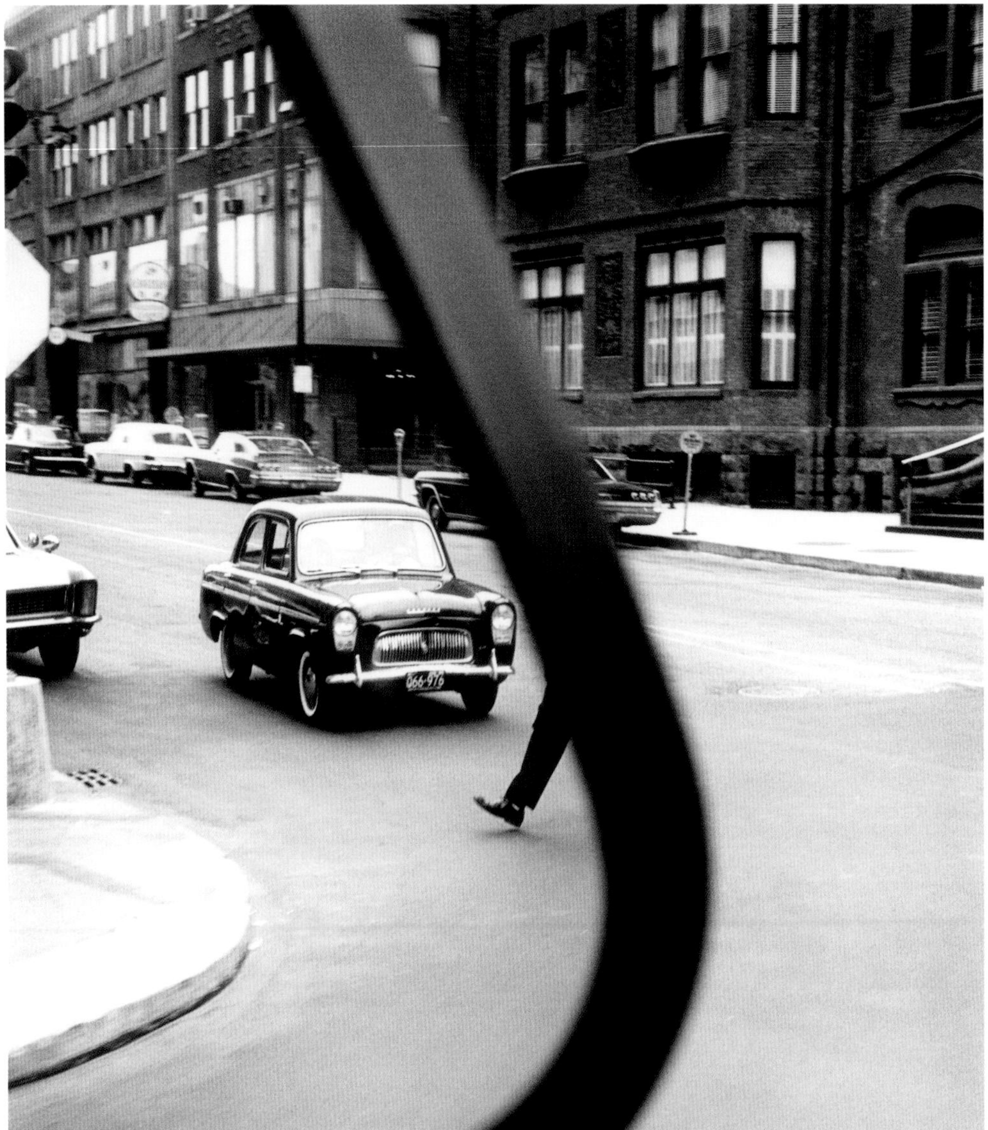

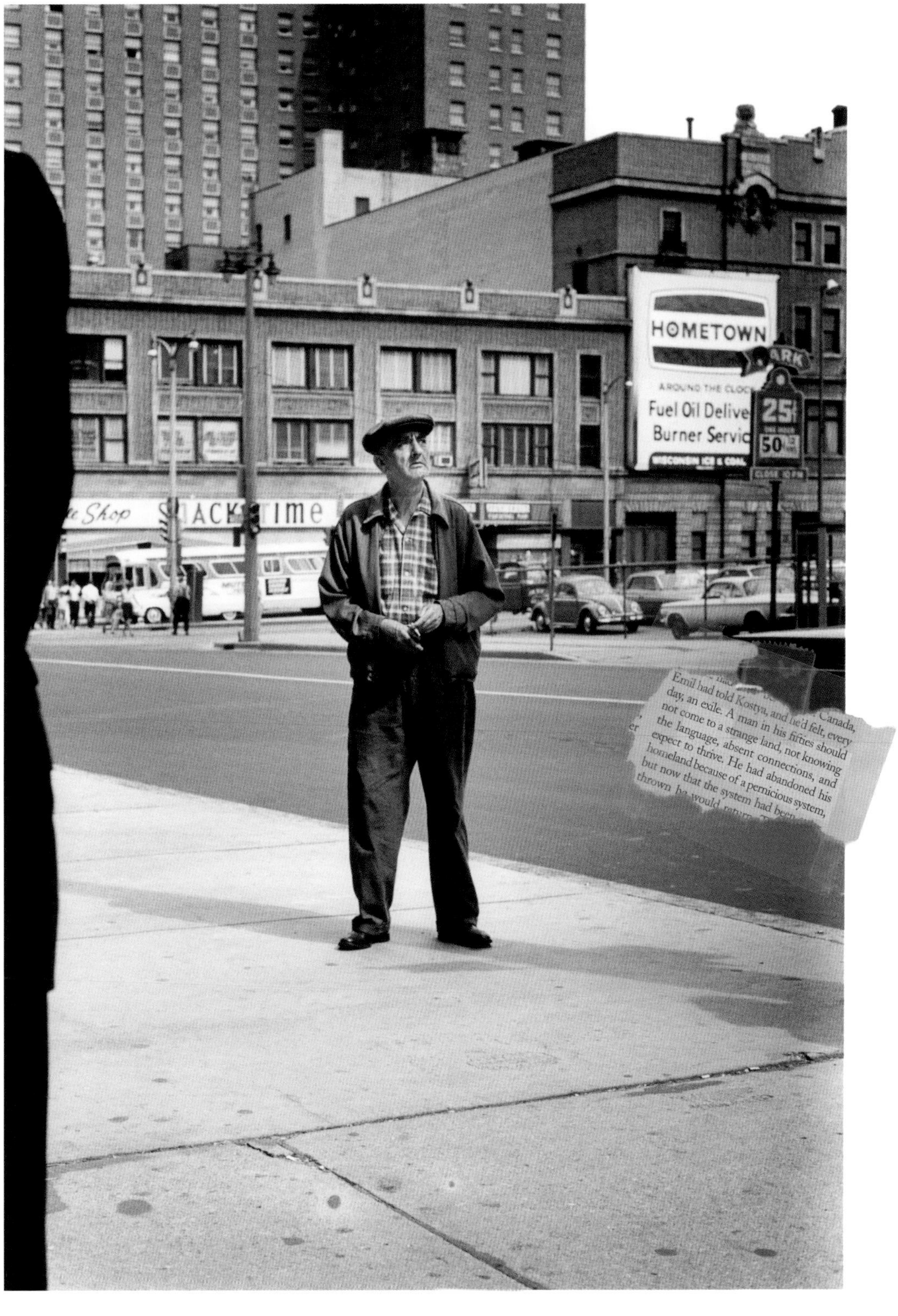
HOMETOWN
Fuel Oil Delive
Burner Servic
Emil had told Kostya, and he'd felt, every
day, an exile. A man in his fifties should
not come to a strange land, not knowing
the language, absent connections, and
expect to thrive. He had abandoned his
homeland because of a pernicious system,
but now that the system had been

Acknowledgement

Sometimes people's generosity leaves one speechless. But I would like to thank the following individuals. Words alone can't express my gratitude.

To Maik Schlüter, Director of the Museum für Photographie, Braunschweig. Without his enthusiasm for my work, his endless energy, creativity and genuine passion, neither this book nor the accompanying exhibit would have happened. You also write well. Merci, mon ami.

To Felix Hoffmann, Curator of C/O Berlin, for his text and general photographic expertise. Like a good doctor, he offered second opinions during the editing and design of the book and the project.

To the writers Susanne Holschbach and Kathrin Peters for their "Insights".

To Nils Grossien, Director of the White Trash Contemporary Gallery in Hamburg. He and his wife, Ute Thon, took a big leap of risk and faith when they invited me and the Bar Rooms/Combat Zone work to exhibit in Germany for the first time.

To James Rose, who first suggested I send a disk of images to Ute. He's the one who got the ball rolling.

And finally to Gerhard Steidl who produced this book and supported us in all the aspects of production in a friendly, competent and unconditional way.

Maik Schlüter ist Direktor am Museum für Photographie Braunschweig. Er war von 2003 bis 2005 als Kurator der kestnergesellschaft in Hannover und 2002 als DAAD-Stipendiat Assistant Curator am Nederlands Fotomuseum in Rotterdam tätig. Ausstellungen mit Candida Höfer, Cindy Sherman, Hanne Darboven, Fischli/Weiss, Joan Colom, Lynne Cohen, Marco Poloni und anderen.

Susanne Holschbach ist Kunst- und Medienwissenschaftlerin. Sie lehrte zuletzt als Vertretungsprofessorin an der Kunsthochschule für Medien in Köln, davor als Gastprofessorin an der Kunsthochschule Berlin-Weißensee. 1998–2004 arbeite sie als wissenschaftliche Assistentin an der Hochschule für Grafik und Buchkunst in Leipzig. Sie veröffentlicht zur Mediengeschichte der Fotografie, Fotografie im Kunstkontext und zu Themen der visuellen Kultur.

Felix Hoffmann, Kunsthistoriker und Kulturwissenschaftler, ist Hauptkurator bei C/O Berlin. Er initiierte den Nachwuchsbereich *Talents* bei C/O Berlin und ist Kurator zahlreicher, z.T. internationaler Ausstellungen u.a. Andres Serrano: Revelations, Werner Bischof Bilder, Karl Lagerfeld: One Man Shown, Martin Parr: Assorted Cocktail und Bettina Rheims: Can you find happiness? Er hat zahlreiche Texte publiziert.

Kathrin Peters studierte Kommunikationsdesign/Fotografie in Essen, danach Kulturwissenschaft und Kunstgeschichte an der Humboldt-Universität zu Berlin, wo sie mit einer Arbeit zu Körperwissen und Medialität um 1900 promoviert wurde. Sie war wissenschaftliche Mitarbeiterin an der Kunsthochschule für Medien, Köln, der Hochschule für Grafik und Buchkunst, Leipzig, und ist dies derzeit am Kunsthistorischen Institut der Freien Universität zu Berlin; außerdem hat sie kuratorische Projekte realisiert.

Maik Schlüter is the Director of the Museum für Photographie Braunschweig. He was a curator at the kestnergesellschaft in Hannover from 2003 to 2005, and in 2002 he received a scholarship from German Academic Exchange Service, allowing him to work as assistant curator at the Nederlands Fotomuseum in Rotterdam. Exhibitions with Candida Höfer, Cindy Sherman, Hanne Darboven, Fischli/Weiss, Joan Colom, Lynne Cohen, Marco Poloni, among others.

Susanne Holschbach is an art historian and mediatician. She last taught as a substitute professor at the Academy of Media Arts in Cologne, before which she was a visiting professor at the School of Art in Berlin-Weissensee. From 1998 to 2004 she worked as an assistant lecturer at the Academy of Visual Arts in Leipzig. She publishes regularly in the areas of the media history of photography, photography within the context of art, and on subjects related to visual culture.

Felix Hoffmann is an art historian and art theorist, and is currently Head Curator at C/O Berlin. He is the initiator of C/O Berlin's *Talents* program for young photographers and art critics, and has acted as curator of numerous international exhibitions, including Andres Serrano: Revelations, Werner Bischof Bilder, Karl Lagerfeld: One Man Shown, Martin Parr: Assorted Cocktail, and Bettina Rheims: Can you find happiness? He has also published numerous texts.

Kathrin Peters studied communication design/photography in Essen, after which she did cultural studies and art history at Humboldt University in Berlin. Her doctoral thesis dealt with body knowledge and mediality around 1900. She was a research assistant at the Academy of Media Arts in Cologne and at the Academy of Visual Arts in Leipzig. She is currently at the Institute of Art History at the Freie Universität Berlin. She has also realized a number of curatorial projects.

Dieses Buch erscheint anlässlich der Ausstellung/This catalogue is being published on the occasion of the exhibition *Jerry Berndt. Insight*. September 19 – November 2, 2008. Museum für Photographie Braunschweig, Helmstedter Strasse 1, D-38102 Braunschweig, www.photomuseum.de. Dezember 12 – Februar 15, 2008/9, C/O Berlin, Postfuhramt, Oranienburger Strasse/Tucholskystrasse, D-10117 Berlin, www.co-berlin.com. Erste Auflage/First edition 2008. Herausgeber/Editors: Felix Hoffmann & Maik Schlüter. Ausstellung und Buch/Exhibition and catalogue: Felix Hoffmann & Maik Schlüter. Wissenschaftliche Mitarbeit/Research assistant: Sarah Frost, Karin Hänsler. Praktikum/Interns: Corinna Engel & Sandy Scholze. Übersetzung/Translation: Rebecca van Dyck & Deborah Anne Bowen. Buchgestaltung/Book design: Jonas Wettre & Katharina Staal. Umschlag/Cover: Sarah Winter. Scans by Steidl's digital darkroom. Picture editing: Reiner Motz. Gesamtherstellung/Production and printing: Steidl, Düstere Str. 4, D–37073 Göttingen. Phone +49 551-49 60 60 / Fax +49 551-49 60 649, mail@steidl.de, www.steidlville.com

ISBN 978-3-86521-725-7
Printed in Germany